跨越新HSK模拟试题集
北京语言大学出版社

新 HSK

척! 붙는

핵심 문형 26 + 모의고사(3회분)

저자 中央广播电视大学 对外汉语教学中心
편저 김미숙

실전 모의고사 2급

시사중국어사

착! 붙는 新 HSK 실전 모의고사

핵심 문형 26 + 모의고사(3회분)

2급

시사중국어사

착! 붙는 新HSK 실전 모의고사 2급

초판발행	2016년 1월 25일
1판 4쇄	2019년 3월 10일
저자	中央广播电视大学 对外汉语教学中心
편저	김미숙
책임 편집	최미진, 가석빈, 高霞, 박소영, 하다능
펴낸이	엄태상
표지 디자인	진지화
내지 디자인	이건화
콘텐츠 제작	김선웅, 최재웅
마케팅	이승욱, 오원택, 전한나, 왕성석
온라인 마케팅	김마선, 김제이, 유근혜
경영기획	마정인, 조성근, 박현숙, 김예원, 전태준, 오희연
물류	유종선, 정종진, 고영두, 최진희, 윤덕현
펴낸곳	시사중국어사(시사북스)
주소	서울시 종로구 자하문로 300 시사빌딩
주문 및 교재 문의	1588-1582
팩스	(02)3671-0500
홈페이지	http://www.sisabooks.com
이메일	book_chinese@sisadream.com
등록일자	1988년 2월 13일
등록번호	제1-657호

ISBN 979-11-5720-037-5 18720
      979-11-5720-035-1(set)

跨越新HSK（二级）模拟试题集
Copyright ⓒ 2011 by Beijing Language and Culture University Press All rights reserved
Korea copyright ⓒ 2016 by SISA Chinese Publishing
Korean edition arranged with Beijing Language and Culture University Press

＊ 이 교재의 내용을 사전 허가없이 전재하거나 복제할 경우 법적인 제재를 받게 됨을 알려 드립니다.
＊ 잘못된 책은 구입하신 서점에서 교환해 드립니다.
＊ 정가는 표지에 표시되어 있습니다.

머리말

　　HSK의 중요성은 이제 더 언급하지 않아도 누구나 다 알고 있는 상식이 되었고 그 수요에 따라 시중에는 HSK 교재들이 넘쳐나고 있습니다. 그러나 新HSK 4급, 5급의 높은 급수를 다룬 교재들은 다양하지만 2급에 해당하는 HSK 교재, 그리고 新HSK 2급에서 주로 다루는 문형과 유형을 구체적으로 제시해 주는 교재는 거의 없는 실정입니다. 이런 답답함을 해소시켜주고, 올바르고 체계적인 학습을 지루해하지 않고 더욱 즐겁게 이끌어 주고 싶은 마음에서 이 교재를 만들었습니다.

기본과 뼈대를 탄탄히!

　　新HSK 2급은 회화를 하기 위해 필요한 기초적인 단어와 어법 구조가 다 들어있는 가장 중요한 단계입니다. 사실 2급에서 다루는 단어 정도만 알아도 급수를 취득하는 데 큰 무리가 없습니다. 그러나 단어 몇 개를 가지고 세련된 회화를 구사할 수는 없을 뿐더러 기본과 뼈대를 탄탄하게 다지지 않고서는 중급과 고급의 회화나 HSK 급수 취득을 할 수 없습니다. 그래서 이 책에서는 테마별 학습을 더해서 어렵고 부담스럽게 느껴지는 어순과 문형 그리고 단어를 퍼즐 안에 배치하는 형식으로 좀 더 쉽고 즐겁게 접근하여 기본과 뼈대를 탄탄히 다질 수 있도록 구성하였습니다.

테마별 학습 - 반복은 진리다!

　　언어를 잘하려면 반복해서 말하고 학습해야 합니다. 아직 단어와 문형을 숙지하지 못하고 있는 학습자들을 위해 모의고사 문제집을 풀기 전에 新HSK 2급에서 요구하는 단어와 문형을 테마별 학습으로 자연스럽게 반복하도록 유도하였습니다. 또 테마별 학습에서 다룬 내용들을 다시 여러 번 상세한 설명과 함께 반복하여 이해와 암기를 더 쉽게 도울 수 있도록 하였습니다.

영역별 구분에 따른 집중 분석!

　　듣기와 독해 각 영역마다 新HSK 2급의 출제경향 및 문제유형, 난이도 등을 철저하게 분석하고 친절한 도움말로 학생들이 보다 쉽게 적응하고 이해할 수 있도록 하였습니다.

김미숙

新HSK 소개

新HSK는 제1언어가 중국어가 아닌 사람의 중국어 능력을 평가하기 위해 만들어진 중국 정부 유일의 국제 중국어 능력 표준화 시험으로, 생활, 학습, 업무 등 실생활에서의 중국어 운용능력을 중점적으로 평가하는 시험입니다.

1. 시험 구성

新HSK는 국제중국어 능력 표준화 시험이고, 중국어가 모국어가 아닌 학생들이 생활, 학습, 업무면에서 중국어로 교류하는 능력을 중점적으로 테스트합니다. 新HSK는 필기시험과 구술시험의 두 가지 부분으로 나누어지고, 필기시험과 구술시험은 서로 독립적입니다. 필기시험은 1급, 2급, 3급, 4급, 5급과 6급 시험으로 나누어지고, 구술시험은 초급, 중급, 고급으로 나누어지며 구술시험은 녹음의 형식으로 이루어집니다.

필기 시험	구술시험
新HSK(1급)	新HSK(초급)
新HSK(2급)	
新HSK(3급)	新HSK(중급)
新HSK(4급)	
新HSK(5급)	新HSK(고급)
新HSK(6급)	

2. 시험 등급

新HSK의 각 등급에 따른 단어 수와 중국어 학습 능력 수준은 아래의 표와 같습니다.

新HSK	단어 수	중국어 학습 능력 수준
1급	150	매우 간단한 중국어 단어와 구문을 이해하고 사용할 수 있으며, 구체적인 의사소통 요구를 만족시키며, 한 걸음 더 나아간 중국어 능력을 구비합니다.
2급	300	익숙한 일상생활을 주제로 하여 중국어로 간단하게 바로 의사소통을 할 수 있으며, 초급 중국어의 우수한 수준에 준합니다.
3급	600	중국어로 생활, 학습, 비즈니스 등 방면에서 기본적인 의사소통 임무를 수행할 수 있으며, 중국에서 여행할 때도 대부분의 의사소통을 할 수 있습니다.
4급	1,200	중국어로 비교적 넓은 영역의 주제로 토론을 할 수 있고, 비교적 유창하게 원어민과 대화할 수 있습니다.
5급	2,500	중국어로 신문과 잡지를 읽고, 영화와 텔레비전을 감상할 수 있으며, 중국어로 비교적 높은 수준의 강연을 할 수 있습니다.

| 6급 | 5,000이상 | 중국어로 된 소식을 가볍게 듣고 이해할 수 있고, 구어체나 문어체의 형식으로 자신의 견해를 자유롭게 표현할 수 있습니다. |

3. 접수 방법

① 인터넷 접수: HSK 한국사무국 홈페이지 (http://www.hsk.or.kr)에서 접수
② 우편접수: 구비서류를 동봉하여 등기우편으로 접수
　＊구비서류: 응시원서(사진 1장 부착) + 사진 1장 + 응시비 입금 영수증
③ 방문접수: 서울공자아카데미에서 접수

4. 접수 확인 및 수험표 수령 안내

① 접수 확인: 모든 응시자는 접수를 마친 후 HSK 홈페이지에서 접수 확인 후 수험표를 발급합니다.
② 수험표 수령:
　수험표는 홈페이지 나의 시험정보〈접수내역〉창에서 접수 확인 후 출력 가능합니다.
　우편접수자의 수험표는 홈페이지를 통해 출력 가능하며, 방문접수자의 수험표는 접수 시 방문 접수 장소에서 발급해 드립니다.

5. 성적결과 안내

인터넷 성적 조회는 시험일로부터 1개월 후이며, HSK성적표는 '성적조회 가능일로부터 2주 후' 발송됩니다.

6. 주의사항

접수 후에는 응시등급, 시험일자, 시험장소의 변경이 불가능합니다.
고시장은 학교사정과 정원에 따라 변동 및 조기 마감될 수 있습니다. (변경 시 홈페이지 공지)
천재지변, 특수상황 등 이에 준하는 상황 발생시 시험일자의 변경이 가능합니다.
HSK 정기 시험은 관련 규정에 근거하여 응시 취소 신청이 가능합니다.

新HSK 2급 소개

新HSK 2급을 통과한 수험생은 익숙한 일상생활을 주제로 하여 중국어로 간단하게 바로 의사소통을 할 수 있으며, 초급 중국어의 우수한 수준을 갖출 수 있습니다.

1. 시험 대상

新HSK 2급은 매주 1·2과의 학습 진도에 맞추어 1학기(반년)동안 중국어를 학습하고, 300개의 상용 단어와 관련 문법 지식을 보유한 응시생을 그 주요 대상으로 합니다.

2. 시험 구성

新HSK 2급은 총 60문항이며, 듣기와 독해 두 부분으로 나뉘어 실시됩니다.

시험 내용		문항 수		시험 시간
듣기	제1부분	10	35	약 25분
	제2부분	10		
	제3부분	10		
	제4부분	5		
듣기 영역에 대한 답안지 작성 시간				3분
독해	제1부분	5	25	22분
	제2부분	5		
	제3부분	5		
	제4부분	10		
총계	/	60		약 50분

총 시험 시간은 약 55분입니다. (응시생의 개인 신상 등을 적는 시간 5분이 포함되어 있습니다.)

3. 문제 유형

1) 듣기

제1부분	총 10문제입니다. 각 문제당 2회씩 들려줍니다. 각 문제는 모두 하나의 짧은 문장으로 이루어지며, 시험지에는 하나의 그림이 주어지고, 응시생은 청취한 내용에 근거하여 맞는 것과 틀린 것을 판단합니다.
제2부분	총 10문제입니다. 각 문제당 2회씩 들려줍니다. 각 문제는 모두 하나의 문장으로 이루어지며, 시험지에는 몇 장의 그림이 주어지고, 응시생은 청취한 내용에 근거하여 그에 해당하는 그림을 고릅니다.

제3부분	총 10문제입니다. 각 문제당 2회씩 들려줍니다. 각 문제는 모두 두 사람의 두 마디 대화로 이루어지며, 세 번째 사람은 대화 내용에 근거하여 하나의 질문을 합니다. 시험지에는 세 개의 선택항목이 주어지며, 응시생들은 청취한 내용을 바탕으로 답안을 고릅니다.
제4부분	총 5문제입니다. 각 문제당 2회씩 들려줍니다. 각 문제는 모두 두 사람의 네 마디 이상의 대화로 이루어지며, 마지막 사람은 대화 내용에 근거하여 하나의 질문을 합니다. 시험지에는 세 개의 선택항목이 주어지며, 응시생들은 청취한 내용을 바탕으로 답안을 고릅니다.

2) 독해

제1부분	총 5문제입니다. 시험지에는 몇 장의 그림이 주어지며, 각 문제마다 하나의 문장이 주어집니다. 응시생들은 주어진 문장 내용에 근거하여 그에 해당하는 그림을 고릅니다.
제2부분	총 5문제입니다. 시험지에는 6개의 단어가 주어지고, 각 문제마다 빈칸이 있습니다. 응시생들은 주어진 선택항목 중에서 해당하는 단어를 골라 빈칸을 채워야 합니다.
제3부분	총 5문제입니다. 각 문제마다 2개의 문장이 주어지며, 응시생들은 두 번째 문장의 내용과 첫 번째 문장의 내용이 일치하는지를 판단해야 합니다.
제4부분	총 10문제입니다. 시험지에는 5~6개의 문장이 주어지고, 응시생들은 각 문제에 해당하는 알맞은 선택항목을 찾아내야 합니다.

시험 문제 위에는 모두 병음이 붙어 있습니다.

4. 성적 발표

新HSK 2급 성적 발표는 듣기, 독해 그리고 총점 이렇게 세 부분으로 제공되며 총점 120점 이상을 받으면 합격합니다.

	만점	중국어 학습 능력 수준
듣기	100	
독해	100	
총점	200	

新HSK 성적은 시험일로부터 2년간 유효합니다.

이 책의 활용법

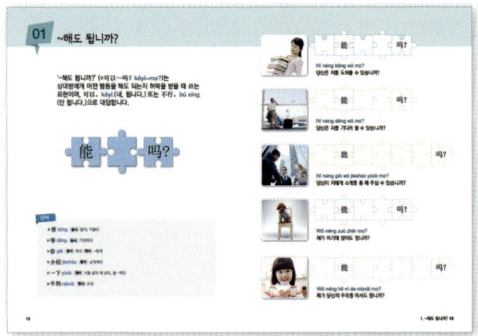

1 핵심 문형 26

2급 핵심 문형 26개를 테마별로 나눠서 익히며, 이 어휘를 활용하여 문제유형에 맞춰 풀어보는 연습도 할 수 있습니다.

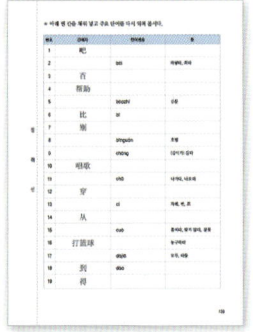

2 어휘 테스트지

각 테마에서 단어를 익힌 후 학습한 어휘를 얼마나 기억하는지 확인해 볼 수 있습니다.

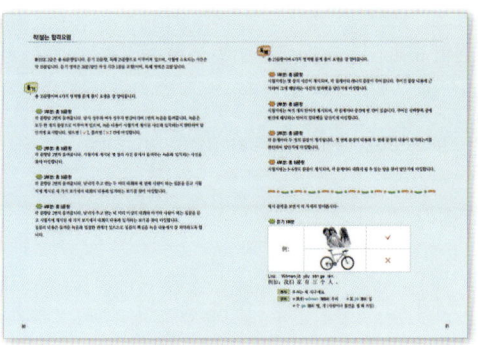

3 합격 요령

2급 문제 유형을 보며 쉽게 정확하게 문제를 풀어 합격할 수 있는 요령을 알려 줍니다.

4 실전 모의고사

앞에서 익힌 핵심 문형과 합격 요령으로 2급 시험에 대해 완전히 익힌 후 모의고사 3회분에 도전해 봅니다.

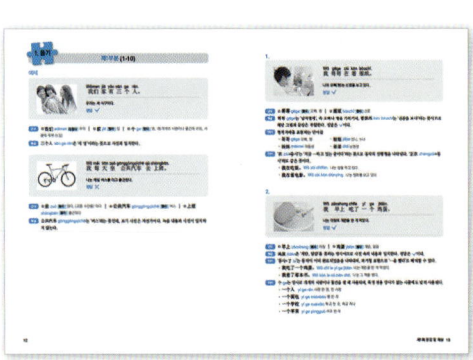

5 해설집

명쾌, 통쾌, 유쾌한 해설을 보면서 이해는 쏙쏙, 실력은 쑥쑥 올릴 수 있습니다.

목 차

머리말 3
新HSK 소개 4
新HSK 2급 소개 6
이 책의 활용법 8

핵심 문형 26 익히기 10

新HSK 1급 필수 어휘 64

新HSK 2급 필수 어휘 71

新HSK 2급 합격 요령 78

실전 모의고사 1회 91

실전 모의고사 2회 105

실전 모의고사 3회 119

답안 카드 135

어휘 테스트지 141

01 ~해도 됩니까?

02 이미 ~했습니다.

03 아직 ~하지 않았습니다.

04 ~할 때

05 ~하지 마라.

06 아무것도~

07 ~(라고) 말했다.

08 ~인 것 아니야?

09 듣자하니~

10 是+(강조내용)+的

11 ~하도록 시키다.

12 ~하고 있는 중이다.

13 ~을/를 아세요?

14 곧 ~하려 한다.

15 결과보어

16 ~(한 정도가) ~하다.

17 ~부터 ~까지

18 ~보다 ~하다.

19 ~을/를 할 줄 안다.

20 ~을/를 ~에게 선물로 주다.

21 ~해 줘./~해 줄게.

22 연동문

23 ~에 좋다.

24 ~때문에 그래서 ~하다.

25 ~한 다음에 ~하다.

26 ~에서 멀다/가깝다.

01 ~해도 됩니까?

'~해도 됩니까?' (=可以~吗？kěyǐ~ma?)는 상대방에게 어떤 행동을 해도 되는지 허락을 받을 때 쓰는 표현이며, 可以。kěyǐ.(네, 됩니다.) 또는 不行。bù xíng.(안 됩니다.)으로 대답합니다.

단어

- 帮 bāng [동사] 돕다, 거들다
- 等 děng [동사] 기다리다
- 给 gěi [동사] 주다 [개사] ~에게
- 介绍 jièshào [동사] 소개하다
- 一下 yíxià [양사] 시험 삼아 해 보다, 좀 ~하다
- 牛奶 niúnǎi [명사] 우유

能　　　　吗？

Nǐ néng bāng wǒ ma?
당신은 저를 도와줄 수 있습니까?

能　　　　吗？

Nǐ néng děng wǒ ma?
당신은 저를 기다려 줄 수 있습니까?

能　　　　吗？

Nǐ néng gěi wǒ jièshào yíxià ma?
당신이 저에게 소개를 좀 해 주실 수 있습니까?

能　　　　吗？

Wǒ néng zuò zhèr ma?
제가 여기에 앉아도 됩니까?

能　　　　吗？

Wǒ néng hē nǐ de niúnǎi ma?
제가 당신의 우유를 마셔도 됩니까?

02 이미 ~했습니다.

已经 yǐjīng은 '이미, 벌써'라는 뜻으로
이미 발생한 상황을 나타낼 때 쓰고, 친한 친구는 了 le입니다.

단어

- 上班 shàngbān 동사 출근하다
- 找 zhǎo 동사 찾다, 구하다
- 工作 gōngzuò 명사 일, 직업, 일자리
- 小孩子 xiǎoháizi 명사 어린 아이, 아동
- 从 cóng 개사 ~부터, ~에서
- 回来 huílai 동사 돌아오다
- 岁 suì 양사 살, 세 (나이를 세는 단위)

已经　　　　　了。

Tā yǐjīng qù shàngbān le.
그는 벌써 출근을 했습니다.

已经　　　　　了。

Wǒ yǐjīng zhǎo dào gōngzuò le.
저는 이미 일자리를 구했습니다.

已经　　　　　了。

Nǐ yǐjīng bú shì xiǎoháizi le.
당신은 이미 어린 아이가 아닙니다.

已经　　　　　了。

Tā yǐjīng cóng Hánguó huílai le.
그는 이미 한국에서 돌아왔습니다.

已经　　了。

Wǒ yǐjīng sìshí suì le.
저는 벌써 마흔 살이 됐습니다.

03 아직 ~하지 않았습니다.

还没 hái méi는 '아직 ~하지 않았습니다'의 의미이며,
친한 친구는 呢 ne입니다.
'已经~了 yǐjīng~le(이미/벌써 ~했습니다)'와 반대되는 표현입니다.

단어

- 起床 qǐchuáng 동사 (잠자리에서) 일어나다
- 说 shuō 동사 말하다
- 完 wán 동사 마치다, 끝나다
- 穿 chuān 동사 (옷, 신발, 양말 등을) 입다, 신다
- 衣服 yīfu 명사 옷
- 睡觉 shuìjiào 동사 잠을 자다
- 买 mǎi 동사 사다
- 电脑 diànnǎo 명사 컴퓨터

还 没 呢。

Wǒ zhàngfu hái méi qǐchuáng ne.
제 남편은 아직 일어나지 않았습니다.

还 没 呢。

Wǒ hái méi shuō wán ne.
나는 아직 말이 끝나지 않았습니다.

还 没 呢。

Wǒ hái méi chuān yīfu ne.
나는 아직 옷을 입지 않았습니다.

还 没 呢。

Tā hái méi shuìjiào ne.
그는 아직 자지 않습니다.

还 没 呢。

Wǒ hái méi mǎi diànnǎo ne.
나는 아직 컴퓨터를 사지 않았습니다.

04 ~할 때

的 de는 원래 '~의, ~의 것'이라는 뜻이지만, '때'의 뜻을 가진 '时候 shíhou'와 같이 쓰이면 우리말의 '~할 때'라는 표현이 됩니다.

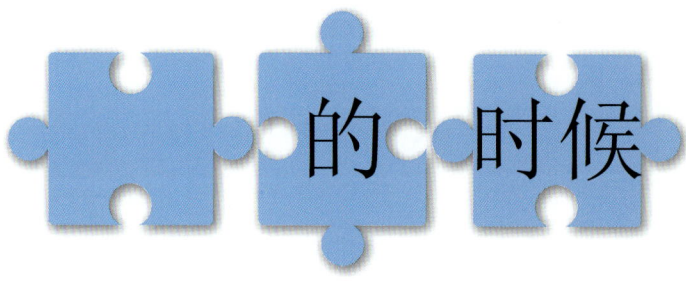

단어

- 休息 xiūxi 동사 휴식하다, 쉬다
- 开车 kāichē 동사 운전하다
- 考试 kǎoshì 동사 시험을 보다 명사 시험
- 游泳 yóuyǒng 동사 수영하다
- 跑步 pǎobù 동사 달리다, 조깅하다

的 时候

xiūxi de shíhou
쉴 때

的 时候

kāichē de shíhou
운전할 때

的 时候

kǎoshì de shíhou
시험 볼 때

的 时候

yóuyǒng de shíhou
수영할 때

的 时候

pǎobù de shíhou
조깅할 때

05 ~하지 마라.

别 bié와 不要 bú yào는
둘 다 '~하지 마라'라는 금지의 의미를 나타냅니다.
문장 앞에 请 qǐng을 쓰거나
끝에 了 le를 쓰면 조금 부드러운 느낌을 줍니다.

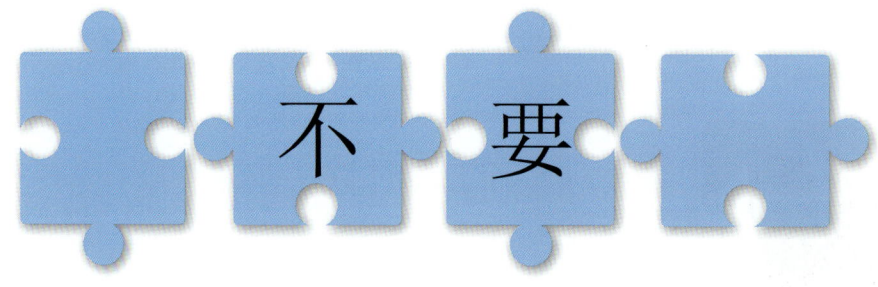

단어

- 再 zài 부사 재차, 또, 다시
- 玩儿电脑 wánr diànnǎo 컴퓨터를 하다
- 生病 shēngbìng 동사 병이 나다, 병에 걸리다
- 件 jiàn 양사 건, 개 (일이나 옷을 세는 단위)
- 告诉 gàosu 동사 말하다, 알리다
- 大家 dàjiā 대명사 모두, 다들
- 说话 shuōhuà 동사 말하다, 이야기하다
- 东西 dōngxi 명사 물건, 사물

不要 〇〇〇。

Bú yào zài wánr diànnǎo.
컴퓨터 더 이상 하지 마라.

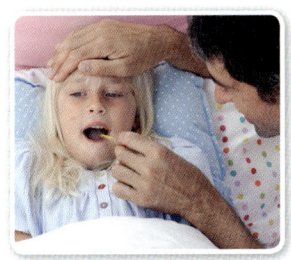

〇〇, 不要 〇〇。

Nǐ shēngbìng le, bú yào qù yóuyǒng.
너는 아프니까 수영하러 가지 마라.

〇〇〇 不要 〇〇。

Zhè jiàn shì bú yào gàosu tā.
이 일을 그녀에게 알리지 마라.

〇〇 不要 〇〇。

Qǐng dàjiā bú yào shuōhuà.
모두들 말하지 마세요.

〇 不要 〇〇〇〇。

Nǐ bú yào mǎi tài guì de dōngxi.
너무 비싼 물건을 사지 마라.

06 아무것도~

什么 shénme는 '무슨, 무엇, 어떤'의 뜻이지만
都 dōu와 같이 쓰이면 '아무것도'의 의미가 됩니다.
여기서 都 dōu는 '~도'의 뜻으로 也 yě로 대신할 수 있습니다.

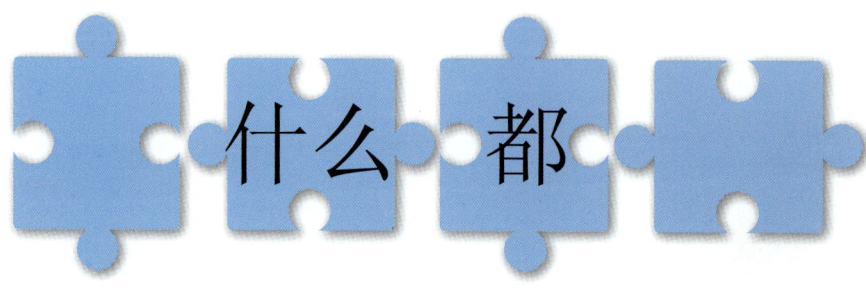

단어

- 会 huì　조동사　(배워서) ~할 수 있다, ~할 줄 알다
- 做 zuò　동사　하다, 만들다
- 现在 xiànzài　명사　지금, 현재
- 想 xiǎng　조동사　~하고 싶다
- 知道 zhīdào　동사　알다, 이해하다
- 听 tīng　동사　듣다

什么 都

Tā shénme dōu bú huì zuò.
그녀는 아무것도 할 줄 모릅니다.

什么 都

Wǒ xiànzài shénme dōu bù xiǎng shuō.
나는 지금 아무것도 말하고 싶지 않습니다.

什么 都

Tā shénme dōu bù zhīdào.
그는 아무것도 모릅니다.

什么 都

Wǒ shénme dōu bù xiǎng zuò.
나는 아무것도 하고 싶지 않습니다.

什么 都

Wǒ shénme dōu bù xiǎng tīng.
나는 아무것도 듣고 싶지 않습니다.

07 ~(라고) 말했다.

说 shuō는 기본적으로 '말하다'의 뜻으로 사용하지만,
'(누가) ~라고 말했다'의 뜻으로도 사용합니다.
누가 말했는지가 먼저 오고 그 다음에 말한 내용이 나옵니다.

단어

- 外面 wàimiàn 명사 바깥, 밖
- 下雪 xiàxuě 동사 눈이 오다, 눈이 내리다
- 朋友 péngyou 명사 친구
- 比 bǐ 개사 ~보다
- 过 guo 조사 ~한 적이 있다
- 个 ge 양사 개, 명 (개개의 사람이나 물건에 쓰이는 단위)
- 饭店 fàndiàn 명사 식당
- 旅游 lǚyóu 동사 여행하다

说

Māma shuō wàimiàn xiàxuě le.
엄마가 밖에 눈이 왔다고 말씀하셨습니다.

说

Péngyou shuō wǒ bǐ nǐ piàoliang yìdiǎnr.
친구가 내가 너보다 좀 예쁘다고 말했어.

说

Péngyou shuō tā lái guo zhè ge fàndiàn.
친구가 이 식당에 와 본 적이 있다고 말했습니다.

说

Tā shuō nǐ qù Shànghǎi lǚyóu le.
그가 당신이 상하이로 여행 갔다고 말했습니다.

说

Māma shuō jīntiān yào zǎo diǎnr huíjiā.
엄마가 오늘 일찍 집에 와야 한다고 말씀하셨습니다.

08 ~인 것 아니야?

'不是~吗? bú shì~ma?'는 '~인 것 아니야?'라고 되묻는 형식이며, 강한 긍정을 나타내는 표현입니다. 예를 들면 '他不是去上海了吗? Tā bú shì qù Shànghǎi le ma?(그는 상하이에 간 것이 아닙니까?)'는 '他去上海了。 Tā qù Shànghǎi le.(그는 상하이에 갔잖아요.)'를 강하게 긍정하는 문장입니다. 이런 문장에서 '不是~吗? bú shì~ma?'를 제외시키면 하고자 하는 말의 의미가 나옵니다.

단어

- 爱 ài 동사 사랑하다
- 星期六 xīngqīliù 토요일
- 离 lí 개사 ~에서, ~로부터, ~까지
- 这儿 zhèr 대명사 여기, 이곳
- 远 yuǎn 형용사 (공간적, 시간적으로) 멀다
- 女儿 nǚ'ér 명사 딸
- 生病 shēngbìng 동사 병이 나다, 병에 걸리다
- 口 kǒu 양사 식구 (가족을 세는 단위)

不 是 吗?

Nǐ bú shì shuō ài wǒ ma?
당신은 나를 사랑한다고 말하지 않았습니까?(=사랑한다고 말했잖아요.)

不 是 吗?

Míngtiān bú shì xīngqīliù ma?
내일이 토요일 아닙니까? (=토요일이잖아요.)

不 是 吗?

Bú shì lí zhèr hěn yuǎn ma?
여기서 멀지 않습니까? (=여기서 멀잖아요.)

不 是 吗?

Nǐ nǚ'ér bú shì shēngbìng le ma?
당신의 딸이 아프지 않습니까? (=당신의 딸이 아프잖아요.)

不 是 吗?

Nǐ jiā bú shì yǒu sān kǒu rén ma?
당신 집은 세 식구 아니었습니까?
(=당신 집은 세 식구잖아요.)

09 듣자하니~

听说 tīngshuō는 '듣자하니, 들은 바로는, ~라고 하던데'의 의미로 내가 알고 있는 사실이 아닌 다른 데서 들은 이야기를 말할 때 사용합니다. '听（小王）说 tīng (Xiǎo Wáng) shuō'(샤오왕에게 들었는데)처럼 听说 tīngshuō 사이에 사람을 넣으면 누구에게 들었는지를 구체적으로 말할 수 있습니다.

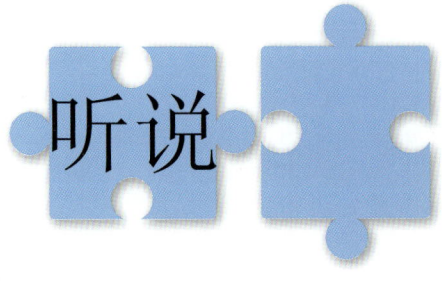

단어

- 丈夫 zhàngfu 명사 남편
- 西瓜 xīguā 명사 수박
- 便宜 piányi 형용사 (값이) 싸다
- 写 xiě 동사 (글씨를) 쓰다
- 书 shū 명사 책
- 小学 xiǎoxué 명사 초등학교

听说　　　　　　　。

Tīngshuō nǐ bǐ nǐ zhàngfu dà.
당신이 당신 남편보다 나이가 많다고 들었습니다.

听说　　　　　　。

Tīngshuō zhèr de xīguā hěn piányi.
여기 수박이 싸다고 들었습니다.

听说　　　　　　　。

Tīngshuō zhè shì tā xiě de shū.
이것이 그가 쓴 책이라고 들었습니다.

听说　　　　　。

Tīngshuō nǐ yǒu nǚpéngyou le.
당신에게 여자 친구가 생겼다고 들었습니다.

听说　　　　　　。

Tīngshuō tā māma shì xiǎoxué lǎoshī.
그의 엄마가 초등학교 선생님이라고 들었습니다.

10 是+(강조내용)+的

이미 발생한 시간, 장소, 방식 등을 구체적으로 강조하고자 할 때 是~的 shì~de 구문을 사용합니다. 是 shì와 的 de 사이에 강조하고 싶은 내용이 오며, 부정형은 不是~的 bú shì~de입니다.

단어

- 哪儿 nǎr 대명사 어디, 어느 곳
- 什么时候 shénme shíhou 언제
- 公共汽车 gōnggòngqìchē 명사 버스
- 学校 xuéxiào 명사 학교
- 些 xiē 양사 조금, 약간, 몇
- 衣服 yīfu 명사 옷
- 在 zài 개사 ~에서

是　　　　的?

Nǐ shì cóng nǎr lái de?
당신은 어디에서 오셨습니까?

是　　　　的?

Nǐ shì shénme shíhou shuìjiào de?
당신은 언제 잠들었습니까?

是　　　　的。

Tā shì xīngqītiān qù Zhōngguó de.
그는 일요일에 중국에 갔습니다.

是　　　　的。

Tā shì zuò gōnggòngqìchē lái xuéxiào de.
그녀는 버스를 타고 학교에 왔습니다.

是　　　　的?

Zhèxiē yīfu shì zài nǎr mǎi de?
이 옷들은 어디에서 샀습니까?

11 ~하도록 시키다.

让 ràng은 '~하도록 시키다, ~하게 하다'라는 의미로, 누구에게 어떤 행동을 하게 하는 것을 의미합니다. 누가 누구에게 시키는 건지 먼저 말하고 무엇을 시킨 건지 내용을 말하면 됩니다.

단어

- 学习 xuéxí 동사 학습하다, 공부하다
- 汉语 Hànyǔ 명사 중국어, 한어
- 考 kǎo 동사 (시험을) 보다, (시험을) 치다
- 级 jí 명사 급, 급수
- 学校 xuéxiào 명사 학교
- 医生 yīshēng 명사 의사

让

Māma ràng wǒ qù Zhōngguó xuéxí Hànyǔ.
엄마는 나에게 중국에 가서 중국어를 공부하도록 했습니다.

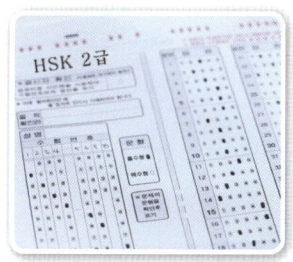

让

Lǎoshī ràng wǒ kǎo HSK èr jí.
선생님은 내게 HSK 2급 시험을 보게 하셨습니다.

让

Lǎoshī ràng māma lái xuéxiào.
선생님께서 엄마를 학교에 오라고 하셨습니다.

让

Yīshēng ràng wǒ duō xiūxi.
의사 선생님이 나에게 많이 쉬라고 하셨습니다.

让

Lǎoshī ràng nǐ gàosu tā.
선생님께서 너보고 그에게 알려 주라고 하셨어.

12 ~하고 있는 중이다.

正在 zhèngzài는 동사 앞에 쓰여 '지금 ~하고 있는 중이다'라는 뜻으로 동작의 진행을 나타냅니다. 正 zhèng이나 在 zài 둘 중에 하나만 써도 같은 의미이며 친한 친구는 呢 ne이고, 呢 ne는 생략이 가능합니다.

단어

- 做 zuò 동사 하다, 만들다
- 穿 chuān 동사 (옷, 신발, 양말 등을) 입다, 신다
- 衣服 yīfu 명사 옷
- 苹果 píngguǒ 명사 사과
- 找 zhǎo 동사 찾다, 구하다
- 工作 gōngzuò 명사 일, 직업, 일자리
- 药 yào 명사 약

正在　　　呢?

Nǐ zhèngzài zuò shénme ne?
당신은 무엇을 하고 있습니까?

正在　　　呢。

Wǒ zhèngzài chuān yīfu ne.
저는 옷을 입고 있습니다.

正在　　　呢。

Wǒ zhèngzài chī píngguǒ ne.
나는 사과를 먹고 있습니다.

正在　　　呢。

Wǒ jiějie zhèngzài zhǎo gōngzuò ne.
우리 언니는 일자리를 구하고 있습니다.

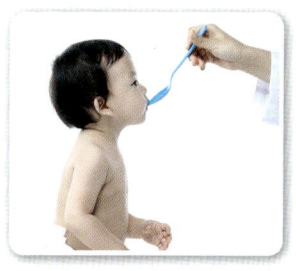

正在　　　呢。

Háizi zhèngzài chī yào ne.
아이가 약을 먹고 있습니다.

13 ~을/를 아세요?

'알다'의 뜻을 가진 知道 zhīdào는 문장에서 주로 주어 바로 뒤에 위치합니다. 문장을 만들 때는 누가 아는지를 먼저 말하고, 아는 내용을 그 다음에 말합니다.

단어

- 叫 jiào 동사 부르다, 외치다
- 名字 míngzi 명사 이름
- 图书馆 túshūguǎn 명사 도서관
- 做 zuò 동사 하다, 만들다
- 星期几 xīngqī jǐ 무슨 요일
- 自行车 zìxíngchē 명사 자전거
- 哪儿 nǎr 대명사 어디, 어느 곳

知道　　　　　吗?

Nǐ zhīdào tā jiào shénme míngzi ma?
당신은 그녀의 이름을 알고 있습니까?

知道　　　吗?

Nǐ zhīdào túshūguǎn zài nǎr ma?
당신은 도서관이 어디에 있는지 알고 있습니까?

知道　　　　　吗?

Nǐ zhīdào tā zuò shénme gōngzuò ma?
당신은 그녀가 무슨 일을 하는지 알고 있습니까?

知道　　　　　吗?

Nǐ zhīdào jīntiān shì xīngqī jǐ ma?
당신은 오늘이 무슨 요일인지 알고 있습니까?

知道　　　　　

吗?　**Nǐ zhīdào wǒ de zìxíngchē zài nǎr ma?**
당신은 내 자전거가 어디에 있는지 알고 있습니까?

14 곧 ~하려 한다.

要~了 yào~le는 '곧 ~하려 한다'의 의미로 어떤 동작이나 상황이 곧 발생할 것임을 나타냅니다.
같은 뜻으로 快~了 kuài~le / 就(要)~了 jiù(yào)~le / 快要~了 kuàiyào~le가 있습니다.

단어

- 岁 suì 양사 살, 세 (나이를 세는 단위)
- 阴 yīn 형용사 흐리다
- 下雨 xiàyǔ 동사 비가 오다, 비가 내리다
- 起床 qǐchuáng 동사 (잠자리에서) 일어나다
- 电影 diànyǐng 명사 영화
- 开始 kāishǐ 동사 시작하다
- 生日 shēngrì 명사 생일

我 快 四十岁 了。

Wǒ kuài sìshí suì le.
저는 곧 마흔 살이 됩니다.

天阴了, 要 下雨 了。

Tiān yīn le, yào xiàyǔ le.
날이 흐립니다, 곧 비가 오려고 합니다.

快 八点 了, 快起床。

Kuài bā diǎn le, kuài qǐchuáng.
곧 8시입니다, 빨리 일어나세요.

电影 要 开始 了。

Diànyǐng yào kāishǐ le.
영화가 곧 시작하려고 합니다.

快 到你生日 了。

Kuài dào nǐ shēngrì le.
곧 당신의 생일입니다.

15 결과보어

결과보어란 동작의 결과가 어떻게 되었는지를
보충 설명해주는 것을 말합니다.

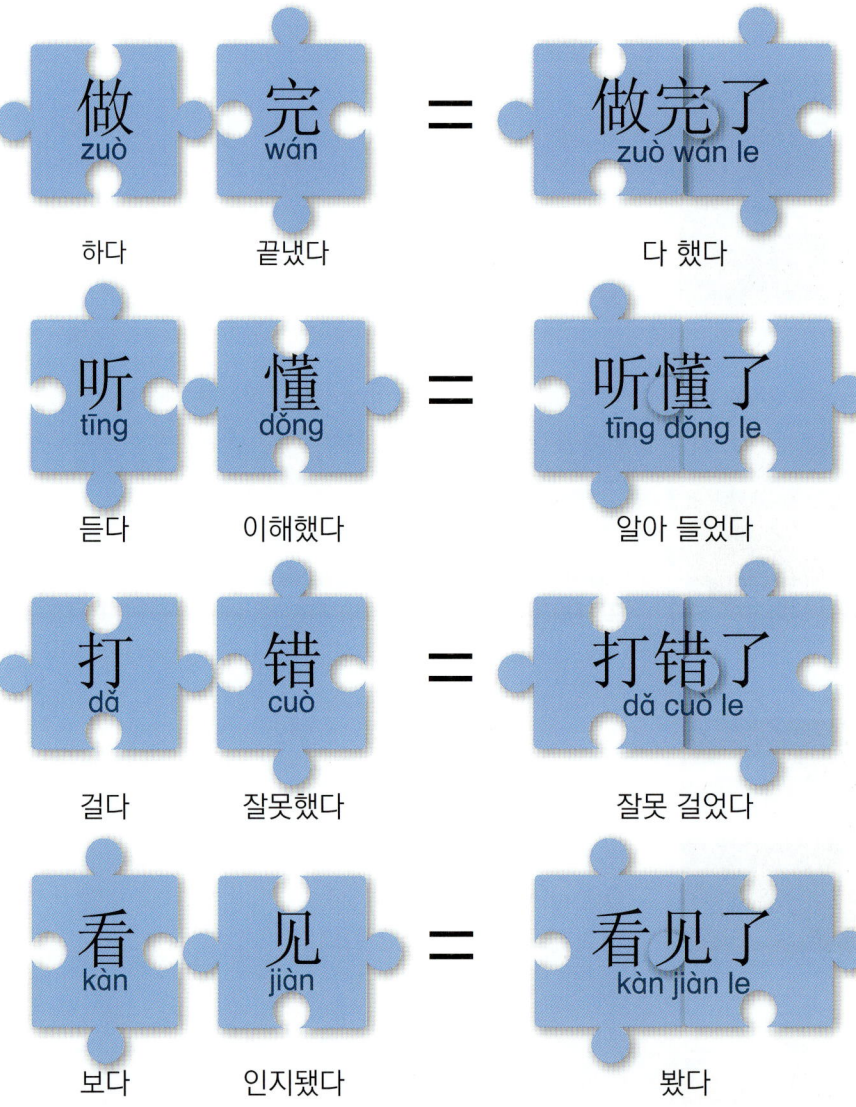

단어

- 再 zài **부사** ~하고 나서, ~한 뒤(후)에

听 懂

Wǒ méi tīng dǒng nǐ shuō shénme.
나는 당신이 뭐라고 했는지 못 알아들었습니다.

看 见 ?

Nǐ kàn jiàn tā le ma?
당신은 그를 봤습니까?

吃 完 。

Wǒmen chī wán le zài jìnqù.
우리 다 먹고 나서 들어가자.

做 完 。

Wǒ zuòyè zuò wán le.
저는 숙제를 다 했습니다.

打 错 。

Nǐ dǎ cuò diànhuà le.
당신은 전화를 잘못 걸었습니다.

16 ~(한 정도가) ~하다.

정도를 보충 설명하는 성분을 정도보어라고 하고,
'동사+得 de+정도를 나타내는 말'의 구조로 사용합니다.
예를 들어, '跑 pǎo+得 de+很快 hěn kuài
그는 뛰는 정도가 매우 빠르다.(빨리 뛴다.)'처럼 만들면 됩니다.

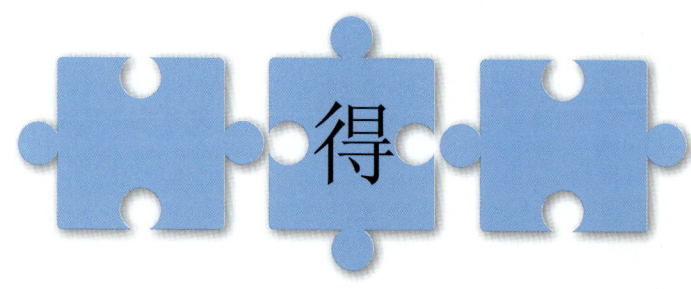

단어

- 慢 màn 형용사 느리다
- 早 zǎo 형용사 (때가) 이르다, 빠르다
- 唱 chàng 동사 노래하다
- 歌 gē 명사 노래
- 快 kuài 형용사 빠르다
- 昨天 zuótiān 명사 어제
- 雪 xuě 명사 눈
- 下 xià 동사 떨어지다, 내리다

得 。

Nǐ chī de tài màn le.
당신은 너무 느리게 먹습니다. (=먹는 정도가 느립니다.)

得 。

Tā měitiān dōu lái de hěn zǎo.
그는 매일 일찍 옵니다. (=오는 정도가 이릅니다.)

得 。

Tā gē chàng de hěn hǎo.
그녀는 노래를 잘 합니다. (=노래하는 정도가 좋습니다.)

得 。

Lǎoshī shuō de tài kuài le.
선생님은 말을 너무 빨리 합니다. (=말하는 정도가 빠릅니다.)

得 。

Zuótiān xuě xià de tài dà le.
어제 눈이 많이 내렸습니다. (=눈이 내린 정도가 많습니다.)

17 ~부터 ~까지

从~到~ cóng~dào~는 시간과 공간 등에서의 '~에서 ~까지, ~부터 ~까지'를 나타냅니다.

단어

- 机场 jīchǎng 　명사　 공항
- 远 yuǎn 　형용사　 (공간적, 시간적으로) 멀다
- 星期一 xīngqīyī 월요일
- 星期五 xīngqīwǔ 금요일
- 老人 lǎorén 　명사　 노인
- 火车 huǒchē 　명사　 기차, 열차

从 到 ?

Cóng zhèr dào jīchǎng yǒu duō yuǎn?
여기에서 공항까지 얼마나 멉니까?

从 到 。

Wǒ cóng xīngqīyī dào xīngqīwǔ gōngzuò.
저는 월요일부터 금요일까지 일합니다.

从 到 。

Wǒ měitiān cóng jiǔ diǎn dào shí'èr diǎn xuéxí.
나는 매일 9시부터 12시까지 공부합니다.

从 到 。

Cóng háizi dào lǎorén dōu xǐhuan tā.
아이부터 노인까지 다 그녀를 좋아합니다.

从 到 。

Tā zuò cóng Běijīng dào Shànghǎi de huǒchē.
그는 베이징에서 상하이까지 가는 기차를 탑니다.

18 ~보다 ~하다.

比 bǐ는 '~보다'의 뜻으로 비교문에서 가장 많이 쓰이는 형식입니다. 比 bǐ가 들어가는 비교문은 'A+比 bǐ+B+비교결과'의 문장이 많은데, 비교결과 앞에 很 hěn, 非常 fēicháng, 最 zuì 등의 정도부사는 쓸 수 없습니다.

단어

- 手表 shǒubiǎo 명사 손목시계
- 贵 guì 형용사 (가격이) 비싸다
- 坐 zuò 동사 앉다, (교통 수단을) 타다
- 火车 huǒchē 명사 기차, 열차
- 飞机 fēijī 명사 비행기, 항공기
- 便宜 piányi 형용사 (값이) 싸다
- 水果 shuǐguǒ 명사 과일

比

Tā bǐ wǒ dà liǎng suì.
그녀는 나보다 두 살 많습니다.

比

Nǐ de shǒubiǎo bǐ wǒ de guì.
당신의 손목시계가 내 것보다 비쌉니다.

比

Qù Shànghǎi bǐ qù Běijīng yuǎn.
상하이에 가는 것이 베이징에 가는 것보다 멉니다.

比

Zuò huǒchē qù bǐ zuò fēijī piányi.
기차를 타고 가는 것이 비행기 타는 것보다 쌉니다.

比

Zhè jiā de shuǐguǒ bǐ nà jiā de guì.
이 집의 과일이 저 집보다 비쌉니다.

19 ~을/를 할 줄 안다.

会 huì는 '~할 줄 안다, ~할 수 있다'의 의미로, 배워서 할 줄 아는 것을 말합니다. 이외에도 '~할 가능성이 있다, ~할 것이다'의 실현 가능성이 있음을 나타냅니다.

단어

- 开车 kāichē **동사** 운전하다
- 中国菜 zhōngguócài **명사** 중국요리
- 可能 kěnéng **부사** 아마도, 아마(~일지도 모른다), 어쩌면
- 下雨 xiàyǔ **동사** 비가 오다, 비가 내리다
- 给 gěi **개사** ~에게
- 打电话 dǎ diànhuà 전화를 걸다, 전화하다

会。

Tā huì shuō Hànyǔ.
그는 중국어를 할 줄 압니다.

不会。

Wǒ bú huì kāichē.
나는 운전을 못 합니다.

会不会 ?

Nǐ huì bu huì zuò zhōngguócài?
당신은 중국요리를 할 줄 아십니까?

会 。

Míngtiān kěnéng huì xiàyǔ de.
내일은 아마도 비가 올 것입니다.

不会 。

Tā bú huì gěi wǒ dǎ diànhuà de.
그는 내게 전화하지 않을 것입니다.

20 ~을/를 ~에게 선물로 주다.

먼저 누가 누구에게 주는지를 말하고 (我送你 wǒ sòng nǐ: 내가 너에게 주다) 그 다음에 무엇을 주는지를(一个手机 yí ge shǒujī: 휴대전화 한 개) 말합니다. 일부 동사는 이렇게 목적어(你 nǐ, 一个手机 yí ge shǒujī)를 두 개 가질 수 있는데 이런 동사에는 问 wèn(물어보다), 告诉 gàosu(알려 주다) 등이 있습니다.

단어

- 送 sòng　동사　주다, 선물하다
- 块 kuài　양사　중국의 화폐 단위, 시계나 덩어리를 세는 양사
- 手表 shǒubiǎo　명사　손목시계
- 丈夫 zhàngfu　명사　남편
- 衣服 yīfu　명사　옷
- 谁 shéi　대명사　누구
- 件 jiàn　양사　건, 개 (일이나 옷을 세는 단위)

送

Míngtiān wǒ sòng gēge yí kuài shǒubiǎo.
내일 나는 오빠에게 손목시계를 선물할 것입니다.

送　　　？

Jīnnián nín yào sòng wǒ shénme?
올해 당신은 저에게 무엇을 선물할 것입니까?

送

Wǒ zhàngfu sòng wǒ piàoliang de yīfu.
내 남편은 나에게 예쁜 옷을 선물해 주었습니다.

告诉

Nǐ gàosu wǒ tā xǐhuan shéi.
당신은 나에게 그가 누구를 좋아하는지 알려 주세요.

问

Wǒ wèn nǐ yí jiàn shì.
제가 당신에게 한 가지 일을 여쭤보겠습니다.

21 ~해 줘./~해 줄게.

帮 bāng은 단순히 '돕다'의 의미도 있지만 우리말의 '~해 줘, ~해 줄게'처럼 사용할 수도 있습니다. 누가 누구를 도와주는지를 먼저 말하고 그 다음에 도와주는 내용이 나옵니다.

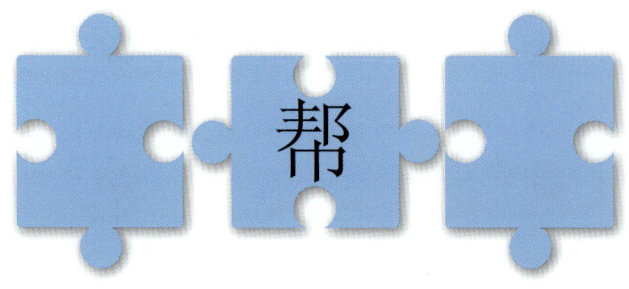

단어

- 开门 kāimén　동사　문을 열다
- 火车票 huǒchēpiào　명사　기차표
- 电脑 diànnǎo　명사　컴퓨터
- 问 wèn　동사　묻다, 질문하다
- 找 zhǎo　동사　찾다, 구하다
- 手机 shǒujī　명사　휴대전화

帮 。

Nǐ bāng wǒ qù kāimén.
당신이 가서 문 좀 열어 주세요.

帮 。

Wǒ bāng nǐ qù mǎi huǒchēpiào.
내가 기차표를 사다 줄게.

帮 ?

Nǐ néng bāng wǒ kànkan diànnǎo ma?
당신이 컴퓨터 좀 봐 주시겠습니까?

帮 。

Wǒ bāng nǐ wènwen lǎoshī.
내가 선생님한테 물어봐 줄게.

帮 , ?

Nǐ bāng wǒ zhǎo shǒujī, hǎo ma?
네가 내 휴대전화 좀 찾아줄래?

22 연동문

주어는 하나인데 동사가 두 개 이상 연이어 나오는 문장을 '연동문'이라고 하고, 동작이 일어나는 순서에 따라 말합니다.

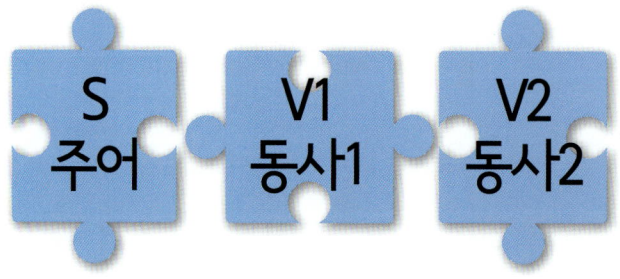

단어

- 出租车 chūzūchē 명사 택시
- 机场 jīchǎng 명사 공항
- 可以 kěyǐ 조동사 ~할 수 있다
- 玩儿 wánr 동사 놀다
- 商店 shāngdiàn 명사 상점
- 西瓜 xīguā 명사 수박

Wǒ měitiān dōu qù dǎ lánqiú.
나는 매일 농구를 하러 갑니다.

Tā zuò chūzūchē qù jīchǎng.
그는 택시를 타고 공항에 갑니다.

Wǒ qù zhǎo nǐ kěyǐ ma?
제가 당신을 찾아가도 됩니까?

Nǐ lái wǒ jiā wánr ba!
우리 집에 놀러 와요!

Tā qù shāngdiàn mǎi xīguā le.
그녀는 수박을 사러 상점에 갔습니다.

22. 연동문 55

23 ~에 좋다.

对 duì는 '맞다'의 뜻 외에도 '~에 대해서'라는 의미도 있으며, 对~好 duì~hǎo의 형식으로 사용하게 되면 '~에 좋다'라는 표현입니다.

단어

- 身体 shēntǐ 명사 몸, 건강
- 孩子 háizi 명사 아이, 어린이
- 咖啡 kāfēi 명사 커피
- 苹果 píngguǒ 명사 사과
- 报纸 bàozhǐ 명사 신문
- 眼睛 yǎnjing 명사 눈

对　好。

Zǎo shuì zǎo qǐ duì shēntǐ hǎo.
일찍 자고 일찍 일어나는 것이 몸에 좋습니다.

对　好。

Duō chī shuǐguǒ duì shēntǐ hǎo.
과일을 많이 먹으면 몸에 좋습니다.

对　好。

Háizi hē kāfēi duì shēntǐ bù hǎo.
아이가 커피를 마시는 것은 몸에 좋지 않습니다.

对　好。

Měitiān zǎoshang chī píngguǒ duì shēntǐ hǎo.
매일 아침 사과를 먹는 것은 몸에 좋습니다.

，对

好。　**Zài chē shang kàn bàozhǐ, duì yǎnjing bù hǎo.**
차에서 신문을 보면 눈에 안 좋습니다.

~때문에 그래서 ~하다.

因为~所以~ yīnwèi~suǒyǐ~는 '~때문에 그래서 ~하다'라는 뜻으로 어떤 상황에 대한 원인과 결과를 나타낼 때 사용합니다.

단어

- 高兴 gāoxìng 형용사 기쁘다, 즐겁다
- 忙 máng 형용사 바쁘다
- 生病 shēngbìng 동사 병이 나다, 병에 걸리다
- 上班 shàngbān 동사 출근하다
- 过 guo 조사 ~한 적이 있다
- 怎么 zěnme 대명사 어떻게, 어째서
- 走 zǒu 동사 걷다, 가다

因为　　　　　　，所以　　　　　。

Yīnwèi wǒ méi qù xuéxiào, suǒyǐ lǎoshī hěn bù gāoxìng.
내가 학교에 안 갔기 때문에 그래서 선생님이 기분이 매우 좋지 않습니다.

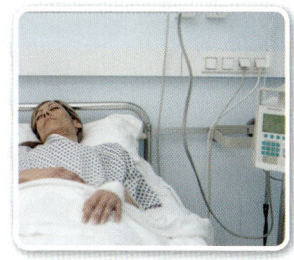

因为　　　　，所以　　　　　　。

Yīnwèi tā shēngbìng le, suǒyǐ jīntiān méi lái shàngbān.
그녀가 아프기 때문에 그래서 오늘 출근하지 않았습니다.

因为　　　　　　　，所以　　　　　　。

Yīnwèi wǒ qù guo tā jiā, suǒyǐ wǒ zhīdào zěnme zǒu.
내가 그녀의 집에 가 본 적이 있기 때문에 그래서 어떻게 가는지 알고 있습니다.

因为　　　　，所以　　　　　。

Yīnwèi māma hěn máng, suǒyǐ bù néng hé wǒ wánr.
엄마가 바쁘기 때문에 그래서 저랑 놀 수 없습니다.

25 ~한 다음에 ~하다.

等~再~ děng~zài~는 '~한 다음에 ~하다'라는 뜻입니다. 이 형식에서 等 děng은 '기다리다'의 뜻보다 '~한 다음에'라고 이해하는 것이 더 자연스럽습니다.

단어

- 晴 qíng 형용사 맑다
- 开始 kāishǐ 동사 시작하다
- 上班 shàngbān 동사 출근하다
- 到 dào 동사 도달하다, 도착하다, (어느 곳에) 이르다
- 票 piào 명사 표, 티켓
- 下班 xiàbān 동사 퇴근하다

等　　　　再　　。

Děng tiān qíng le zài zǒu ba.
날이 갠 다음에 갑시다.

等　　　　再　　。

Děng tā lái le zài kāishǐ.
그녀가 온 다음에 시작합시다.

等　　　　再　　。

Děng chī wán fàn zài shàngbān.
밥을 다 먹은 다음에 출근하세요.

等　　　　再　　。

Děng dào huǒchēzhàn zài mǎi piào.
기차역에 도착한 다음에 표를 삽시다.

等　　　　再　　。

Děng xiàbān le zài gěi nǐ dǎ diànhuà.
퇴근한 다음에 당신에게 전화하겠습니다.

26 ~에서 멀다/가깝다.

离 lí는 '~에서, ~로부터'의 뜻으로 주로 거리가 얼마나 떨어져 있는지를 말할 때 사용합니다. '주어가 되는 장소1+离 lí+장소2'의 순서대로 말합니다.

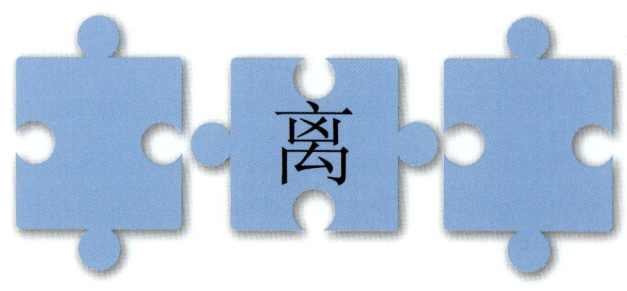

단어

- 机场 jīchǎng 명사 공항
- 远 yuǎn 형용사 (공간적, 시간적으로) 멀다
- 医院 yīyuàn 명사 병원
- 不太 bú tài 별로, 그다지 ~않다
- 咖啡店 kāfēidiàn 명사 커피숍
- 公司 gōngsī 명사 회사
- 房间 fángjiān 명사 방

Nǐ jiā lí jīchǎng yuǎn ma?
당신 집은 공항에서 멉니까?

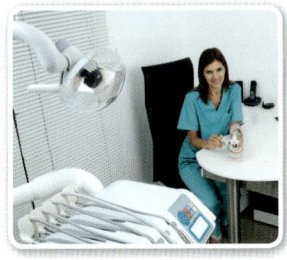

Yīyuàn lí zhèr bú tài yuǎn.
병원은 여기에서 별로 멀지 않습니다.

Kāfēidiàn lí gōngsī yǒu duō yuǎn?
커피숍은 회사에서 얼마나 멉니까?

Wǒ jiā lí xuéxiào hěn jìn.
우리 집은 학교에서 매우 가깝습니다.

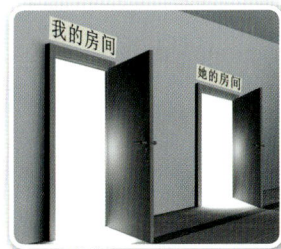

Wǒ de fángjiān lí tā de bù yuǎn.
내 방은 그녀의 방에서 멀지 않습니다.

新HSK 1급 필수어휘

A

| 爱 | ài | 동 (사람·사물 등을) 사랑하다, 좋아하다 |

B

八	bā	수 8, 팔, 여덟
爸爸	bàba	명 아빠, 아버지
杯子	bēizi	명 (술·물·차 등 음료의) 잔, 컵
北京	Běijīng	고유 베이징 [중국의 수도]
本	běn	양 권 [책을 세는 단위]
不	bù	부 아니다 [(동사·형용사 또는 기타 부사 앞에서) 부정(否定)을 나타냄]
不客气	bú kèqi	천만에요, 사양하지 않다, 체면 차리지 않다

C

菜	cài	명 채소, 야채
茶	chá	명 (마시는) 차
吃	chī	동 먹다
出租车	chūzūchē	명 택시

D

打电话	dǎ diànhuà	전화하다
大	dà	형 (크기가) 크다
的	de	조 ~의, ~의 것
点	diǎn	양 시 [시간을 나타냄]
电脑	diànnǎo	명 컴퓨터
电视	diànshì	명 텔레비전
电影	diànyǐng	명 영화
东西	dōngxi	명 (구체적인 혹은 추상적인) 물건, 사물, 물품
都	dōu	부 모두
读	dú	동 (글을 소리내어) 읽다, 낭독하다
对不起	duìbuqǐ	동 미안합니다, 죄송합니다
多	duō	형 (양이) 많다

多少	duōshao	대 얼마, 몇

E

儿子	érzi	명 아들
二	èr	수 2, 이, 둘

F

饭店	fàndiàn	명 식당, 음식점
飞机	fēijī	명 비행기
分钟	fēnzhōng	명 분 [시간을 나타냄]

G

高兴	gāoxìng	형 기쁘다
个	ge	양 개, 명 [개개의 사람이나 물건을 세는 단위]
工作	gōngzuò	동 일하다, 작업하다
狗	gǒu	명 개, 강아지

H

汉语	Hànyǔ	명 중국어, 한어
好	hǎo	형 좋다
号	hào	명 일 [날짜를 나타냄]
喝	hē	동 마시다
和	hé	개 ~와/과
很	hěn	부 아주, 매우
后面	hòumiàn	명 뒤, 뒤쪽, 뒷면
回	huí	동 (원래의 곳으로) 되돌리다, 돌아가다, 돌아오다
会	huì	조동 (배워서) ~할 줄 알다, ~할 수 있다, ~할 가능성이 있다

J

几	jǐ	대 몇 [숫자가 그렇게 많지 않을 때 사용함, 주로 10이하의 숫자에 쓰임]
家	jiā	명 집
叫	jiào	동 외치다, 고함치다, 소리치다, 부르다
今天	jīntiān	명 오늘
九	jiǔ	수 9, 구, 아홉

K

开	kāi	동 (차를) 운전하다, 열다
看	kàn	동 보다, ~라고 생각하다
看见	kànjiàn	동 보이다
块	kuài	양 위안 [중국의 화폐 단위], 조각, 덩이

L

来	lái	동 오다
老师	lǎoshī	명 선생님
了	le	조 동사 또는 형용사 뒤에 쓰여 동작의 완료 또는 상황의 변화를 나타냄
冷	lěng	형 춥다
里	lǐ	명 안, 안쪽
六	liù	수 6, 육, 여섯

M

妈妈	māma	명 엄마, 어머니
吗	ma	조 ~입니까? [문장 끝에 쓰여 의문을 나타냄]
买	mǎi	동 사다
猫	māo	명 고양이
没关系	méi guānxi	괜찮다, 상관 없다, 문제 없다, 염려 없다
没有	méiyǒu	동 없다 부 ~지 않다
米饭	mǐfàn	명 밥, 쌀밥
明天	míngtiān	명 내일
名字	míngzi	명 이름, 성명

N

哪	nǎ	대 어느, 어느 것
哪儿	nǎr	대 어디, 어느 곳
那	nà	대 그, 그것, 저, 저것 [비교적 멀리 떨어진 사람이나 사물을 가리킴]
呢	ne	조 서술문 뒤에 쓰여 동작이나 상황이 지속됨을 나타냄
能	néng	조동 ~할 수 있다, ~할 줄 알다
你	nǐ	대 너, 당신
年	nián	명 년, 해
女儿	nǚ'ér	명 딸

P

朋友	péngyou	명 친구, 벗
漂亮	piàoliang	형 예쁘다, 아름답다
苹果	píngguǒ	명 사과

Q

七	qī	수 7, 칠, 일곱
前面	qiánmiàn	명 앞, 앞쪽, 앞면
钱	qián	명 돈, 화폐
请	qǐng	동 청하다, 부탁하다, 초대하다
去	qù	동 가다

R

热	rè	형 덥다
人	rén	명 사람
认识	rènshi	동 알다, 인식하다

S

三	sān	수 3, 삼, 셋
商店	shāngdiàn	명 상점, 판매점

上	shàng	명 위, 위쪽
上午	shàngwǔ	명 오전
少	shǎo	형 (양이) 적다
谁	shéi	대 누구
什么	shénme	대 무엇, 무슨 [의문을 나타냄]
十	shí	수 10, 십, 열
时候	shíhou	명 ~때, 시각
是	shì	동 ~이다, 맞다, 옳다
书	shū	명 책
水	shuǐ	명 물
水果	shuǐguǒ	명 과일
睡觉	shuìjiào	동 (잠을) 자다
说	shuō	동 말하다
四	sì	수 4, 사, 넷
岁	suì	양 살, 세 [나이를 세는 단위]

T

他	tā	대 그, 그 남자
她	tā	대 그녀, 그 여자
太	tài	부 너무, 매우
天气	tiānqì	명 날씨
听	tīng	동 듣다
同学	tóngxué	명 학우, 학급 친구, 동학, 동창(생), 동급생

W

喂	wèi	감 여보세요 [전화할 때 쓰는 말]
我	wǒ	대 나, 저
我们	wǒmen	대 우리
五	wǔ	수 5, 오, 다섯

X

喜欢	xǐhuan	동 좋아하다
下	xià	명 밑, 아래
下午	xiàwǔ	명 오후
下雨	xià yǔ	동 비가 오다
先生	xiānsheng	명 선생님 [성인 남성에 대한 호칭]
现在	xiànzài	명 지금, 현재
想	xiǎng	동 생각하다 조동 ~하고 싶다, ~할 생각이다
小	xiǎo	형 (크기가) 작다
小姐	xiǎojiě	명 아가씨 [결혼하지 않은 여성에 대한 호칭]
些	xiē	양 조금, 약간, 몇 [확정적이지 않은 적은 수량을 나타냄]
写	xiě	동 (글씨를) 쓰다
谢谢	xièxie	동 감사합니다, 고맙습니다
星期	xīngqī	명 요일, 주(周)
学生	xuésheng	명 학생
学习	xuéxí	동 학습하다, 공부하다, 배우다
学校	xuéxiào	명 학교

Y

一	yī	수 1, 일, 하나
一点儿	yìdiǎnr	양 약간, 조금
衣服	yīfu	명 옷, 의복
医生	yīshēng	명 의사
医院	yīyuàn	명 병원
椅子	yǐzi	명 의자
有	yǒu	동 있다
月	yuè	명 월, 달 [날짜를 나타냄]

Z

在	zài	동 ~에 있다 개 ~에서 부 ~하고 있는 중이다
再见	zàijiàn	동 (헤어질 때 인사말로) 안녕, 잘 가, 안녕히 계세요
怎么	zěnme	대 어떻게, 어째서, 왜
怎么样	zěnmeyàng	대 어떻다, 어떠하다
这	zhè	대 이, 이것 [비교적 가까운 사람이나 사물을 가리킴]
中国	Zhōngguó	고유 중국
中午	zhōngwǔ	명 정오
住	zhù	동 살다, 거주하다, 묵다, 머무르다
桌子	zhuōzi	명 책상, 테이블
字	zì	명 문자, 글자
昨天	zuótiān	명 어제
坐	zuò	동 앉다, (교통수단을) 타다
做	zuò	동 하다, 만들다

新HSK 2급 필수어휘

B

吧	ba	조 문장 맨 끝에 쓰여 상의·제의·청유·기대·명령 등의 어기를 나타냄
白	bái	형 하얗다, 희다
百	bǎi	수 100, 백
帮助	bāngzhù	동 돕다, 원조하다 명 도움, 원조
报纸	bàozhǐ	명 신문
比	bǐ	개 …에 비해, …보다 동 비교하다
别	bié	부 …하지 마라 형 그 밖에, 달리, 따로
宾馆	bīnguǎn	명 호텔

C

长	cháng	형 (길이가) 길다
唱歌	chànggē	동 노래를 부르다
出	chū	동 나가다, 나오다
穿	chuān	동 입다, 신다
次	cì	양 차례, 번, 회
从	cóng	개 …(으)로부터, …을 기점으로, …을 지나
错	cuò	동 틀리다, 맞지 않다 명 잘못

D

打篮球	dǎ lánqiú	농구하다
大家	dàjiā	대 모두, 다들
到	dào	동 도착하다, 어느 곳에 이르다 개 …까지
得	de	조 결과나 정도를 나타내는 보어와 연결시킴 (동사나 형용사 뒤에 쓴다)
等	děng	동 기다리다
弟弟	dìdi	명 남동생
第一	dìyī	수 첫 번째
懂	dǒng	동 알다, 이해하다
对₁	duì	형 맞다, 옳다
对₂	duì	개 …에 대해서, …을(를) 향하여

F

房间	fángjiān	명 방
非常	fēicháng	부 대단히, 매우, 아주
服务员	fúwùyuán	명 종업원, 웨이터, 웨이트리스

G

高	gāo	형 (높이나 기준이) 높다, (키가) 크다
告诉	gàosu	동 말하다, 알리다
哥哥	gēge	명 형, 오빠
给	gěi	동 주다 개 …에게
公共汽车	gōnggòngqìchē	명 버스
公司	gōngsī	명 회사
贵	guì	형 비싸다, 귀한
过	guo	조 …한 적이 있다

H

还	hái	부 역시, 아직, 또
孩子	háizi	명 아이, 어린이
好吃	hǎochī	형 맛있다
黑	hēi	형 까맣다, 검다
红	hóng	형 빨갛다, 붉다
火车站	huǒchēzhàn	명 기차역

J

机场	jīchǎng	명 공항
鸡蛋	jīdàn	명 계란
件	jiàn	양 건, 개 (일이나 옷을 세는 단위)
教室	jiàoshì	명 교실
姐姐	jiějie	명 누나, 언니
介绍	jièshào	동 소개하다
进	jìn	형 들어오다, 들어가다

近	jìn	조 가깝다
就	jiù	부 즉시, 바로, 당장, 겨우
觉得	juéde	동 …라고 느끼다, 생각하다

K

咖啡	kāfēi	명 커피
开始	kāishǐ	동 시작하다 명 처음, 시작
考试	kǎoshì	동 시험을 치다
可能	kěnéng	동 가능하다 명 가능성, 가망 부 아마도, 아마(…일지도 모른다), 어쩌면
可以	kěyǐ	조동 …할 수 있다 형 좋다, 괜찮다
课	kè	명 수업, 강의, 과
快	kuài	형 빠르다 부 곧, 머지않아
快乐	kuàilè	형 즐겁다, 유쾌하다

L

累	lèi	형 지치다, 피곤하다
离	lí	개 …로부터
两	liǎng	수 2, 이, 둘
零	líng	수 0, 영
路	lù	명 길, 도로, 노선
旅游	lǚyóu	동 여행하다, 관광하다

M

卖	mài	동 팔다, 판매하다
慢	màn	형 느리다
忙	máng	형 바쁘다
每	měi	대 매, 각, …마다
妹妹	mèimei	명 여동생
门	mén	명 문
面条	miàntiáo	명 국수

N

男	nán	형 명 남자(의)
您	nín	대 당신
牛奶	niúnǎi	명 우유
女	nǚ	형 명 여자(의)

P

旁边	pángbiān	명 옆, 곁
跑步	pǎobù	동 달리다, 조깅하다
便宜	piányi	형 (값이) 싸다
票	piào	명 표, 티켓

Q

妻子	qīzi	명 아내
起床	qǐchuáng	동 (잠자리에서) 일어나다
千	qiān	수 1000, 천
铅笔	qiānbǐ	명 연필
晴	qíng	형 (하늘이) 맑다
去年	qùnián	명 작년

R

让	ràng	동 …하게 하다, …하도록 시키다
日	rì	명 날, 일, 해

S

上班	shàngbān	동 출근하다
身体	shēntǐ	명 몸, 신체
生病	shēngbìng	동 병이 나다, 병에 걸리다
生日	shēngrì	명 생일
时间	shíjiān	명 시간
事情	shìqing	명 일, 사건

手表	shǒubiǎo	명 손목시계
手机	shǒujī	명 휴대전화
说话	shuōhuà	동 말하다
送	sòng	동 보내다, 배웅하다, 선물하다
虽然…但是…	suīrán…dànshì…	비록 …이지만 그러나…

T

它	tā	대 그, 저, 그것, 저것
踢足球	tī zúqiú	축구를 하다
题	tí	명 문제
跳舞	tiàowǔ	동 춤을 추다

W

外	wài	명 밖, 바깥
完	wán	동 마치다, 끝나다
玩	wán	동 놀다, 놀이하다
晚上	wǎnshang	명 저녁
往	wǎng	개 …로 향하여
为什么	wèishénme	대 왜, 무엇 때문에
问	wèn	동 묻다, 질문하다
问题	wèntí	명 문제

X

西瓜	xīguā	명 수박
希望	xīwàng	동 희망하다, 바라다 명 희망
洗	xǐ	동 씻다, 빨다
小时	xiǎoshí	명 시간
笑	xiào	동 웃다
新	xīn	형 새로운
姓	xìng	명 성, 성씨 동 성이 …이다
休息	xiūxi	동 휴식하다, 쉬다

| 雪 | xuě | 명 눈 |

Y

颜色	yánsè	명 색, 색깔
眼睛	yǎnjing	명 눈
羊肉	yángròu	명 양고기
药	yào	명 약
要	yào	조동 …할 것이다, …해야 한다 동 필요하다
也	yě	부 …도
一起	yìqǐ	부 같이, 함께
一下	yíxià	수 한번, 한차례 양 시험 삼아 해 보다, 좀 …하다
已经	yǐjīng	부 이미, 벌써
意思	yìsi	명 의미, 뜻, 재미
阴	yīn	형 흐리다
因为…所以…	yīnwèi…suǒyǐ…	…때문에 그래서 …하다
游泳	yóuyǒng	동 수영하다, 헤엄치다
右边	yòubian	명 오른쪽
鱼	yú	명 물고기
远	yuǎn	형 (공간적, 시간적으로) 멀다
运动	yùndòng	동 운동하다 명 운동, 캠페인

Z

再	zài	부 또, 재차
早上	zǎoshang	명 아침
丈夫	zhàngfu	명 남편
找	zhǎo	동 찾다
着	zhe	조 …하고 있다, …한 채로 있다
真	zhēn	부 확실히, 진정으로 형 진실하다
正在	zhèngzài	부 지금 …하고 있다
知道	zhīdào	동 알다, 이해하다

准备	zhǔnbèi	동 준비하다
走	zǒu	동 걷다, 떠나다
最	zuì	부 가장, 제일
左边	zuǒbian	명 왼쪽, 좌측

新HSK 2급
실전 모의고사

착!붙는 합격요령

新HSK 2급은 총 60문항입니다. 듣기 35문항, 독해 25문항으로 이루어져 있으며, 시험에 소요되는 시간은 약 55분입니다. 듣기 영역은 28분(답안 작성 시간 3분을 포함)이며, 독해 영역은 22분입니다.

총 35문항이며, 4가지 영역별 문제 풀이 요령을 잘 알아둡니다.

1부분: 총 10문항
각 문항당 2번씩 들려줍니다. 남자 성우와 여자 성우가 번갈아가며 1번씩 녹음을 들려줍니다. 녹음은 모두 한 개의 문장으로 이루어져 있으며, 녹음 내용이 시험지에 제시된 사진과 일치하는지 판단하여 답안지에 표시합니다. 맞으면 [✓], 틀리면 [✗] 칸에 마킹합니다.

2부분: 총 10문항
각 문항당 2번씩 들려줍니다. 시험지에 제시된 몇 장의 사진 중에서 들려주는 녹음과 일치하는 사진을 찾아 마킹합니다.

3부분: 총 10문항
각 문항당 2번씩 들려줍니다. 남녀가 주고 받는 두 마디 대화와 세 번째 사람이 하는 질문을 듣고 시험지에 제시된 세 가지 보기에서 대화의 내용과 일치하는 보기를 찾아 마킹합니다.

4부분: 총 5문항
각 문항당 2번씩 들려줍니다. 남녀가 주고 받는 네 마디 이상의 대화와 마지막 사람이 하는 질문을 듣고 시험지에 제시된 세 가지 보기에서 대화의 내용과 일치하는 보기를 찾아 마킹합니다.
질문의 내용은 들려준 녹음과 밀접한 관계가 있으므로 질문의 핵심을 녹음 내용에서 잘 파악하도록 합니다.

독해

총 25문항이며, 4가지 영역별 문제 풀이 요령을 잘 알아둡니다.

1부분: 총 5문항
시험지에는 몇 장의 사진이 제시되며, 각 문제마다 하나의 문장이 주어집니다. 주어진 문장 내용에 근거하여 그에 해당하는 사진의 알파벳을 답안지에 마킹합니다.

2부분: 총 5문항
시험지에는 여섯 개의 단어가 제시되며, 각 문제마다 중간에 빈 칸이 있습니다. 주어진 선택항목 중에 빈칸에 해당하는 단어의 알파벳을 답안지에 마킹합니다.

3부분: 총 5문항
각 문제마다 두 개의 문장이 제시됩니다. 첫 번째 문장의 내용과 두 번째 문장의 내용이 일치하는지를 판단하여 답안지에 마킹합니다.

4부분: 총 10문항
시험지에는 5~6개의 문장이 제시되며, 각 문제마다 대화가 될 수 있는 말을 찾아 답안지에 마킹합니다.

예시 문제를 보면서 더 자세히 알아봅시다~

듣기 1부분

Lìrú:　Wǒmen jiā yǒu sān ge rén.
例如：我们 家 有 三 个 人 。

해석 우리는 세 식구예요.

단어
- 我们 wǒmen [대명사] 우리
- 家 jiā [명사] 집
- 个 ge [양사] 명, 개 (사람이나 물건을 셀 때 쓰임)

| 도움말 | 三个人 sān ge rén은 '세 명'이라는 뜻으로 사진과 일치합니다. |
| 정답 | ✓ |

Lìrú : Wǒ měitiān zuò gōnggòngqìchē qù shàngbān.
例如：我 每天 坐 公共汽车 去 上班 。

해석	나는 매일 버스를 타고 출근한다.
단어	□ 坐 zuò 동사 (교통수단을) 타다　　□ 公共汽车 gōnggòngqìchē 명사 버스
	□ 上班 shàngbān 동사 출근하다
도움말	公共汽车 gōnggòngqìchē는 '버스'라는 뜻인데, 보기 사진은 자전거입니다. 녹음 내용과 사진이 일치하지 않습니다.
정답	✗

- 먼저 사진을 잘 살펴본 후, 들려주는 녹음에 귀를 귀울입니다. 녹음 내용의 단어와 제시된 사진이 서로 연관이 있는지 판단합니다.
- 녹음 내용과 사진이 서로 일치하면 [✓]칸에, 녹음 내용과 사진이 연관이 없거나 일치하지 않으면 [✗]칸에 마킹합니다.
- 한 문항당 녹음은 두 번씩 들려줍니다. 남자와 여자 성우가 번갈아 가며 한 번씩 들려주며, 남자 성우의 녹음이 끝나고 약 3초 후 여자 성우가 들려줍니다.
- 문항과 문항 사이는 약 8초의 간격을 두고 녹음을 들려줍니다.
- 문항과 문항 사이의 시간(8초)을 잘 활용하여 다음 문제에서 제시된 사진을 미리 보는 것이 좋습니다.

착!붙는 합격요령

듣기 2부분

例:

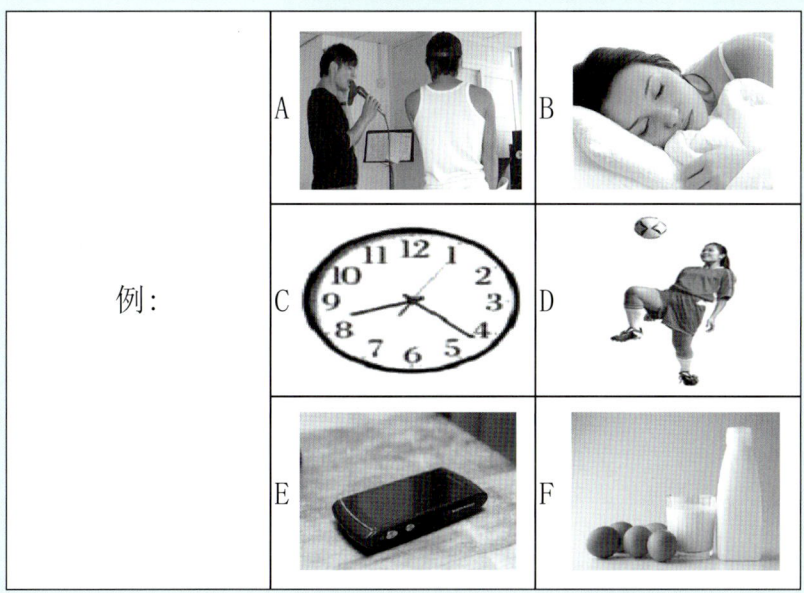

Lìrú:
例如:
　　　　Nǐ xǐhuan shénme yùndòng?
男： 你 喜欢 什么 运动?
　　　　Wǒ zuì xǐhuan tī zúqiú.
女： 我 最 喜欢 踢 足球。

해석 남: 너는 무슨 운동을 좋아하니?
여: 난 축구를 제일 좋아해.

단어 □ 喜欢 xǐhuan 동사 좋아하다　　□ 什么 shénme 대명사 무슨
□ 运动 yùndòng 명사 운동　　□ 最 zuì 부사 가장　　□ 踢 tī 동사 (발로) 차다
□ 足球 zúqiú 명사 축구

도움말 足球 zúqiú는 '축구'라는 뜻이므로, 보기 여섯 개의 사진 중 가장 부합한 것은 D입니다.

정답 D

- 듣기 1부분과 마찬가지로 먼저 사진을 잘 살펴본 후, 들려주는 녹음에 귀를 귀울입니다.
- 녹음 내용의 문장과 제시된 사진 중 어느 것이 서로 연관이 있는지 판단합니다.
- 녹음 내용의 문장과 사진이 서로 일치하면 보기 중에서 정답을 골라 마킹합니다.
- 한 문항당 녹음은 두 번씩 들려줍니다.
- 문항과 문항 사이는 약 10초의 간격을 두고 녹음을 들려줍니다.
- 문항과 문항 사이의 시간(10초)을 잘 활용하여 다음 문제에서 제시된 보기를 미리 보는 것이 좋습니다.

듣기 3부분

Lìrú :
例如：

男： Xiǎo Wáng, zhèli yǒu jǐ ge bēizi, nǎge shì nǐ de?
　　 小 王， 这里 有 几 个 杯子，哪个 是 你 的?

女： Zuǒbian nàge hóngsè de shì wǒ de.
　　 左边 那个 红色 的 是 我 的。

问： Xiǎo Wáng de bēizi shì shénme yánsè de?
　　 小 王 的 杯子 是 什么 颜色 的?

　　　hóngsè　　　hēisè　　　báisè
　A 红色　　 B 黑色　　 C 白色

해석　남: 샤오왕, 여기에 컵이 몇 개 있는데 어느 것이 네 것이니?
　　　여: 왼쪽에 저 빨간 것이 내 거야.
　　　질문: 샤오왕의 컵은 무슨 색깔인가요?

단어　□ 几 jǐ [수사] 몇　　□ 个 ge [양사] 명, 개 (사람이나 물건을 셀 때 쓰임)
　　　□ 杯子 bēizi [명사] 잔, 컵　　□ 左边 zuǒbian [명사] 좌측, 왼쪽
　　　□ 红色 hóngsè [명사] 빨간색　　□ 颜色 yánsè [명사] 색깔

도움말　색깔을 묻는 문제로 색과 관련해서 나오는 단어는 红色 hóngsè(빨간색) 하나입니다.

정답　A

- 먼저 보기를 잘 살펴본 후, 들려주는 녹음에 귀를 귀울입니다.
- 녹음 내용의 문장과 보기가 서로 연관이 있는지 판단합니다.
- 한 문항당 녹음은 두 번씩 들려줍니다.
- 문항과 문항 사이는 약 15초의 간격을 두고 녹음을 들려줍니다.
- 문항과 문항 사이의 시간(15초)을 잘 활용하여 다음 문제에서 제시된 보기를 미리 보는 것이 좋습니다.

착!붙는 합격요령

듣기 4부분

Lìrú:
例如：

Qǐng zài zhèr xiě nín de míngzi.
女： 请 在 这儿 写 您 的 名字。

Shì zhèr ma?
男： 是 这儿 吗？

Bú shì, shì zhèr.
女： 不 是，是 这儿。

Hǎo, xièxie.
男： 好，谢谢。

Nán de yào xiě shénme?
问： 男 的 要 写 什么？

      míngzi   shíjiān   fángjiān hào
  A 名字   B 时间   C 房间 号

해석 여: 여기에 당신의 이름을 쓰세요.
남: 여기인가요?
여: 아니요. 여기요.
남: 네, 고맙습니다.
질문: 남자는 무엇을 써야 합니까?

단어 □ 请 qǐng 〔동사〕 (상대가 어떤 일을 하기 바라는 의미로) …하세요
□ 写 xiě 〔동사〕 (글씨를) 쓰다   □ 名字 míngzi 〔명사〕 이름
□ 要 yào 〔조동사〕 …할 것이다, …해야 한다

도움말 이 문제의 핵심어는 名字 míngzi예요. 여자는 남자에게 이름을 쓰라고 요구하고 있으므로 남자가 써야 할 것은 'A 이름'이 정답입니다.

정답 A

● 먼저 보기를 잘 살펴본 후, 들려주는 녹음에 귀를 귀울입니다.
● 녹음 내용의 문장과 보기가 서로 연관이 있는지 판단합니다.
● 한 문항당 녹음은 두 번씩 들려줍니다.
● 문항과 문항 사이는 약 15초의 간격을 두고 녹음을 들려줍니다.
● 문항과 문항 사이의 시간(15초)을 잘 활용하여 다음 문제에서 제시된 보기를 미리 보는 것이 좋습니다.

※ 쉿~알고 넘어가요~

구분	사진	녹음 내용	문항 간격 시간
듣기 1부분	1개	문장 1개	약 8초
듣기 2부분	6개	문장 2개	약 10초
듣기 3부분	X	문장 3개	약 15초
듣기 4부분	X	문장 5개 이상	약 15초

독해 1부분

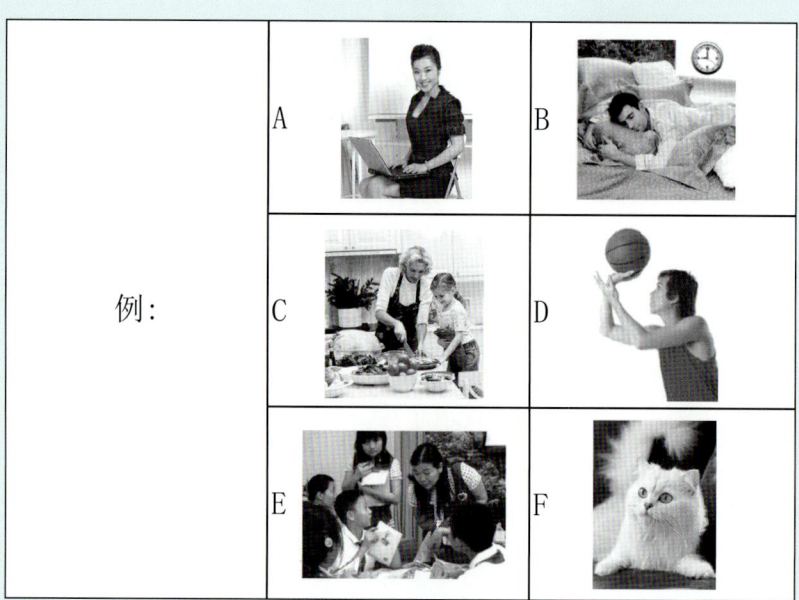

Lìrú: Měi ge xīngqīliù, wǒ dōu qù dǎ lánqiú.
例如：每 个 星期六，我 都 去 打 篮球。

해석   매주 토요일마다 나는 농구하러 갑니다.
단어   □ 每 měi 대명사 매, 각, 매번   □ 星期六 xīngqīliù 토요일
       □ 都 dōu 부사 모두, 다, 전부   □ 打篮球 dǎ lánqiú 농구를 하다
도움말   이 문제의 포인트는 打篮球 dǎ lánqiú라는 단어, 즉 '농구를 한다'는 단어를 알고 있어야 정
        답을 찾을 수 있습니다. 동사 打 dǎ는 손을 써서 하는 운동 종목과 함께 등장하는 동사입니다.

착!붙는 합격요령

예를 들면, 打棒球 dǎ bàngqiú(야구를 하다), 打乒乓球 dǎ pīngpāngqiú(탁구를 하다), 打网球 dǎ wǎngqiú(테니스를 치다), 打排球 dǎ páiqiú(배구를 하다) 등에 사용합니다.

정답   D

○ 사진이 제시되고 간체자와 한어병음이 함께 나와 단어의 뜻을 묻는 비교적 쉬운 문제이므로 한 문제도 놓치지 않는다는 생각으로 점수를 확보하도록 합니다.

독해 2부분

```
      zhàng    míngnián    yīnwèi    gàosu    guì    zhǔnbèi
   A 张    B 明年    C 因为    D 告诉    E 贵    F 准备
```

Lìrú:　Zhèr　de yángròu　hěn hǎochī,　dànshì　yě　hěn
例如：这儿 的 羊肉 很 好吃， 但是 也 很 （　　）。

해석　이 곳의 양고기는 매우 맛있지만 매우 비싸기도 합니다.

단어　□ 羊肉 yángròu 명사 양고기　　□ 但是 dànshì 접속사 그러나, 그렇지만
　　　□ 也 yě 부사 …도

도움말　이 문장에서는 但是 dànshì에 주목을 해야 합니다. 但是 dànshì는 '그러나'의 뜻으로 앞에서 말한 내용과 대립되는 상황이 오기 때문에 '맛있지만 비싸다'의 표현이 어울립니다. 또 정도부사(很 hěn, 非常 fēicháng, 真 zhēn, 太 tài…)와 어울릴 수 있는 단어는 보기에 제시된 단어 중 'E 贵 guì' 뿐입니다.

정답   E

○ 단어가 제시되고 간체자와 한어병음이 함께 나와 단어의 뜻을 묻고 문장의 내용을 파악하는 문제입니다.

독해 3부분

Lìrú:　Xiànzài shì　diǎn　fēn,　tāmen yǐjīng yóule　fēnzhōng le.
例如：现在 是 11 点 30 分， 他们 已经 游了 20 分钟 了。

　　　Tāmen　diǎn　fēn kāishǐ yóuyǒng.
★ 他们 11 点 10 分 开始 游泳。（　　）

해석　지금은 11시 30분입니다. 그들은 이미 20분째 수영을 하고 있습니다.
　　　★ 그들은 11시 10분에 수영을 시작했다.

단어　□ 现在 xiànzài 명사 지금, 현재　　□ 已经 yǐjīng 부사 이미, 벌써
　　　□ 游 yóu 동사 수영하다

□ 了 le 조사 동사 또는 형용사 뒤에 쓰여 동작의 완료를 나타냄
□ 分钟 fēnzhōng 부사 (시간에서의) 분

도움말 游了20分钟了 yóu le èrshí fēnzhōng le와 같이 한 문장에서 '了 le'가 두 번 쓰일 경우 그 해석에 주의해야 합니다. 游了20分钟 yóu le èrshí fēnzhōng은 즉, 과거 20분 동안 수영을 했으며, 지금 현재는 수영을 하고 있지 않다는 뜻을 포함하고 있습니다. 游了20分钟了 yóu le èrshí fēnzhōng le은 수영을 하기 시작해서 지금까지 20분 동안 수영을 하고 있다는 뜻을 나타냅니다.

정답 ✓

Lìrú:　Wǒ huì tiàowǔ, dàn tiào de bù zěnmeyàng.
例如：我 会 跳舞，但 跳 得 不 怎么样。

　　Wǒ tiào de fēicháng hǎo.
★ 我 跳 得 非常 好。（　）

해석 나는 춤을 출 줄 알지만 잘 추지는 못해요.
★ 나는 춤을 매우 잘 춘다.

단어 □ 会 huì 동사 (배워서) …할 줄 알다　　□ 跳舞 tiàowǔ 동사 춤을 추다
□ 但 dàn 접속사 그러나, 그렇지만
□ 得 de 동사 동사나 형용사 뒤에 쓰여 결과나 정도를 나타내는 보어와 연결시킴
□ 不怎么样 bù zěnmeyàng 그리 좋지 않다, 보통이다　　□ 非常 fēicháng 부사 대단히, 매우

도움말 동사의 상태와 결과의 정도를 보충 설명하는 성분을 정도보어라고 합니다. 그리고 그런 동사와 정도보어의 사이를 得 de가 연결해 주어 「동사+得 de+정도보어」의 형식을 만듭니다.

동사 + 得 de + 정도보어

Chàng de hěn hǎo.
唱 得 很好。 부르는 정도가 매우 좋다. (잘 부른다.)

Chàng de bù hǎo.
唱 得 不好。 부르는 정도가 좋지 않다. (잘 못 부른다.)

★목적어가 있는 경우

목적어 + 동사 + 得 de + 정도보어

Gē chàng de hěn hǎo.
歌 唱 得 很好。 노래를 부르는 정도가 좋다. (노래를 잘 부른다.)

Gē chàng de bù hǎo.
歌 唱 得 不好。 노래를 부르는 정도가 좋지 않다. (노래를 잘 못 부른다.)

정답 ✗

● 두 개의 문장이 제시되고 윗 문장의 내용을 파악한 후 아랫 문장의 옳고 그름을 판단하는 문제입니다.

🧩 독해 4부분

　　　　Tā qù yīyuàn le.
A　他 去 医院 了。
　　　　Tài wǎn shuìjiào duì shēntǐ bù hǎo.
B　太 晚 睡觉 对 身体 不 好。
　　　　Wǒ hěn kuài jiù gěi nín sòng qù.
C　我 很 快 就 给 您 送 去。
　　　　Wǒ xiǎng sòng tā yí ge shǒujī.
D　我 想 送 他 一 个 手机。
　　　　Tā zài nǎr ne? Nǐ kànjiàn tā le ma?
E　他 在 哪儿 呢？你 看见 他 了 吗？
　　　　Wǒ hé nǐ yìqǐ qù ba.
F　我 和 你 一起 去 吧。

Lìrú:　Tā hái zài jiàoshì lǐ xuéxí.
例如： 他 还 在 教室 里 学习。

　　해석　A 그는 병원에 갔어요.
　　　　B 너무 늦게 자는 것은 몸에 좋지 않아요.
　　　　C 제가 빨리 당신에게 가져다 드릴게요.
　　　　D 나는 그에게 휴대전화를 선물하고 싶어요.
　　　　E 그는 어디에 있나요? 당신은 그를 봤나요?
　　　　F 나는 당신과 함께 갈게요.
　　　　예제: 그는 아직도 교실에서 공부하고 있어요.

　　단어　□ 还 hái 부사 여전히, 아직도　　□ 在 zài 동사 (사람이나 사물이) …에 있다
　　　　□ 教室 jiàoshì 명사 교실　　□ 里 lǐ 명사 안, 속
　　　　□ 学习 xuéxí 동사 학습하다, 공부하다

　　도움말　'그가 어디에 있다'라는 내용입니다. 그렇다면, 문맥상 가장 자연스러운 대화 내용은 '그가 어디에 있습니까?'를 묻는 내용으로 볼 수 있습니다.

　　정답　E

● 여섯 개의 예시 문장이 주어지고 문제의 문장과 대화를 만들 수 있는 보기를 골라 알파벳을 마킹합니다.

新汉语水平考试
HSK（二级）
模拟试题（一）

注　意

一、HSK（二级）分两部分：

   1. 听力（35题，约25分钟）

   2. 阅读（25题，22分钟）

二、答案先写在试卷上，最后3分钟再写在答题卡上。

三、全部考试约55分钟（含考生填写个人信息时间5分钟）。

一、听 力

第一部分

第 1-10 题

例如：	(家庭照片)	√
	(自行车)	×
1.	(照片)	
2.	(碗和打蛋器)	
3.	(手机)	
4.	(两个女孩)	

5.			
6.			
7.			
8.			
9.			
10.			

第二部分

第 11-15 题

A		B
C		D
E		F

例如：男：Nǐ xǐhuan shénme yùndòng?
      你 喜欢 什么 运动？

女：Wǒ zuì xǐhuan tī zúqiú.
    我 最 喜欢 踢 足球。   D

11.

12.

13.

14.

15.

第 16-20 题

A. 9 月 14 号

B.

C.

D.

E.

16. ☐

17. ☐

18. ☐

19. ☐

20. ☐

第三部分

第 21-30 题

例如：男： Xiǎo Wáng, zhèli yǒu jǐ ge bēizi, nǎge shì nǐ de?
小 王， 这里 有 几 个 杯子， 哪个 是 你 的？

女： Zuǒbian nàge hóngsè de shì wǒ de.
左边 那个 红色 的 是 我 的。

问： Xiǎo Wáng de bēizi shì shénme yánsè de?
小 王 的 杯子 是 什么 颜色 的？

A hóngsè 红色 √   B hēisè 黑色   C báisè 白色

21. A shàngwǔ 上午   B míngtiān 明天   C xiàwǔ 下午

22. A hěn hǎokàn 很 好看   B hěn piányi 很 便宜   C yǒu diǎnr guì 有 点儿 贵

23. A yīyuàn 医院   B xuéxiào 学校   C jiā li 家 里

24. A zuò chuán 坐 船   B zuò huǒchē 坐 火车   C zuò fēijī 坐 飞机

25. A hēisè 黑色   B hóngsè 红色   C báisè 白色

26. A 6 suì 岁   B 16 suì 岁   C 26 suì 岁

27. A xuéxiào 学校   B fànguǎn 饭馆   C yīyuàn 医院

28. A jiā li 家 里   B gōngsī li 公司 里   C gōnggòngqìchē shang 公共汽车 上

29. A xià yǔ 下雨   B qíng tiān 晴 天   C yīn tiān 阴 天

30. A tài lèi le 太 累 了   B yào xuéxí 要 学习   C yào mǎi dōngxi 要 买 东西

第四部分

第 31-35 题

例如：女： Qǐng zài zhèr xiě nín de míngzi.
　　　　 请 在 这儿 写 您 的 名字。

　　　男： Shì zhèr ma?
　　　　 是 这儿 吗？

　　　女： Bú shì, shì zhèr.
　　　　 不 是，是 这儿。

　　　男： Hǎo, xièxie.
　　　　 好，谢谢。

　　　问： Nán de yào xiě shénme?
　　　　 男 的 要 写 什么？

　　A　míngzi
　　　 名字 √　　　　B　shíjiān
　　　　　　　　　　　 时间　　　　C　fángjiān hào
　　　　　　　　　　　　　　　　　　 房间 号

31.　A　sān yuán
　　　　 三 元　　　B　wǔ yuán
　　　　　　　　　　　 五 元　　　C　bā yuán
　　　　　　　　　　　　　　　　　　 八 元

32.　A　shí diǎn
　　　　 十 点　　　B　jiǔ diǎn
　　　　　　　　　　　 九 点　　　C　bā diǎn
　　　　　　　　　　　　　　　　　　 八 点

33.　A　péngyou jiā
　　　　 朋友 家　　B　xuéxiào li
　　　　　　　　　　　 学校 里　　C　tóngxué jiā
　　　　　　　　　　　　　　　　　　 同学 家

34.　A　yú
　　　　 鱼　　　　B　mǐfàn
　　　　　　　　　　 米饭　　　　C　yángròu
　　　　　　　　　　　　　　　　　 羊肉

35.　A　shēngbìng le
　　　　 生病 了　　B　yào shàngkè
　　　　　　　　　　　 要 上课　　C　bú huì yóuyǒng
　　　　　　　　　　　　　　　　　　 不 会 游泳

二、阅 读

第一部分

第 36-40 题

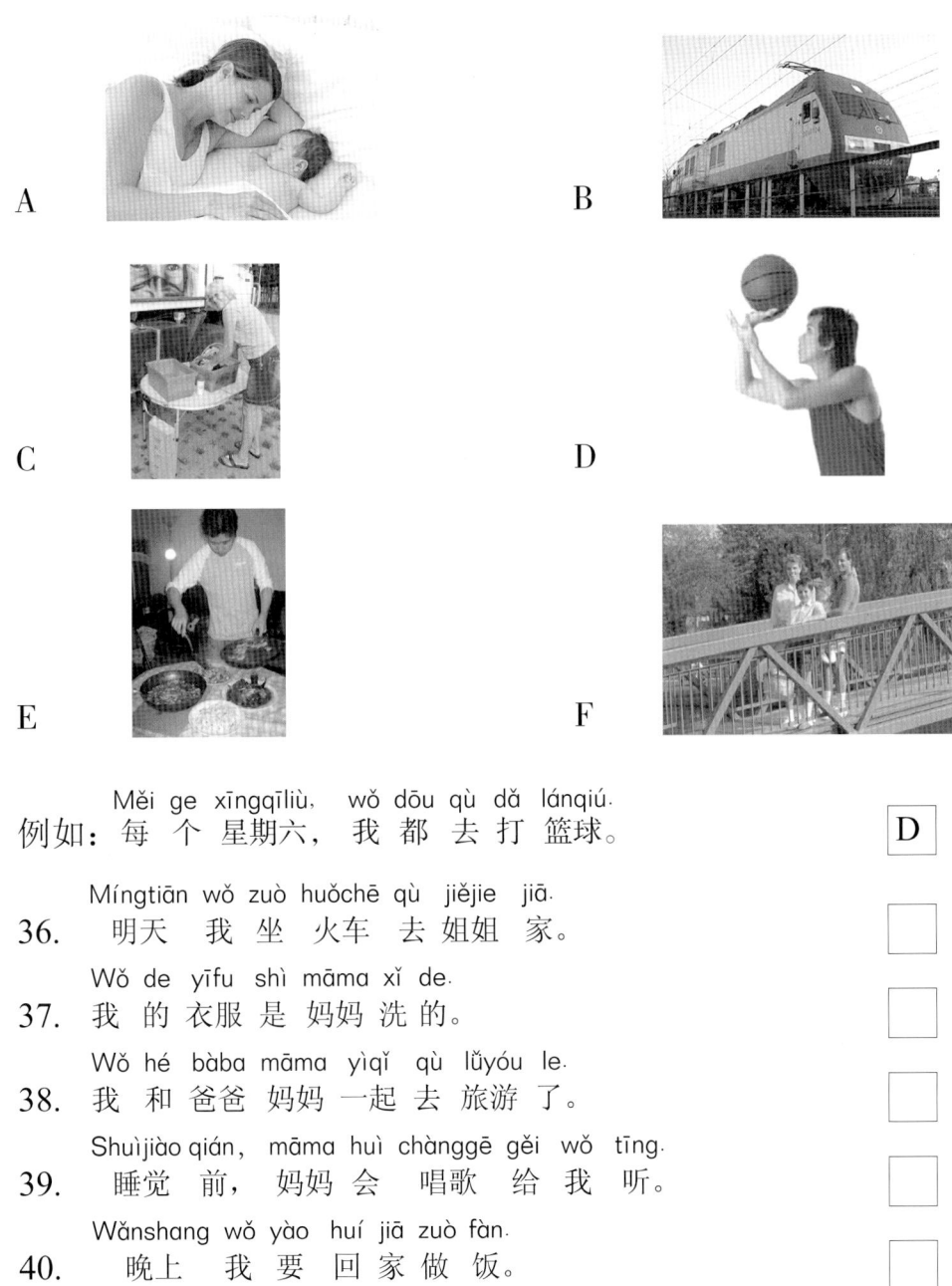

例如：Měi ge xīngqīliù, wǒ dōu qù dǎ lánqiú.
每 个 星期六， 我 都 去 打 篮球。 D

36. Míngtiān wǒ zuò huǒchē qù jiějie jiā.
明天 我 坐 火车 去 姐姐 家。

37. Wǒ de yīfu shì māma xǐ de.
我 的 衣服 是 妈妈 洗 的。

38. Wǒ hé bàba māma yìqǐ qù lǚyóu le.
我 和 爸爸 妈妈 一起 去 旅游 了。

39. Shuìjiào qián, māma huì chànggē gěi wǒ tīng.
睡觉 前， 妈妈 会 唱歌 给 我 听。

40. Wǎnshang wǒ yào huí jiā zuò fàn.
晚上 我要 回 家做 饭。

第二部分

第 41-45 题

A 左边（zuǒbian）　B 去年（qùnián）　C 忙（máng）　D 知道（zhīdào）　E 贵（guì）　F 因为（yīnwèi）

例如：这儿的羊肉很好吃，但是也很（ E ）。
（Zhèr de yángròu hěn hǎochī, dànshì yě hěn）

41. 今天她很（　　），不能去跳舞了。
（Jīntiān tā hěn　　bù néng qù tiàowǔ le.）

42. 我是从（　　）开始学习汉语的。
（Wǒ shì cóng　　kāishǐ xuéxí Hànyǔ de.）

43. 上课的时候，他喜欢坐在我的（　　）。
（Shàngkè de shíhou, tā xǐhuan zuò zài wǒ de）

44. 今年我不坐火车回家了，（　　）飞机票便宜了。
（Jīnnián wǒ bú zuò huǒchē huí jiā le,　　fēijī piào piányi le.）

45. 我不认识这个人，也不（　　）他的名字。
（Wǒ bú rènshi zhège rén, yě bù　　tā de míngzi.）

第三部分

第46-50题

例如：
现在 是 11 点 30 分，他们 已经 游了 20 分钟 了。
★ 他们 11 点 10 分 开始 游泳。　　　　　　　　　　　　　　（ √ ）

我 会 跳舞，但 跳 得 不 怎么样。
★ 我 跳 得 非常 好。　　　　　　　　　　　　　　　　　　　（ × ）

46. 明天 是 我 好 朋友 的 生日，我 想 送 他 一 块 手表，但是 他 已经 有 了，就 送 他 一 个 篮球 吧。
★ 我 明天 要 送 给 好 朋友 一 块 手表。　　　　　　　　　　（　　）

47. 我 家 前面 商店 的 东西 太 贵 了，我 不 喜欢 在 那里 买 东西，我 都 在 公司 旁边 的 商店 买。
★ 公司 旁边 的 商店 卖 的 东西 便宜。　　　　　　　　　　　（　　）

48. 我 很 喜欢 我 家 的 小 白 猫，这 两 天 它 生病 了，妈妈 送 它 去 了 医院，我 很 想 它。
★ 我 家 的 小 白 猫 生病 了。　　　　　　　　　　　　　　　（　　）

49. Zuótiān wǎnshang wǒ hé péngyou qù chànggē le, méiyǒu xiūxi hǎo. Jīntiān wǒ
    昨天 晚上 我 和 朋友 去 唱歌 了，没有 休息 好。今天 我
    zài jiàoshì li shuìjiào, lǎoshī hěn bù gāoxìng.
    在 教室 里 睡觉，老师 很 不 高兴。

    ★ Wǒ zài jiàoshì shuìjiào, lǎoshī bù gāoxìng le.
    ★ 我 在 教室 睡觉，老师 不 高兴 了。   (   )

50. Wǒ de Hànyǔ shuō de bú tài hǎo, gēge shuō de bǐ wǒ hǎo. Tā yǒu hěn duō
    我 的 汉语 说 得 不 太 好，哥哥 说 得 比 我 好。他 有 很 多
    Zhōngguó péngyou, tāmen zài yìqǐ shí dōu shuō Hànyǔ.
    中国 朋友，他们 在 一起 时 都 说 汉语。

    ★ Wǒ yǒu hěn duō Zhōngguó péngyou.
    ★ 我 有 很 多 中国 朋友。   (   )

第四部分

第 51-55 题

A　Xiàwǔ méi kè, nǐ yào zuò shénme?
　　下午 没 课，你 要 做 什么？

B　Xuéxiào lí wǒ jiā hěn jìn.
　　学校 离 我 家 很 近。

C　Míngtiān yǒu yǔ, xīngqīliù zài qù ba.
　　明天 有 雨，星期六 再 去 吧。

D　Bù zhīdào, wǒ méi zài nàr chīguo.
　　不 知道，我 没 在 那儿 吃过。

E　Tā zài nǎr ne? Nǐ kànjiàn tā le ma?
　　他 在 哪儿 呢？你 看见 他 了 吗？

F　Yánsè hěn hǎokàn, chuān shàng yě hěn piàoliang.
　　颜色 很 好看， 穿 上 也 很 漂亮。

例如：Tā hái zài jiàoshì li xuéxí.
　　　他 还 在 教室 里 学习。　　[E]

51. Míngtiān wǒmen qù tī zúqiú ba?
　　明天 我们 去 踢 足球 吧？　　[ ]

52. Zhège fànguǎn de cài hǎochī ma?
　　这个 饭馆 的 菜 好吃 吗？　　[ ]

53. Wǒ yào zhǔnbèi Hànyǔ kǎoshì.
　　我 要 准备 汉语 考试。　　[ ]

54. Wǒ měitiān zǒulù qù xuéxiào.
　　我 每天 走路 去 学校。　　[ ]

55. Nǐ juéde zhè jiàn yīfu zěnmeyàng?
　　你 觉得 这 件 衣服 怎么样？　　[ ]

第 56-60 题

A Nǐ jiā lí jīchǎng yuǎn ma?
   你家离机场远吗？

B Jīntiān qǐ wǎn le, kuài shàngkè le.
   今天起晚了，快上课了。

C Nǐ xiǎng qù, wǒ jiù hé nǐ yìqǐ qù.
   你想去，我就和你一起去。

D Gōngsī ràng tā qù nàr gōngzuò.
   公司让他去那儿工作。

E Xiǎo Lǐ shēngbìng le.
   小李生病了。

56. Wǒmen zuò chūzūchē qù xuéxiào ba, huì bǐ zuò gōnggòngqìchē kuài de duō.
    我们坐出租车去学校吧，会比坐公共汽车快得多。 ☐

57. Tā wèi shénme míngtiān yào qù Běijīng?
    他为什么明天要去北京？ ☐

58. Zhèxiē yào yì tiān chī liǎng cì, yào duō xiūxi, duō hēshuǐ.
    这些药一天吃两次，要多休息，多喝水。 ☐

59. Wǒ kāichē 20 fēnzhōng jiù néng dào.
    我开车 20 分钟就能到。 ☐

60. Nǐ xiǎngbuxiǎng qù Běijīng lǚyóu?
    你想不想去北京旅游？ ☐

新汉语水平考试
HSK（二级）
模拟试题（二）

注　　意

一、HSK（二级）分两部分：

　　1. 听力（35 题，约 25 分钟）

　　2. 阅读（25 题，22 分钟）

二、答案先写在试卷上，最后 3 分钟再写在答题卡上。

三、全部考试约 55 分钟（含考生填写个人信息时间 5 分钟）。

一、听 力

第一部分

第 1-10 题

例如：		√
		×
1.		
2.		
3.		
4.		

5.			
6.			
7.			
8.			
9.			
10.	特价商品 40.00		

第二部分

第 11-15 题

A B

C D

E F

例如：男： Nǐ xǐhuan shénme yùndòng?
     你 喜欢 什么 运动？
女： Wǒ zuì xǐhuan tī zúqiú.
    我 最 喜欢 踢 足球。   D

11.

12.

13.

14.

15.

第 16-20 题

16. ☐

17. ☐

18. ☐

19. ☐

20. ☐

第三部分

第 21-30 题

例如：男： Xiǎo Wáng, zhèli yǒu jǐ ge bēizi, nǎge shì nǐ de?
　　　　 小 王， 这里 有 几 个 杯子，哪个 是 你 的?

　　　 女： Zuǒbian nàge hóngsè de shì wǒ de.
　　　　 左边 那个 红色 的 是 我 的。

　　　 问： Xiǎo Wáng de bēizi shì shénme yánsè de?
　　　　 小 王 的 杯子 是 什么 颜色 的?

　　A hóngsè 红色 √　　B hēisè 黑色　　C báisè 白色

21.　A 40 kuài 块　　B 60 kuài 块　　C 100 kuài 块

22.　A yú 鱼　　B mǐfàn 米饭　　C yángròu 羊肉

23.　A jīntiān xiàwǔ 今天 下午　　B míngtiān xiàwǔ 明天 下午　　C míngtiān wǎnshang 明天 晚上

24.　A kǎoshì 考试　　B shàngkè 上课　　C kàn shū 看 书

25.　A shēngbìng le 生病 了　　B bù xiǎng qù 不 想 去　　C méiyǒu shíjiān 没有 时间

26.　A nǚ de 女 的　　B nǚ de gēge 女 的 哥哥　　C nǚ de dìdi 女 的 弟弟

27.　A cài 菜　　B shuǐguǒ 水果　　C niúnǎi 牛奶

28.　A nǚ de hé xiǎogǒu 女 的 和 小狗　　B nán de hé xiǎogǒu 男 的 和 小狗　　C nǚ de hé nán de 女 的 和 男 的

29.　A 10 fēnzhōng 分钟　　B 20 fēnzhōng 分钟　　C 30 fēnzhōng 分钟

30.　A xīn de 新 的　　B yuǎn de 远 的　　C jìn de 近 的

第四部分

第 31-35 题

例如：女： Qǐng zài zhèr xiě nín de míngzi.
请 在 这儿 写 您 的 名字。

男： Shì zhèr ma?
是 这儿 吗？

女： Bú shì, shì zhèr.
不 是，是 这儿。

男： Hǎo, xièxie.
好，谢谢。

问： Nán de yào xiě shénme?
男 的 要 写 什么？

A míngzi 名字 √   B shíjiān 时间   C fángjiān hào 房间 号

31. A bā kuài qián 八 块 钱   B liù kuài qián 六 块 钱   C liǎng kuài qián 两 块 钱

32. A bú guì 不 贵   B hěn piàoliang 很 漂亮   C hěn piányi 很 便宜

33. A shàngkè 上课   B xiūxi 休息   C kàn lǎoshī 看 老师

34. A fēnzhōng 5 分钟   B fēnzhōng 10 分钟   C fēnzhōng 15 分钟

35. A huǒchē piào 火车 票   B diànyǐng piào 电影 票   C fēijī piào 飞机 票

二、阅 读

第一部分

第 36-40 题

A B C D E F

	Měi ge xīngqīliù, wǒ dōu qù dǎ lánqiú.	
例如：	每 个 星期六，我 都 去 打 篮球。	D

Zhè cì kǎoshì hěn duō tí wǒ dōu bú huì.
36. 这次考试 很多题我都不会。

Tā tài lèi le, suǒyǐ pǎo de hěn màn.
37. 她 太累了，所以 跑 得 很 慢。

Nàge chuān hēi yīfu de shì wǒmen de Hànyǔ lǎoshī.
38. 那个 穿 黑衣服 的 是 我们 的 汉语 老师。

Jīntiān shì   yuè   hào, shì wǒ māma de shēngrì.
39. 今天 是 3 月 9 号，是 我 妈妈 的 生日。

Tā hé péngyou yìqǐ qù lǚyóu le, xià xīngqī huílai.
40. 他 和 朋友 一起 去 旅游 了，下 星期 回来。

第二部分

第 41-45 题

A 离   B 最   C 对   D 可能   E 贵   F 帮助

例如：这儿 的 羊肉 很 好吃，但是 也 很（ E ）。

41. 现在 7 点，她（   ）还 没 起床。

42. 今天 我们 要 去 我（   ）喜欢 的 饭馆 吃饭。

43. 他 的 中国 朋友 正在（   ）他 学习 汉语。

44. 我 家（   ）学校 不 太 远。

45. 运动（   ）身体 好。

第三部分

第 46-50 题

例如：
Xiànzài shì 11 diǎn 30 fēn, tāmen yǐjīng yóule 20 fēnzhōng le.
现在 是 11 点 30 分，他们 已经 游了 20 分钟 了。

★ Tāmen 11 diǎn 10 fēn kāishǐ yóuyǒng.
★ 他们 11 点 10 分 开始 游泳。 (√)

Wǒ huì tiàowǔ, dàn tiào de bù zěnmeyàng.
我 会 跳舞，但 跳 得 不 怎么样。

★ Wǒ tiào de fēicháng hǎo.
★ 我 跳 得 非常 好。 (×)

46. Jīntiān shì 10 yuè 9 hào, zuótiān shì wǒ de shēngrì, wǒ yǐjīng 21 suì le.
今天 是 10 月 9 号，昨天 是 我 的 生日，我 已经 21 岁 了。

★ Wǒ de shēngrì shì 10 yuè 8 hào.
★ 我 的 生日 是 10 月 8 号。 ( )

47. Tāmen dōu zài kàn diànshì. Wǒ yě hěn xiǎng kàn, dànshì xiànzài wǒ yào xuéxí,
他们 都 在 看 电视。我 也 很 想 看，但是 现在 我 要 学习，
yīnwèi míngtiān yǒu kǎoshì.
因为 明天 有 考试。

★ Wǒ bù xiǎng kàn diànshì.
★ 我 不 想 看 电视。 ( )

48. Wǒ zài Zhōngguó xuéxí Hànyǔ, wǒ bàba māma hěn xiǎng wǒ, tāmen zhǔnbèi
我 在 中国 学习 汉语，我 爸爸 妈妈 很 想 我，他们 准备
lái Zhōngguó kàn wǒ.
来 中国 看 我。

★ Wǒ de bàba māma xiànzài zài Zhōngguó.
★ 我 的 爸爸 妈妈 现在 在 中国。 ( )

49. 我的朋友叫我去学校旁边的饭馆吃饭。我很高兴，因为那家饭馆的菜很好吃。

★ 我要和朋友一起去饭馆吃饭。（　　）

50. 你们家的茶真好喝，我太喜欢了。我想再喝一杯。

★ 我已经喝过茶了。（　　）

第四部分

第 51-55 题

A 你 可能 生病 了，去 医院 看看 吧。

B 我 最 喜欢 的 老师 是 张 老师。

C 我 很 喜欢，但是 太 贵 了。

D 谁 是 王 小雨？ 我 不 认识 她。

E 他 在 哪儿 呢？你 看见 他 了 吗？

F 请问 离 这儿 最近 的 商店 怎么 走？

例如：他 还 在 教室 里 学习。　　E

51. 我 也 很 喜欢 她，她 的 课 很 有 意思。

52. 你 为 什么 不 买 那 件 衣服？不 喜欢 吗？

53. 你 从 这儿 向 前 走，五 分钟 后 就 看见 了。

54. 我 觉得 很 累，还 很 冷。

55. 你 昨天 在 我 家 见过 她，她 穿着 白色 的 衣服。

第 56-60 题

A Lǐ xiānsheng yǒu háizi ma?
   李 先生 有 孩子 吗？

B Tā bú zài. Qǐngwèn nǐ zhǎo tā yǒu shénme shìqing?
   他 不 在。 请问 你 找 他 有 什么 事情？

C Nǐ de shǒubiǎo zhēn piàoliang, zài nǎr mǎi de? Wǒ yě xiǎng mǎi yí ge.
   你 的 手表 真 漂亮， 在 哪儿 买 的？ 我 也 想 买 一 个。

D Xièxie. Nǐ zuò de cài hěn hǎochī, wǒ yǐjīng chīle hěn duō le.
   谢谢。 你 做 的 菜 很 好吃， 我 已经 吃了 很 多 了。

E Méi guānxi. Nǐ yào duō xiūxi.
   没 关系。你 要 多 休息。

56. Zhè shì zài xuéxiào pángbiān de shāngdiàn mǎi de.
    这 是 在 学校 旁边 的 商店 买 的。 □

57. Māma, duìbuqǐ. Wǒ zhè jǐ tiān hěn máng, méiyǒu gěi nín dǎ diànhuà.
    妈妈， 对不起。 我 这 几 天 很 忙， 没有 给 您 打 电话。 □

58. Tā yǒu yí ge nǚ'ér, yí ge érzi.
    他 有 一 个 女儿， 一 个 儿子。 □

59. Zài chī yìdiǎnr ba.
    再 吃 一点儿 吧。 □

60. Nǐhǎo. Wáng lǎoshī zài jiā ma?
    你好。 王 老师 在 家 吗？ □

新汉语水平考试
HSK（二级）
模拟试题（三）

注　意

一、HSK（二级）分两部分：

　　1. 听力（35 题，约 25 分钟）

　　2. 阅读（25 题，22 分钟）

二、答案先写在试卷上，最后 3 分钟再写在答题卡上。

三、全部考试约 55 分钟（含考生填写个人信息时间 5 分钟）。

一、听 力

第一部分

第 1-10 题

例如：		√
		×
1.		
2.		
3.		
4.		

5.			
6.			
7.			
8.			
9.			
10.		7月16号	

第二部分

第 11-15 题

A

B

C

D

E

F

例如：男： Nǐ xǐhuan shénme yùndòng?
　　　　　你 喜欢 什么 运动？
　　　女： Wǒ zuì xǐhuan tī zúqiú.
　　　　　我 最 喜欢 踢 足球。　　　D

11.

12.

13.

14.

15.

第 16-20 题

A

B

C

D

E

16.

17.

18.

19.

20.

第三部分

第 21-30 题

例如：男： Xiǎo Wáng, zhèli yǒu jǐ ge bēizi, nǎge shì nǐ de?
　　　　 小 王， 这里 有 几 个 杯子， 哪个 是 你 的？

　　　 女： Zuǒbian nàge hóngsè de shì wǒ de.
　　　　 左边 那个 红色 的 是 我 的。

　　　 问： Xiǎo Wáng de bēizi shì shénme yánsè de?
　　　　 小 王 的 杯子 是 什么 颜色 的？

　　　 A　hóngsè　√　　　B　hēisè　　　　C　báisè
　　　　 红色　　　　　　　 黑色　　　　　　 白色

21.　A　bù xǐhuan　　　B　kànguo le　　　C　yǒu kǎoshì
　　　　 不 喜欢　　　　　 看过 了　　　　　 有 考试

22.　A　Xiǎo Lǐ　　　　B　nán de　　　　C　nǚ de
　　　　 小 李　　　　　　 男 的　　　　　　 女 的

23.　A　hěn guì　　　　B　hěn hǎo　　　　C　piányi
　　　　 很 贵　　　　　　 很 好　　　　　　 便宜

24.　A　hēisè de　　　　B　hóngsè de　　　C　báisè de
　　　　 黑色 的　　　　　 红色 的　　　　　 白色 的

25.　A　wàimiàn　　　　B　hòumiàn　　　　C　qiánmiàn
　　　　 外面　　　　　　 后面　　　　　　　 前面

26.　A　nán de māma　　B　nán de jiějie　　C　nán de bàba
　　　　 男 的 妈妈　　　 男 的 姐姐　　　　 男 的 爸爸

27.　A　hěn hǎo　　　　B　bù hǎo　　　　　C　hái kěyǐ
　　　　 很 好　　　　　　 不 好　　　　　　 还 可以

28.　A　bù xǐhuan　　　B　yào xuéxí　　　C　tiānqì bù hǎo
　　　　 不 喜欢　　　　　 要 学习　　　　　 天气 不 好

29.　A　shēngbìng le　　B　bù xiǎng shàngxué　C　zhǎo dào gōngzuò le
　　　　 生病 了　　　　　 不 想 上学　　　　　 找 到 工作 了

30.　A　jiā li　　　　　B　fànguǎn　　　　C　péngyou jiā
　　　　 家 里　　　　　　 饭馆　　　　　　　 朋友 家

第四部分

第 31-35 题

例如：女： Qǐng zài zhèr xiě nín de míngzi.
请 在 这儿 写 您 的 名字。

男： Shì zhèr ma?
是 这儿 吗？

女： Bú shì, shì zhèr.
不 是，是 这儿。

男： Hǎo, xièxie.
好，谢谢。

问： Nán de yào xiě shénme?
男 的 要 写 什么？

A míngzi 名字 √   B shíjiān 时间   C fángjiān hào 房间 号

31. A xīngqīyī 星期一   B xīngqīsān 星期三   C xīngqīsì 星期四

32. A Lǐ lǎoshī de érzi 李 老师 的 儿子   B Lǐ lǎoshī de zhàngfu 李 老师 的 丈夫   C Lǐ lǎoshī de dìdi 李 老师 的 弟弟

33. A xuéxí 学习   B yóuyǒng 游泳   C kàn diànshì 看 电视

34. A nián 2 年   B nián 3 年   C nián 12 年

35. A gōngjīn 1 公斤   B gōngjīn 3 公斤   C gōngjīn 30 公斤

二、阅 读

第一部分

第 36-40 题

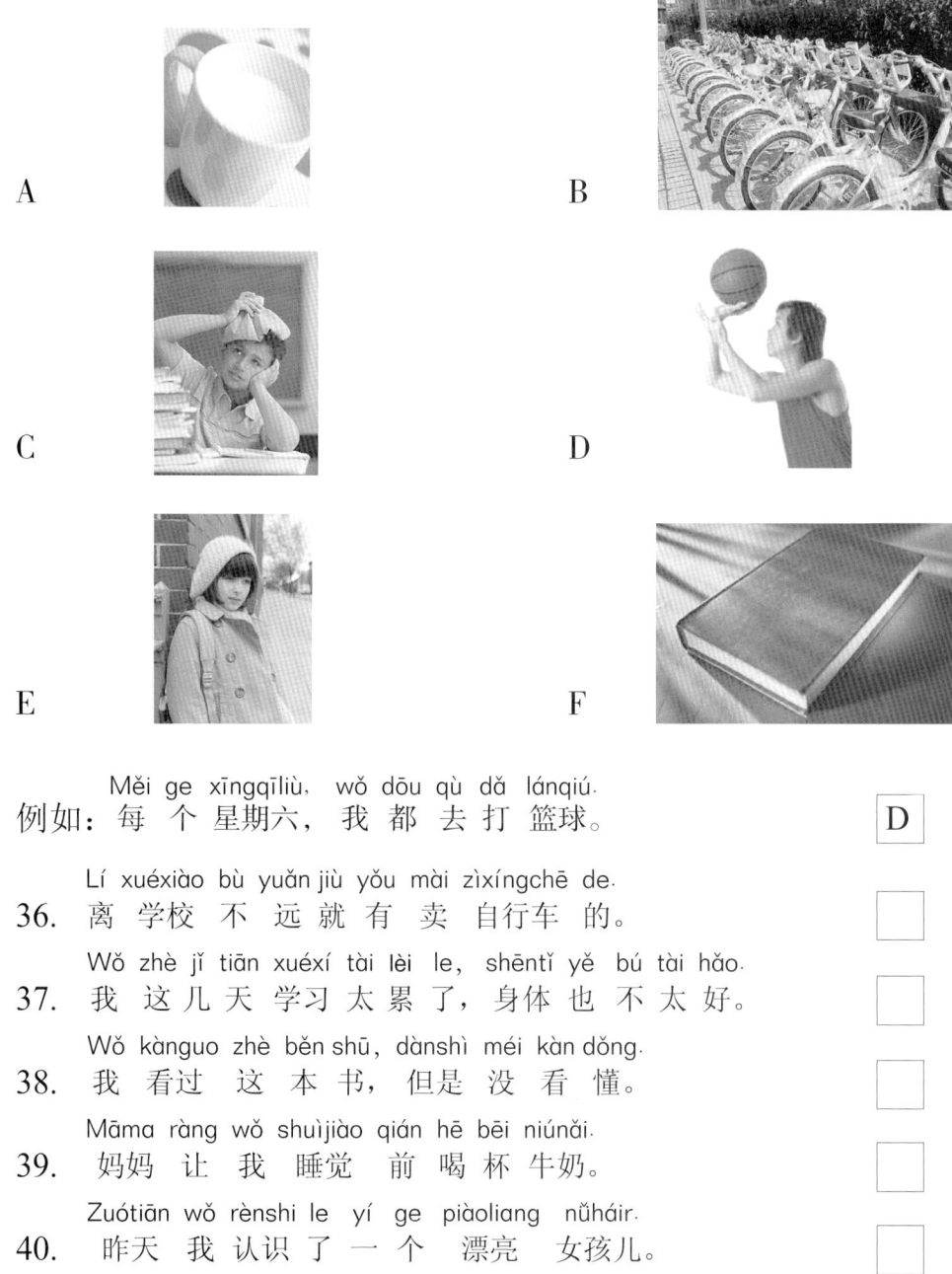

	Měi ge xīngqīliù, wǒ dōu qù dǎ lánqiú.	
例如：	每 个 星期六， 我 都 去 打 篮球。	D
	Lí xuéxiào bù yuǎn jiù yǒu mài zìxíngchē de.	
36.	离 学校 不 远 就 有 卖 自行车 的。	
	Wǒ zhè jǐ tiān xuéxí tài lèi le, shēntǐ yě bú tài hǎo.	
37.	我 这 几 天 学习 太 累 了，身体 也 不 太 好。	
	Wǒ kànguo zhè běn shū, dànshì méi kàn dǒng.	
38.	我 看过 这 本 书，但是 没 看 懂。	
	Māma ràng wǒ shuìjiào qián hē bēi niúnǎi.	
39.	妈妈 让 我 睡觉 前 喝 杯 牛奶。	
	Zuótiān wǒ rènshi le yí ge piàoliang nǚháir.	
40.	昨天 我 认识 了 一 个 漂亮 女孩儿。	

第二部分

第 41-45 题

A 离　B 考试　C 懂　D 希望　E 贵　F 完

例如：这儿 的 羊肉 很 好吃，但是 也 很 （ E ）。

41. 老师，我 没 听（　　），您 说 得 太 快 了，请 您 说 慢 点儿。

42. 爸爸 的 公司（　　）我们 家 很 近。

43. 我（　　）妈妈 的 病 快 点儿 好。

44. 星期二 的 电影 票 已经 卖（　　）了。

45. 明天 的（　　）我 还 没有 准备 好。

第三部分

第 46-50 题

例如：
Xiànzài shì 11 diǎn 30 fēn, tāmen yǐjīng yóule 20 fēnzhōng le.
现在 是 11 点 30 分，他们 已经 游了 20 分钟 了。

Tāmen 11 diǎn 10 fēn kāishǐ yóuyǒng.
★ 他们 11 点 10 分 开始 游泳。　　　　　　　　　　(√)

Wǒ huì tiàowǔ, dàn tiào de bù zěnmeyàng.
我 会 跳舞，但 跳 得 不 怎么样。

Wǒ tiào de fēicháng hǎo.
★ 我 跳 得 非常 好。　　　　　　　　　　　　　　(×)

46. Lǐ Píng jīntiān wǎnshang xiǎng hé tā tóngxué yìqǐ qù xuéxiào pángbiān de
    李 苹 今天 晚上 想 和 她 同学 一起 去 学校 旁边 的
    xiǎo fànguǎn chīfàn.
    小 饭馆 吃饭。

    Lǐ Píng jīntiān wǎnshang bú qù xiǎo fànguǎn chīfàn.
    ★ 李 苹 今天 晚上 不 去 小 饭馆 吃饭。　　　　(　)

47. Shàng ge xīngqī wǒ qù Běijīng lǚyóu le. Běijīng de tiānqì hěn hǎo, bù lěng bú
    上 个 星期 我 去 北京 旅游 了。北京 的 天气 很 好，不 冷 不
    rè. Wǒ wánr de hěn gāoxìng.
    热。我 玩儿 得 很 高兴。

    Wǒ zài Běijīng wánr de hěn gāoxìng.
    ★ 我 在 北京 玩儿 得 很 高兴。　　　　　　　　(　)

48. Shàng ge yuè, wǒ zhǎole yí ge xīn gōngzuò. Xīn gōngzuò lí wǒ jiā hěn yuǎn,
    上 个 月，我 找了 一 个 新 工作。 新 工作 离 我 家 很 远，
    shàngbān yào hěn cháng shíjiān.
    上班 要 很 长 时间。

    Wǒ yǒule yí ge xīn gōngzuò.
    ★ 我 有了 一 个 新 工作。　　　　　　　　　　　(　)

49. Wǒ bàba shì yīshēng, māma shì lǎoshī, wǒ hé dìdi dōu shì xuésheng.
    我 爸爸 是 医生， 妈妈 是 老师，我 和 弟弟 都 是 学生。

    Wǒ māma shì yīshēng.
    ★ 我 妈妈 是 医生。　　　　　　　　　　　　　　(　)

129

50. 我喜欢运动，每天下午我都去踢足球。我妹妹不喜欢运动，她喜欢看电视和电影。

★ 我和妹妹每天下午都去踢足球。　　　　　（　　）

第四部分

第 51-55 题

A 我这几天在准备汉语考试。

B 那里在下雨，一下雨就会下好几个星期。

C 我和爸爸给妈妈做了很多好吃的。

D 我想买一件新衣服，去哪里买呢？

E 他在哪儿呢？你看见他了吗？

F 买得有点儿贵了，5000多。

例如：他还在教室里学习。　　E

51. 今天是妈妈的生日。

52. 你想买贵的还是便宜一点儿的？

53. 你好！你这几天忙什么呢？

54. 那你现在最好不要去那儿旅游了。

55. 这个手机真漂亮，多少钱买的？

第 56-60 题

A　Xiǎo Lǐ qù nǎr le?
　　小李去哪儿了?

B　Nǐ xiǎng zhǎo shénme yàng de gōngzuò?
　　你想找什么样的工作?

C　Nǐmen xuéxiào de Hànyǔ lǎoshī zěnmeyàng?
　　你们学校的汉语老师怎么样?

D　Píngguǒ duōshao qián yì jīn?
　　苹果多少钱一斤?

E　Zhè běn shū zhēn hǎo.
　　这本书真好。

56.　Wǒ xǐhuan de ba.
　　　我喜欢的吧。　□

57.　Nín mǎi diǎnr shénme?
　　　您买点儿什么?　□

58.　Wǒ dúguo zhè běn shū.
　　　我读过这本书。　□

59.　Tā kěnéng hái zài jiā shuìjiào.
　　　他可能还在家睡觉。　□

60.　Wǒ xiǎng qù nǐmen xuéxiào xué Hànyǔ.
　　　我想去你们学校学汉语。　□

HSK（二级）答题卡

新 汉 语 水 平 考 试
HSK（二级）答题卡

| 姓名 | |

国籍	[0] [1] [2] [3] [4] [5] [6] [7] [8] [9]
	[0] [1] [2] [3] [4] [5] [6] [7] [8] [9]
	[0] [1] [2] [3] [4] [5] [6] [7] [8] [9]

| 性别 | 男 [1]　　　　女 [2] |

序号	[0] [1] [2] [3] [4] [5] [6] [7] [8] [9]
	[0] [1] [2] [3] [4] [5] [6] [7] [8] [9]
	[0] [1] [2] [3] [4] [5] [6] [7] [8] [9]
	[0] [1] [2] [3] [4] [5] [6] [7] [8] [9]

考点	[0] [1] [2] [3] [4] [5] [6] [7] [8] [9]
	[0] [1] [2] [3] [4] [5] [6] [7] [8] [9]
	[0] [1] [2] [3] [4] [5] [6] [7] [8] [9]

| 年龄 | [0] [1] [2] [3] [4] [5] [6] [7] [8] [9] |
| | [0] [1] [2] [3] [4] [5] [6] [7] [8] [9] |

学习汉语的时间：

6个月以下　[1]　　　6个月—1年　[2]

1年—18个月　[3]　　　18个月—2年　[4]

2年—3年　[5]　　　3年以上　[6]

你是华裔吗？

是 [1]　　　　不是 [2]

注意　请用2B铅笔这样写：■

一、听 力

1. [√] [×]　　　6. [√] [×]　　　11. [A] [B] [C] [D] [E] [F]
2. [√] [×]　　　7. [√] [×]　　　12. [A] [B] [C] [D] [E] [F]
3. [√] [×]　　　8. [√] [×]　　　13. [A] [B] [C] [D] [E] [F]
4. [√] [×]　　　9. [√] [×]　　　14. [A] [B] [C] [D] [E] [F]
5. [√] [×]　　　10. [√] [×]　　　15. [A] [B] [C] [D] [E] [F]

16. [A] [B] [C] [D] [E] [F]　　21. [A] [B] [C]　　26. [A] [B] [C]　　31. [A] [B] [C]
17. [A] [B] [C] [D] [E] [F]　　22. [A] [B] [C]　　27. [A] [B] [C]　　32. [A] [B] [C]
18. [A] [B] [C] [D] [E] [F]　　23. [A] [B] [C]　　28. [A] [B] [C]　　33. [A] [B] [C]
19. [A] [B] [C] [D] [E] [F]　　24. [A] [B] [C]　　29. [A] [B] [C]　　34. [A] [B] [C]
20. [A] [B] [C] [D] [E] [F]　　25. [A] [B] [C]　　30. [A] [B] [C]　　35. [A] [B] [C]

二、阅 读

36. [A] [B] [C] [D] [E] [F]　　　　41. [A] [B] [C] [D] [E] [F]
37. [A] [B] [C] [D] [E] [F]　　　　42. [A] [B] [C] [D] [E] [F]
38. [A] [B] [C] [D] [E] [F]　　　　43. [A] [B] [C] [D] [E] [F]
39. [A] [B] [C] [D] [E] [F]　　　　44. [A] [B] [C] [D] [E] [F]
40. [A] [B] [C] [D] [E] [F]　　　　45. [A] [B] [C] [D] [E] [F]

46. [√] [×]　　　51. [A] [B] [C] [D] [E] [F]　　　56. [A] [B] [C] [D] [E] [F]
47. [√] [×]　　　52. [A] [B] [C] [D] [E] [F]　　　57. [A] [B] [C] [D] [E] [F]
48. [√] [×]　　　53. [A] [B] [C] [D] [E] [F]　　　58. [A] [B] [C] [D] [E] [F]
49. [√] [×]　　　54. [A] [B] [C] [D] [E] [F]　　　59. [A] [B] [C] [D] [E] [F]
50. [√] [×]　　　55. [A] [B] [C] [D] [E] [F]　　　60. [A] [B] [C] [D] [E] [F]

HSK（二级）答题卡

新 汉 语 水 平 考 试
HSK（二级）答题卡

姓名	

国籍	[0] [1] [2] [3] [4] [5] [6] [7] [8] [9]
	[0] [1] [2] [3] [4] [5] [6] [7] [8] [9]
	[0] [1] [2] [3] [4] [5] [6] [7] [8] [9]

序号	[0] [1] [2] [3] [4] [5] [6] [7] [8] [9]
	[0] [1] [2] [3] [4] [5] [6] [7] [8] [9]
	[0] [1] [2] [3] [4] [5] [6] [7] [8] [9]
	[0] [1] [2] [3] [4] [5] [6] [7] [8] [9]
	[0] [1] [2] [3] [4] [5] [6] [7] [8] [9]

性别	男 [1]　　　女 [2]

考点	[0] [1] [2] [3] [4] [5] [6] [7] [8] [9]
	[0] [1] [2] [3] [4] [5] [6] [7] [8] [9]
	[0] [1] [2] [3] [4] [5] [6] [7] [8] [9]

| 年龄 | [0] [1] [2] [3] [4] [5] [6] [7] [8] [9] |
| | [0] [1] [2] [3] [4] [5] [6] [7] [8] [9] |

学习汉语的时间：

6个月以下 [1]　　6个月—1年 [2]

1年—18个月 [3]　　18个月—2年 [4]

2年—3年 [5]　　3年以上 [6]

你是华裔吗？

是 [1]　　不是 [2]

注意　请用2B铅笔这样写： ■

一、听　力

1. [√] [×]　　6. [√] [×]　　11. [A] [B] [C] [D] [E] [F]
2. [√] [×]　　7. [√] [×]　　12. [A] [B] [C] [D] [E] [F]
3. [√] [×]　　8. [√] [×]　　13. [A] [B] [C] [D] [E] [F]
4. [√] [×]　　9. [√] [×]　　14. [A] [B] [C] [D] [E] [F]
5. [√] [×]　　10. [√] [×]　　15. [A] [B] [C] [D] [E] [F]

16. [A] [B] [C] [D] [E] [F]　　21. [A] [B] [C]　　26. [A] [B] [C]　　31. [A] [B] [C]
17. [A] [B] [C] [D] [E] [F]　　22. [A] [B] [C]　　27. [A] [B] [C]　　32. [A] [B] [C]
18. [A] [B] [C] [D] [E] [F]　　23. [A] [B] [C]　　28. [A] [B] [C]　　33. [A] [B] [C]
19. [A] [B] [C] [D] [E] [F]　　24. [A] [B] [C]　　29. [A] [B] [C]　　34. [A] [B] [C]
20. [A] [B] [C] [D] [E] [F]　　25. [A] [B] [C]　　30. [A] [B] [C]　　35. [A] [B] [C]

二、阅　读

36. [A] [B] [C] [D] [E] [F]　　41. [A] [B] [C] [D] [E] [F]
37. [A] [B] [C] [D] [E] [F]　　42. [A] [B] [C] [D] [E] [F]
38. [A] [B] [C] [D] [E] [F]　　43. [A] [B] [C] [D] [E] [F]
39. [A] [B] [C] [D] [E] [F]　　44. [A] [B] [C] [D] [E] [F]
40. [A] [B] [C] [D] [E] [F]　　45. [A] [B] [C] [D] [E] [F]

46. [√] [×]　　51. [A] [B] [C] [D] [E] [F]　　56. [A] [B] [C] [D] [E] [F]
47. [√] [×]　　52. [A] [B] [C] [D] [E] [F]　　57. [A] [B] [C] [D] [E] [F]
48. [√] [×]　　53. [A] [B] [C] [D] [E] [F]　　58. [A] [B] [C] [D] [E] [F]
49. [√] [×]　　54. [A] [B] [C] [D] [E] [F]　　59. [A] [B] [C] [D] [E] [F]
50. [√] [×]　　55. [A] [B] [C] [D] [E] [F]　　60. [A] [B] [C] [D] [E] [F]

HSK(二级)答题卡

新 汉 语 水 平 考 试
HSK(二级)答题卡

姓名	

国籍	[0] [1] [2] [3] [4] [5] [6] [7] [8] [9] [0] [1] [2] [3] [4] [5] [6] [7] [8] [9] [0] [1] [2] [3] [4] [5] [6] [7] [8] [9]

序号	[0] [1] [2] [3] [4] [5] [6] [7] [8] [9] [0] [1] [2] [3] [4] [5] [6] [7] [8] [9] [0] [1] [2] [3] [4] [5] [6] [7] [8] [9] [0] [1] [2] [3] [4] [5] [6] [7] [8] [9] [0] [1] [2] [3] [4] [5] [6] [7] [8] [9]

性别	男 [1]　　　女 [2]

考点	[0] [1] [2] [3] [4] [5] [6] [7] [8] [9] [0] [1] [2] [3] [4] [5] [6] [7] [8] [9] [0] [1] [2] [3] [4] [5] [6] [7] [8] [9]

年龄	[0] [1] [2] [3] [4] [5] [6] [7] [8] [9] [0] [1] [2] [3] [4] [5] [6] [7] [8] [9]

学习汉语的时间:

6个月以下 [1]	6个月—1年 [2]
1年—18个月 [3]	18个月—2年 [4]
2年—3年 [5]	3年以上 [6]

你是华裔吗?

是 [1]　　　不是 [2]

注意	请用2B铅笔这样写：■

一、听 力

1. [✓] [×]   6. [✓] [×]   11. [A] [B] [C] [D] [E] [F]
2. [✓] [×]   7. [✓] [×]   12. [A] [B] [C] [D] [E] [F]
3. [✓] [×]   8. [✓] [×]   13. [A] [B] [C] [D] [E] [F]
4. [✓] [×]   9. [✓] [×]   14. [A] [B] [C] [D] [E] [F]
5. [✓] [×]   10. [✓] [×]   15. [A] [B] [C] [D] [E] [F]

16. [A] [B] [C] [D] [E] [F]   21. [A] [B] [C]   26. [A] [B] [C]   31. [A] [B] [C]
17. [A] [B] [C] [D] [E] [F]   22. [A] [B] [C]   27. [A] [B] [C]   32. [A] [B] [C]
18. [A] [B] [C] [D] [E] [F]   23. [A] [B] [C]   28. [A] [B] [C]   33. [A] [B] [C]
19. [A] [B] [C] [D] [E] [F]   24. [A] [B] [C]   29. [A] [B] [C]   34. [A] [B] [C]
20. [A] [B] [C] [D] [E] [F]   25. [A] [B] [C]   30. [A] [B] [C]   35. [A] [B] [C]

二、阅 读

36. [A] [B] [C] [D] [E] [F]   41. [A] [B] [C] [D] [E] [F]
37. [A] [B] [C] [D] [E] [F]   42. [A] [B] [C] [D] [E] [F]
38. [A] [B] [C] [D] [E] [F]   43. [A] [B] [C] [D] [E] [F]
39. [A] [B] [C] [D] [E] [F]   44. [A] [B] [C] [D] [E] [F]
40. [A] [B] [C] [D] [E] [F]   45. [A] [B] [C] [D] [E] [F]

46. [✓] [×]   51. [A] [B] [C] [D] [E] [F]   56. [A] [B] [C] [D] [E] [F]
47. [✓] [×]   52. [A] [B] [C] [D] [E] [F]   57. [A] [B] [C] [D] [E] [F]
48. [✓] [×]   53. [A] [B] [C] [D] [E] [F]   58. [A] [B] [C] [D] [E] [F]
49. [✓] [×]   54. [A] [B] [C] [D] [E] [F]   59. [A] [B] [C] [D] [E] [F]
50. [✓] [×]   55. [A] [B] [C] [D] [E] [F]   60. [A] [B] [C] [D] [E] [F]

※ 아래 빈 칸을 채워 넣고 주요 단어를 다시 익혀 봅시다.

번호	간체자	한어병음	뜻
1	吧		
2		bái	하얗다, 희다
3	百		
4	帮助		
5		bàozhǐ	신문
6	比	bǐ	
7	别		
8		bīnguǎn	호텔
9		cháng	(길이가) 길다
10	唱歌		
11		chū	나가다, 나오다
12	穿		
13		cì	차례, 번, 회
14	从		
15		cuò	틀리다, 맞지 않다, 잘못
16	打篮球		농구하다
17		dàjiā	모두, 다들
18	到	dào	
19	得		

※ 아래 빈 칸을 채워 넣고 주요 단어를 다시 익혀 봅시다.

번호	간체자	한어병음	뜻
1		děng	기다리다
2	弟弟		
3	第一		
4		dǒng	알다, 이해하다
5	对1		
6	对2		
7		fángjiān	방
8			대단히, 매우, 아주
9	服务员	fúwùyuán	
10		gāo	(높이나 기준이) 높다
11		gàosu	말하다, 알리다
12		gēge	형, 오빠
13	给		
14		gōnggòngqìchē	
15	公司		
16		guì	비싸다, 귀한
17	过	guo	
18		hái	역시, 아직, 또
19	孩子		

※ 아래 빈 칸을 채워 넣고 주요 단어를 다시 익혀 봅시다.

번호	간체자	한어병음	뜻
1	好吃		
2		hēi	까맣다, 검다
3	红		빨갛다, 붉다
4			기차역
5		jīchǎng	
6	鸡蛋		
7	件		
8		jiàoshì	교실
9			누나, 언니
10	介绍		
11	进		
12	近		
13			즉시, 바로, 당장, 겨우
14		juéde	
15	咖啡		
16		kāishǐ	시작하다, 처음, 시작
17		kǎoshì	시험을 치다
18		kěnéng	
19	可以		

145

※ 아래 빈 칸을 채워 넣고 주요 단어를 다시 익혀 봅시다.

번호	간체자	한어병음	뜻
1	课	kè	
2		kuài	빠르다, 곧
3	快乐		
4		lèi	지치다, 피곤하다
5	离		
6		liǎng	2, 이, 둘
7	零		
8	路		
9		lǚyóu	여행하다, 관광하다
10	卖		
11		màn	느리다
12	忙		
13		měi	매, 각, …마다
14	妹妹		
15		mén	문
16	面条		
17	男		
18		nín	당신
19	牛奶		

※ 아래 빈 칸을 채워 넣고 주요 단어를 다시 익혀 봅시다.

번호	간체자	한어병음	뜻
1	女		
2		pángbiān	옆, 곁
3		pǎobù	달리다, 조깅하다
4	便宜		
5		piào	표, 티켓
6	妻子		
7		qǐchuáng	(잠자리에서) 일어나다
8	千		1000, 천
9			연필
10	晴	qíng	
11	去年		
12	让		
13	日		날, 일, 해
14		shàngbān	출근하다
15	身体		몸, 신체
16		shēngbìng	병이 나다, 병에 걸리다
17	生日		생일
18		shíjiān	시간
19		shìqing	일, 사건

※ 아래 빈 칸을 채워 넣고 주요 단어를 다시 익혀 봅시다.

번호	간체자	한어병음	뜻
1	手表		
2	手机		
3	送	sòng	
4		shuōhuà	
5		suīrán…dànshì…	
6	它		
7		tī zúqiú	축구를 하다
8	题		
9	跳舞		
10	外		밖, 바깥
11		wán	마치다, 끝나다
12		wán	놀다, 놀이하다
13	晚上		
14	往		
15		wèishénme	왜, 무엇 때문에
16		wèn	묻다, 질문하다
17		wèntí	문제
18			수박
19		xīwàng	희망하다, 바라다, 희망

※ 아래 빈 칸을 채워 넣고 주요 단어를 다시 익혀 봅시다.

번호	간체자	한어병음	뜻
1		xǐ	씻다, 빨다
2	小时		
3	笑		
4	新		새로운
5		xìng	성, 성씨, 성이 …이다
6		xiūxi	휴식하다, 쉬다
7	雪		눈
8		yánsè	색, 색깔
9		yǎnjing	눈
10	羊肉		양고기
11	药		
12	要		
13	也		
14		yìqǐ	같이, 함께
15	一下	yíxià	
16		yǐjīng	이미, 벌써
17	意思		
18		yīn	흐리다
19		yīnwèi…suǒyǐ…	

※ 아래 빈 칸을 채워 넣고 주요 단어를 다시 익혀 봅시다.

번호	간체자	한어병음	뜻
1	游泳		
2		yòubian	오른쪽
3	鱼		물고기
4		yuǎn	(공간적, 시간적으로) 멀다
5	运动		
6		zài	또, 재차
7	早上		
8		zhàngfu	남편
9		zhǎo	찾다
10	着		
11	真		
12	正在	zhèngzài	
13		zhīdào	알다, 이해하다
14		zhǔnbèi	준비하다
15	走		걷다, 떠나다
16	最		가장, 제일
17	左边		왼쪽, 좌측

착!붙는 新HSK 교재 특징

1. 新HSK 2급 문제유형에 관한 자세한 소개 및 합격 요령 제시
2. 新HSK 2급 핵심 문형 학습 노하우 소개
3. 어휘 테스트지로 新HSK 2급 필수 어휘 다지기
4. 新HSK 시험의 본고장 북경어언대출판사에서 만든 실전 모의고사 3회분 수록
5. 다년간 중국어 교육을 하신 선생님의 노하우를 바탕으로 한 명쾌, 통쾌, 유쾌한 해설

新 척!붙는 HSK 해설집

실전 모의고사 2급

시사중국어사

착!붙는 新HSK 실전 모의고사 2급 해설집

저자	中央广播电视大学 对外汉语教学中心
편저	김미숙
펴낸이	엄태상
펴낸곳	시사중국어사(시사북스)
주소	서울시 종로구 자하문로 300 시사빌딩
주문 및 교재문의	1588-1582
팩스	(02) 3671-0500
홈페이지	http://www.sisabooks.com
이메일	book_chinese@sisadream.com
등록일자	1988년 2월 13일
등록번호	제1 - 657호

ISBN 979-11-5720-037-5 18720
　　　 979-11-5720-035-1(set)

跨越新HSK（二级）模拟试题集
Copyright ⓒ 2011 by Beijing Language and Culture University Press All rights reserved
Korea copyright ⓒ 2016 by SISA Chinese Publishing
Korean edition arranged with Beijing Language and Culture University Press

＊ 이 교재의 내용을 사전 허가없이 전재하거나 복제할 경우 법적인 제재를 받게 됨을 알려 드립니다.
＊ 잘못된 책은 구입하신 서점에서 교환해 드립니다.
＊ 정가는 표지에 표시되어 있습니다.

목차_

연습문제 정답 및 풀이 4

실전 모의고사 **1회** 정답 및 풀이 11

실전 모의고사 **2회** 정답 및 풀이 63

실전 모의고사 **3회** 정답 및 풀이 115

연습문제 정답

1　~해도 됩니까?　13p

你能帮我吗?
Nǐ néng bāng wǒ ma?
당신은 저를 도와줄 수 있습니까?

你能等我吗?
Nǐ néng děng wǒ ma?
당신은 저를 기다려 줄 수 있습니까?

你能给我介绍一下吗?
Nǐ néng gěi wǒ jièshào yí xià ma?
당신이 저에게 소개를 좀 해 주실 수 있습니까?

我能坐这儿吗?
Wǒ néng zuò zhèr ma?
제가 여기에 앉아도 됩니까?

我能喝你的牛奶吗?
Wǒ néng hē nǐ de niúnǎi ma?
제가 당신의 우유를 마셔도 됩니까?

3　아직 ~하지 않았습니다.　17p

我丈夫还没起床呢。
Wǒ zhàngfu hái méi qǐchuáng ne.
제 남편은 아직 일어나지 않았습니다.

我还没说完呢。
Wǒ hái méi shuō wán ne.
나는 아직 말이 끝나지 않았습니다.

我还没穿衣服呢。
Wǒ hái méi chuān yīfu ne.
나는 아직 옷을 입지 않았습니다.

他还没睡觉呢。
Tā hái méi shuìjiào ne.
그는 아직 자지 않습니다.

我还没买电脑呢。
Wǒ hái méi mǎi diànnǎo ne.
나는 아직 컴퓨터를 사지 않았습니다.

2　이미 ~했습니다.　15p

他已经去上班了。
Tā yǐjīng qù shàngbān le.
그는 벌써 출근을 했습니다.

我已经找到工作了。
Wǒ yǐjīng zhǎo dào gōngzuò le.
저는 이미 일자리를 구했습니다.

你已经不是小孩子了。
Nǐ yǐjīng bú shì xiǎoháizi le.
당신은 이미 어린 아이가 아닙니다.

他已经从韩国回来了。
Tā yǐjīng cóng Hánguó huílai le.
그는 이미 한국에서 돌아왔습니다.

我已经40岁了。
Wǒ yǐjīng sìshí suì le.
저는 벌써 마흔 살이 됐습니다.

4　~할 때　19p

休息的时候
xiūxi de shíhou
쉴 때

开车的时候
kāichē de shíhou
운전할 때

考试的时候
kǎoshì de shíhou
시험 볼 때

游泳的时候
yóuyǒng de shíhou
수영할 때

跑步的时候
pǎobù de shíhou
조깅할 때

5　~하지 마라. 　　21p

不要再玩儿电脑。
Bú yào zài wánr diànnǎo.
컴퓨터 더 이상 하지 마라.

你生病了，**不要**去游泳。
Nǐ shēngbìng le, bú yào qù yóuyǒng.
너는 아프니까 수영하러 가지 마라.

这件事**不要**告诉她。
Zhè jiàn shì bú yào gàosu tā.
이 일을 그녀에게 알리지 마라.

请大家**不要**说话。
Qǐng dàjiā bú yào shuōhuà.
모두들 말하지 마세요.

你**不要**买太贵的东西。
Nǐ bú yào mǎi tài guì de dōngxi.
너무 비싼 물건을 사지 마라.

7　~(라고) 말했다. 　　25p

妈妈**说**外面下雪了。
Māma shuō wàimiàn xiàxuě le.
엄마가 밖에 눈이 왔다고 말씀하셨습니다.

朋友**说**我比你漂亮一点儿。
Péngyou shuō wǒ bǐ nǐ piàoliang yìdiǎnr.
친구가 내가 너보다 좀 예쁘다고 말했어.

朋友**说**他(她)来过这家饭店。
Péngyou shuō tā lái guo zhè jiā fàndiàn.
친구가 이 식당에 와 본 적이 있다고 말했습니다.

他**说**你去上海旅游了。
Tā shuō nǐ qù Shànghǎi lǚyóu le.
그가 당신이 상하이로 여행 갔다고 말했습니다.

妈妈**说**今天要早点儿回家。
Māma shuō jīntiān yào zǎo diǎnr huíjiā.
엄마가 오늘 일찍 집에 와야 한다고 말씀하셨습니다.

6　아무것도~ 　　23p

她**什么都不**会做。
Tā shénme dōu bú huì zuò.
그녀는 아무것도 할 줄 모릅니다.

我现在**什么都不**想说。
Wǒ xiànzài shénme dōu bù xiǎng shuō.
나는 지금 아무것도 말하고 싶지 않습니다.

他**什么都不**知道。
Tā shénme dōu bù zhīdào.
그는 아무것도 모릅니다.

我**什么都不**想做。
Wǒ shénme dōu bù xiǎng zuò.
나는 아무것도 하고 싶지 않습니다.

我**什么都不**想听。
Wǒ shénme dōu bù xiǎng tīng.
나는 아무것도 듣고 싶지 않습니다.

8　~인 것 아니야? 　　27p

你**不是**说爱我吗？
Nǐ bú shì shuō ài wǒ ma?
당신은 나를 사랑한다고 말하지 않았습니까?
(=사랑한다고 말했잖아요.)

明天**不是**星期六吗？
Míngtiān bú shì xīngqīliù ma?
내일이 토요일 아닙니까? (=토요일이잖아요.)

不是离这儿很远吗？
Bú shì lí zhèr hěn yuǎn ma?
여기서 멀지 않습니까? (=여기서 멀잖아요.)

你女儿**不是**生病了吗？
Nǐ nǚ'ér bú shì shēngbìng le ma?
당신의 딸이 아프지 않습니까? (=당신의 딸이 아프잖아요.)

你家**不是**有三口人吗？
Nǐ jiā bú shì yǒu sān kǒu rén ma?
당신 집은 세 식구 아니었습니까?
(=당신 집은 세 식구잖아요.)

9. 듣자하니~ (29p)

听说你比你丈夫大。
Tīngshuō nǐ bǐ nǐ zhàngfu dà.
당신이 당신 남편보다 나이가 많다고 들었습니다.

听说这儿的西瓜很便宜。
Tīngshuō zhèr de xīguā hěn piányi.
여기 수박이 싸다고 들었습니다.

听说这是他写的书。
Tīngshuō zhè shì tā xiě de shū.
이것이 그가 쓴 책이라고 들었습니다.

听说你有女朋友了。
Tīngshuō nǐ yǒu nǚpéngyou le.
당신에게 여자 친구가 생겼다고 들었습니다.

听说他妈妈是小学老师。
Tīngshuō tā māma shì xiǎoxué lǎoshī.
그의 엄마가 초등학교 선생님이라고 들었습니다.

10. 是+(강조내용)+的 (31p)

你是从哪儿来的?
Nǐ shì cóng nǎr lái de?
당신은 어디에서 오셨습니까?

你是什么时候睡觉的?
Nǐ shì shénme shíhou shuìjiào de?
당신은 언제 잠들었습니까?

他是星期天去中国的。
Tā shì xīngqītiān qù Zhōngguó de.
그는 일요일에 중국에 갔습니다.

她是坐公共汽车来学校的。
Tā shì zuò gōnggòngqìchē lái xuéxiào de.
그녀는 버스를 타고 학교에 왔습니다.

这些衣服是在哪儿买的?
Zhèxiē yīfu shì zài nǎr mǎi de?
이 옷들은 어디에서 샀습니까?

11. ~하도록 시키다. (33p)

妈妈让我去中国学习汉语。
Māma ràng wǒ qù Zhōngguó xuéxí Hànyǔ.
엄마는 나에게 중국에 가서 중국어를 공부하도록 했습니다.

老师让我考HSK2级。
Lǎoshī ràng wǒ kǎo HSK èr jí.
선생님은 내게 HSK 2급 시험을 보게 하셨습니다.

老师让妈妈来学校。
Lǎoshī ràng māma lái xuéxiào.
선생님께서 엄마를 학교에 오라고 하셨습니다.

医生让我多休息。
Yīshēng ràng wǒ duō xiūxi.
의사 선생님이 나에게 많이 쉬라고 하셨습니다.

老师让你告诉他。
Lǎoshī ràng nǐ gàosu tā.
선생님께서 너보고 그에게 알려 주라고 하셨어.

12. ~하고 있는 중이다. (35p)

你正在做什么呢?
Nǐ zhèngzài zuò shénme ne?
당신은 무엇을 하고 있습니까?

我正在穿衣服呢。
Wǒ zhèngzài chuān yīfu ne.
저는 옷을 입고 있습니다.

我正在吃苹果呢。
Wǒ zhèngzài chī píngguǒ ne.
나는 사과를 먹고 있습니다.

我姐姐正在找工作呢。
Wǒ jiějie zhèngzài zhǎo gōngzuò ne.
우리 언니는 일자리를 구하고 있습니다.

孩子正在吃药呢。
Háizi zhèngzài chī yào ne.
아이가 약을 먹고 있습니다.

13 ~을/를 아세요? 37p

你知道她叫什么名字吗？
Nǐ zhīdào tā jiào shénme míngzi ma?
당신은 그녀의 이름을 알고 있습니까?

你知道图书馆在哪儿吗？
Nǐ zhīdào túshūguǎn zài nǎr ma?
당신은 도서관이 어디에 있는지 알고 있습니까?

你知道她做什么工作吗？
Nǐ zhīdào tā zuò shénme gōngzuò ma?
당신은 그녀가 무슨 일을 하는지 알고 있습니까?

你知道今天是星期几吗？
Nǐ zhīdào jīntiān shì xīngqī jǐ ma?
당신은 오늘이 무슨 요일인지 알고 있습니까?

你知道我的自行车在哪儿吗？
Nǐ zhīdào wǒ de zìxíngchē zài nǎr ma?
당신은 내 자전거가 어디에 있는지 알고 있습니까?

15 결과보어 41p

我没听懂你说什么。
Wǒ méi tīng dǒng nǐ shuō shénme.
나는 당신이 뭐라고 했는지 못 알아들었습니다.

你看见他了吗？
Nǐ kàn jiàn tā le ma?
당신은 그를 봤습니까?

我们吃完了再进去。
Wǒmen chī wán le zài jìnqù.
우리 다 먹고 나서 들어가자.

我作业做完了。
Wǒ zuòyè zuò wán le.
저는 숙제를 다 했습니다.

你打错电话了。
Nǐ dǎ cuò diànhuà le.
당신은 전화를 잘못 걸었습니다.

14 곧 ~하려 한다. 39p

我快40岁了。
Wǒ kuài sìshí suì le.
저는 곧 마흔 살이 됩니다.

天阴了，要下雨了。
Tiān yīn le, yào xiàyǔ le.
날이 흐립니다. 곧 비가 오려고 합니다.

快8点了，快起床。
Kuài bā diǎn le, kuài qǐchuáng.
곧 8시입니다, 빨리 일어나세요.

电影要开始了。
Diànyǐng yào kāishǐ le.
영화가 곧 시작하려고 합니다.

快到你生日了。
Kuài dào nǐ shēngrì le.
곧 당신의 생일입니다.

16 ~(한 정도가) ~하다. 43p

你吃得太慢了。
Nǐ chī de tài màn le.
당신은 너무 느리게 먹습니다. (=먹는 정도가 느립니다.)

他每天都来得很早。
Tā měitiān dōu lái de hěn zǎo.
그는 매일 일찍 옵니다. (=오는 정도가 이릅니다.)

她歌唱得很好。
Tā gē chàng de hěn hǎo.
그녀는 노래를 잘 합니다. (=노래하는 정도가 좋습니다.)

老师说得太快了。
Lǎoshī shuō de tài kuài le.
선생님은 말을 너무 빨리 합니다. (=말하는 정도가 빠릅니다.)

昨天雪下得太大了。
Zuótiān xuě xià de tài dà le.
어제 눈이 많이 내렸습니다. (=눈이 내린 정도가 많습니다.)

17 ~부터 ~까지　　45p

从这儿到机场有多远？
Cóng zhèr dào jīchǎng yǒu duō yuǎn?
여기에서 공항까지 얼마나 멉니까?

我从星期一到星期五工作。
Wǒ cóng xīngqīyī dào xīngqīwǔ gōngzuò.
저는 월요일부터 금요일까지 일합니다.

我每天从9点到12点学习。
Wǒ měitiān cóng jiǔ diǎn dào shí'èr diǎn xuéxí.
나는 매일 9시부터 12시까지 공부합니다.

从孩子到老人都喜欢她。
Cóng háizi dào lǎorén dōu xǐhuan tā.
아이부터 노인까지 다 그녀를 좋아합니다.

他坐从北京到上海的火车。
Tā zuò cóng Běijīng dào Shànghǎi de huǒchē.
그는 베이징에서 상하이까지 가는 기차를 탑니다.

18 ~보다 ~하다.　　47p

她比我大2岁。
Tā bǐ wǒ dà liǎng suì.
그녀는 나보다 두 살 많습니다.

你的手表比我的贵。
Nǐ de shǒubiǎo bǐ wǒ de guì.
당신의 손목시계가 내 것보다 비쌉니다.

去上海比去北京远。
Qù Shànghǎi bǐ qù Běijīng yuǎn.
상하이에 가는 것이 베이징에 가는 것보다 멉니다.

坐火车去比坐飞机便宜。
Zuò huǒchē qù bǐ zuò fēijī piányi.
기차 타고 가는 것이 비행기 타는 것보다 쌉니다.

这家的水果比那家的贵。
Zhè jiā de shuǐguǒ bǐ nà jiā de guì.
이 집의 과일이 저 집보다 비쌉니다.

19 ~을/를 할 줄 안다.　　49p

他会说汉语。
Tā huì shuō Hànyǔ.
그는 중국어를 할 줄 압니다.

我不会开车。
Wǒ bú huì kāichē.
나는 운전을 못 합니다.

你会不会做中国菜？
Nǐ huì bu huì zuò zhōngguócài?
당신은 중국 요리를 할 줄 아십니까?

明天可能会下雨的。
Míngtiān kěnéng huì xiàyǔ de.
내일은 아마도 비가 올 것입니다.

他不会给我打电话的。
Tā bú huì gěi wǒ dǎ diànhuà de.
그는 내게 전화하지 않을 것입니다.

20 ~을/를 ~에게 선물로 주다.　　51p

明天我送哥哥一块手表。
Míngtiān wǒ sòng gēge yí kuài shǒubiǎo.
내일 나는 오빠에게 손목시계를 선물할 것입니다.

今年您要送我什么？
Jīnnián nín yào sòng wǒ shénme?
올해 당신은 저에게 무엇을 선물할 것입니까?

我丈夫送我漂亮的衣服。
Wǒ zhàngfu sòng wǒ piàoliang de yīfu.
내 남편은 나에게 예쁜 옷을 선물해 주었습니다.

你告诉我他喜欢谁。
Nǐ gàosu wǒ tā xǐhuan shéi.
당신은 나에게 그가 누구를 좋아하는지 알려 주세요.

我问你一件事。
Wǒ wèn nǐ yí jiàn shì.
제가 당신에게 한 가지 일을 여쭤보겠습니다.

21 ~해 줘./~해 줄게. 53p

你帮我去开门。
Nǐ bāng wǒ qù kāimén.
당신이 가서 문 좀 열어 주세요.

我帮你去买火车票。
Wǒ bāng nǐ qù mǎi huǒchēpiào.
내가 기차표를 사다 줄게.

你能帮我看看电脑吗?
Nǐ néng bāng wǒ kànkan diànnǎo ma?
당신이 컴퓨터 좀 봐 주시겠습니까?

我帮你问问老师。
Wǒ bāng nǐ wènwen lǎoshī.
내가 선생님한테 물어봐 줄게.

你帮我找手机,好吗?
Nǐ bāng wǒ zhǎo shǒujī, hǎo ma?
네가 내 휴대전화 좀 찾아줄래?

22 연동문 55p

我每天都去打篮球。
Wǒ měitiān dōu qù dǎ lánqiú.
나는 매일 농구를 하러 갑니다.

他坐出租车去机场。
Tā zuò chūzūchē qù jīchǎng.
그는 택시를 타고 공항에 갑니다.

我去找你可以吗?
Wǒ qù zhǎo nǐ kěyǐ ma?
제가 당신을 찾아가도 됩니까?

你来我家玩儿吧!
Nǐ lái wǒ jiā wánr ba!
우리 집에 놀러 와요!

她去商店买西瓜了。
Tā qù shāngdiàn mǎi xīguā le.
그녀는 수박을 사러 상점에 갔습니다.

23 ~에 좋다. 57p

早睡早起对身体好。
Zǎo shuì zǎo qǐ duì shēntǐ hǎo.
일찍 자고 일찍 일어나는 것이 몸에 좋습니다.

多吃水果对身体好。
Duō chī shuǐguǒ duì shēntǐ hǎo.
과일을 많이 먹으면 몸에 좋습니다.

孩子喝咖啡对身体不好。
Háizi hē kāfēi duì shēntǐ bù hǎo.
아이가 커피를 마시는 것은 몸에 좋지 않습니다.

每天早上吃苹果对身体好。
Měitiān zǎoshang chī píngguǒ duì shēntǐ hǎo.
매일 아침 사과를 먹는 것은 몸에 좋습니다.

在车上看报纸,对眼睛不好。
Zài chē shang kàn bàozhǐ, duì yǎnjing bù hǎo.
차에서 신문을 보면 눈에 안 좋습니다.

24 ~때문에 그래서 ~하다. 59p

因为我没去学校,所以老师很不高兴。
Yīnwèi wǒ méi qù xuéxiào, suǒyǐ lǎoshī hěn bù gāoxìng.
내가 학교에 안 갔기 때문에 그래서 선생님이 기분이 매우 좋지 않습니다.

因为她生病了,所以今天没来上班。
Yīnwèi tā shēngbìng le, suǒyǐ jīntiān méi lái shàngbān.
그녀가 아프기 때문에 그래서 오늘 출근하지 않았습니다.

因为我去过她家,所以我知道怎么走。
Yīnwèi wǒ qù guo tā jiā, suǒyǐ wǒ zhīdào zěnme zǒu.
내가 그녀의 집을 가 본 적이 있기 때문에 그래서 어떻게 가는지 알고 있습니다.

因为妈妈很忙,所以不能和我玩儿。
Yīnwèi māma hěn máng, suǒyǐ bù néng hé wǒ wánr.
엄마가 바쁘기 때문에 그래서 저랑 놀 수 없습니다.

25 ~한 다음에 ~하다. 61p

等天晴了再走吧。
Děng tiān qíng le zài zǒu ba.
날이 갠 다음에 갑시다.

等她来了再开始。
Děng tā lái le zài kāishǐ.
그녀가 온 다음에 시작합시다.

等吃完饭再上班。
Děng chī wán fàn zài shàngbān.
밥을 다 먹은 다음에 출근하세요.

等到火车站再买票。
Děng dào huǒchēzhàn zài mǎi piào.
기차역에 도착한 다음에 표를 삽시다.

等下班了再给你打电话。
Děng xiàbān le zài gěi nǐ dǎ diànhuà.
퇴근한 다음에 당신에게 전화하겠습니다.

26 ~에서 멀다/가깝다. 63p

你家离机场远吗?
Nǐ jiā lí jīchǎng yuǎn ma?
당신 집은 공항에서 멉니까?

医院离这儿不太远。
Yīyuàn lí zhèr bú tài yuǎn.
병원은 여기에서 별로 멀지 않습니다.

咖啡店离公司有多远?
Kāfēidiàn lí gōngsī yǒu duō yuǎn?
커피숍은 회사에서 얼마나 멉니까?

我家离学校很近。
Wǒ jiā lí xuéxiào hěn jìn.
우리 집은 학교에서 매우 가깝습니다.

我的房间离她的不远。
Wǒ de fángjiān lí tā de bù yuǎn.
내 방은 그녀의 방에서 멀지 않습니다.

착!붙는 新HSK 실전 모의고사 1회 정답

一、听 力

第一部分 1. ✓   2. ✓   3. ✗   4. ✓   5. ✗
         6. ✗   7. ✓   8. ✗   9. ✓   10. ✓

第二部分 11. E   12. B   13. A   14. C   15. F
         16. C   17. A   18. E   19. D   20. B

第三部分 21. C   22. C   23. B   24. B   25. C
         26. B   27. B   28. C   29. C   30. B

第四部分 31. C   32. B   33. A   34. C   35. B

二、阅 读

第一部分 36. B   37. C   38. F   39. A   40. E

第二部分 41. C   42. B   43. A   44. F   45. D

第三部分 46. ✗   47. ✓   48. ✓   49. ✓   50. ✗

第四部分 51. C   52. D   53. A   54. B   55. F
         56. B   57. D   58. E   59. A   60. C

1. 듣기

제1부분 (1-10)

예제

Wǒmen jiā yǒu sān ge rén.
我们 家 有 三 个 人。

우리집은 세 식구이다.

정답 ✓

단어 □ 我们 wǒmen 대명사 우리 | □ 家 jiā 명사 집 | □ 个 ge 양사 명, 개 (개개의 사람이나 물건에 쓰임)

해설 三个人 sān ge rén은 '세 명'이라는 뜻으로 사진과 일치한다.

Wǒ měi tiān zuò gōnggòngqìchē qù shàngbān.
我 每 天 坐 公共汽车 去 上班。

나는 매일 버스를 타고 출근한다.

정답 ✗

단어 □ 坐 zuò 동사 앉다, (교통수단을) 타다 | □ 公共汽车 gōnggòngqìchē 명사 버스 | □ 上班 shàngbān 동사 출근하다

해설 公共汽车 gōnggòngqìchē는 '버스'라는 뜻인데, 보기 사진은 자전거이다. 녹음 내용과 사진이 일치하지 않는다.

1.

Wǒ gēge zài kàn bàozhǐ.
我 哥哥 在 看 报纸。

나의 오빠(형)는 신문을 보고 있다.

정답 ✓

단어 □ 哥哥 gēge 명사 오빠, 형 | □ 报纸 bàozhǐ 명사 신문

해설 哥哥 gēge는 '남자형제', 즉 오빠나 형을 가리키며, 看报纸 kàn bàozhǐ는 '신문을 보다'라는 뜻이므로 해당 사진과 문장은 부합한다. 정답은 ✓이다.

TIP! 형제자매를 표현하는 단어들
- 哥哥 gēge 오빠, 형
- 姐姐 jiějie 언니, 누나
- 弟弟 dìdi 남동생
- 妹妹 mèimei 여동생

TIP! '在 zài+동사'는 '지금 …하고 있는 중이다'라는 뜻으로 동작의 진행형을 나타낸다. '正在 zhèngzài+동사'와도 같은 뜻이다.
- 我在吃饭。 Wǒ zài chīfàn. 나는 밥을 먹고 있다.
- 我在看电影。 Wǒ zài kàn diànyǐng. 나는 영화를 보고 있다.

2.

Wǒ zǎoshang chīle yí ge jīdàn.
我 早上 吃了 一 个 鸡蛋。

나는 아침에 계란을 한 개 먹었다.

정답 ✓

단어 □ 早上 zǎoshang 명사 아침 | □ 鸡蛋 jīdàn 명사 계란, 달걀

해설 鸡蛋 jīdàn은 '계란, 달걀'을 뜻하는 명사이므로 사진 속의 내용과 일치한다. 정답은 ✓이다.

TIP! '동사+了 le'는 동작이 이미 완료되었음을 나타내며, 과거형 표현으로 '…을 했다'로 해석할 수 있다.
- 我吃了一个鸡蛋。 Wǒ chī le yí ge jīdàn. 나는 계란을 한 개 먹었다.
- 我看了那本书。 Wǒ kàn le nà běn shū. 나는 그 책을 봤다.

TIP! 个 ge는 양사로 개개의 사람이나 물건을 셀 때 사용되며, 특정 전용 양사가 없는 사물에도 널리 사용된다.
- 一个人 yí ge rén 사람 한 명, 한 사람
- 一个面包 yí ge miànbāo 빵 한 개
- 一个学校 yí ge xuéxiào 학교 한 곳
- 一个苹果 yí ge píngguǒ 사과 한 개

3.

Wǒ jiā de diànnǎo hěn piàoliang.
我 家 的 电脑 很 漂亮。

우리 집의 컴퓨터는 매우 예쁘다.

정답 ✗

단어 □ 电脑 diànnǎo 명사 컴퓨터 | □ 漂亮 piàoliang 형용사 예쁘다, 아름답다

해설 사진 속에는 '휴대전화(手机 shǒujī)'가 등장하는데 문장에서는 '컴퓨터(电脑 diànnǎo)'라고 했으므로 사진과 내용이 일치하지 않는다. 정답은 ✗이다.

TIP! 的 de는 '대명사/명사/형용사+的 de+명사'의 구조로 뒤에 오는 명사를 수식할 때 사용되며, '…의' 또는 '…한'으로 해석된다.

· 我的火车票 wǒ de huǒchēpiào 나의 기차표
· 我的书包 wǒ de shūbāo 나의 책가방
· 聪明的人 cōngming de rén 똑똑한 사람
· 幸福的生活 xìngfú de shēnghuó 행복한 생활

4.

Wǒ hé jiějie yìqǐ chuān shang le xīn yīfu.
我 和 姐姐 一起 穿 上 了 新 衣服。

나와 언니는 함께 새 옷을 입었다.

정답 ✓

단어 □ 姐姐 jiějie 명사 언니, 누나 | □ 和 hé 개사 …와/과 | □ 一起 yìqǐ 부사 같이, 함께 | □ 新 xīn 형용사 새롭다, 새 것의

해설 나와 언니라고 했으므로 여자형제 두 사람이 등장해야 하며, 새 옷을 입었다는 상황이 제시된 사진과 충분히 어울리는 내용으로 볼 수 있다. 정답은 ✓이다.

TIP! 동사 穿 chuān은 옷, 신발, 양말 등을 '입다, 신다'라고 표현할 때 사용한다.

· 穿衣服 chuān yīfu 옷을 입다
· 穿鞋子 chuān xiézi 신발을 신다
· 穿袜子 chuān wàzi 양말을 신다

TIP! 新 xīn과 같은 단음절 형용사(新 xīn, 好 hǎo, 大 dà, 小 xiǎo, 老 lǎo 등)과 명사 사이에는 '的 de'를 사용하지 않는다.

· 新电脑 xīn diànnǎo 새 컴퓨터
· 老朋友 lǎo péngyou 오랜 친구
· 小饭馆 xiǎo fànguǎn 작은 식당
· 好朋友 hǎo péngyou 친한 친구
· 大房子 dà fángzi 큰 집

5.

Xiàkè hòu, wǒ yào qù fēijīchǎng.
下课 后，我 要 去 飞机场。

수업이 끝난 후, 나는 공항에 가야한다.

정답 X

단어 □ 下课 xiàkè 동사 수업이 끝나다, 수업을 마치다 | □ 飞机场 fēijīchǎng 명사 비행장, 공항

해설 '공항'에 가야 한다고 했으므로 '비행기(飞机 fēijī)'가 보여야 한다. 제시된 사진은 '기차(火车 huǒchē)'가 보이는 '기차역(火车站 huǒchēzhàn)'이다. 정답은 X이다.

TIP! 后 hòu는 시간을 나타내는 명사구조 뒤에 위치하며, '…(한) 후에' 또는 '…지나서'로 해석한다.

· 下课后，我去运动。Xiàkè hòu, wǒ qù yùndòng.
  하교한 후, 나는 운동하러 간다.

· 几个月后，我要去中国。Jǐ ge yuè hòu, wǒ yào qù Zhōngguó.
  몇 달 후에, 나는 중국에 가야 한다.

TIP! 要 yào는 동사 앞에 놓여 '…해야 한다' 또는 '…할 것이다, …하려 한다'는 '의지'를 나타내는 조동사이다.

· 我要学游泳。Wǒ yào xué yóuyǒng. 나는 수영을 배워야겠다.
· 我要去美国学英语。Wǒ yào qù Měiguó xué Yīngyǔ. 나는 미국에 영어 공부하러 갈 것이다.

6.

Wǒ māma zài yīyuàn shàngbān.
我 妈妈 在 医院 上班。

우리 엄마는 병원에서 일하신다.

정답 X

단어 □ 在 zài 개사 …에, …에서 동사 …에 있다 | □ 医院 yīyuàn 명사 병원 | □ 上班 shàngbān 동사 출근하다, 근무하다

해설 '병원(医院 yīyuàn)'이라는 장소에 대해 이야기하고 있으나 제시된 사진은 수업을 하고 있는 '학교(学校 xuéxiào)'로 보인다. 정답은 X이다.

7.

Wǒ míngtiān xiàwǔ zuò fēijī huí guó.
我 明天 下午 坐 飞机 回 国。

나는 내일 오후 비행기를 타고 귀국한다.

정답 ✓

단어 □ **明天** míngtiān 명사 내일 | □ **下午** xiàwǔ 명사 오후 | □ **回国** huí guó 동사 귀국하다

해설 '비행기'를 타고 귀국한다고 했으므로 제시된 사진과 아주 잘 어울리는 내용이다. 정답은 ✓이다.

TIP! 그저께 - 어제 - 오늘 - 내일 - 모레
前天 qiántiān - 昨天 zuótiān - 今天 jīntiān - 明天 míngtiān - 后天 hòutiān

TIP! 坐 zuò는 동사로서 '(…에) 앉다'는 뜻 외에, '교통수단(기차, 택시, 버스, 비행기 등)'과 함께 등장할 때는 '(…을/를) 타다'는 의미를 나타낸다.
· 请坐。 Qǐng zuò. 앉으세요.
· 坐火车。 Zuò huǒchē. 기차를 타다.
· 坐出租车。 Zuò chūzūchē. 택시를 타다.
· 坐公共汽车。 Zuò gōnggòngqìchē. 버스를 타다.

8.

Bàba zhèngzài chī xīguā.
爸爸 正在 吃 西瓜。

아빠는 지금 수박을 드시고 계신다.

정답 ✗

단어 □ **西瓜** xīguā 명사 수박

해설 아빠는 지금 '수박'을 드신다고 했으나 제시된 사진에는 '사과(苹果 píngguǒ)'가 보인다. 정답은 ✗이다.

TIP! '正在 zhèngzài+동사'는 '지금 …을 하고 있다'는 뜻으로 동작이나 행위가 현재 진행 중임을 나타낸다. '在 zài+동사'와 바꿔 쓸 수 있다.
· 他正在吃面包。 Tā zhèngzài chī miànbāo. 그는 지금 빵을 먹고 있다.
· 她正在看书。 Tā zhèngzài kànshū. 그녀는 지금 책을 보고 있다.

9.

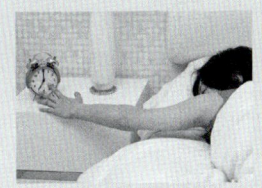

Tài zǎo le, wǒ bù xiǎng qǐchuáng.
太 早 了, 我 不 想 起床。

너무 이르다, 나는 일어나기 싫다.

정답 ✓

단어 □ 早 zǎo 형용사 (때가) 이르다, 빠르다 | □ 起床 qǐchuáng 동사 (잠자리에서) 일어나다

해설 시간이 너무 이르고 일어나기 싫다는 내용과 침대에 누워서 자명종을 끄려고 하는 모습이 너무 잘 어울린다. 정답은 ✓이다.

TIP! 太 tài는 '지나치게, 몹시, 너무'의 뜻을 나타내는 부사이다. '太 tài+형용사+了 le'의 형태로 '너무 …하다'는 뜻이며 그 정도가 다소 지나침을 나타낸다.

· 太胖了。Tài pàng le. 너무 뚱뚱하다. 너무 살쪘다.   · 太瘦了。Tài shòu le. 너무 말랐다.
· 太大了。Tài dà le. (옷, 신발 등의 사이즈가) 너무 크다.   · 太小了。Tài xiǎo le. 너무 작다.
· 天气太热了。Tiānqì tài rè le. 날씨가 너무 덥다.   · 肚子太饿了。Dùzi tài è le. 배가 너무 고프다.

TIP! 想 xiǎng은 동사 앞에 놓여 '…하고 싶다' 또는 '…하려고 한다'는 뜻을 나타내는 조동사이다. 부정형으로 '不 bù'를 사용한다.

· 我想去旅行。Wǒ xiǎng qù lǚxíng. 나는 여행 가고 싶다.
· 我想休息几天。Wǒ xiǎng xiūxi jǐ tiān. 나는 며칠 쉬고 싶다.
· 我不想吃饭。Wǒ bù xiǎng chīfàn. 나는 밥을 먹고 싶지 않다.
· 我不想起床。Wǒ bù xiǎng qǐchuáng. 나는 일어나고 싶지 않다.

10.

Zuótiān xiàle hěn dà de xuě.
昨天 下了 很 大 的 雪。

어제 눈이 엄청 내렸다.

정답 ✓

단어 □ 昨天 zuótiān 명사 어제 | □ 大 dà 형용사 (수량이) 많다

해설 '눈이 내렸다(下了雪 xiàle xuě)'는 문장과 자동차와 길 위에 눈이 쌓인 사진은 일치하는 내용이다. 정답은 ✓이다.

TIP! 下雪 xiàxuě는 '눈이 내리다'는 뜻의 '이합사' 구조를 지닌 단어이다. 이합사는 '동사+목적어'의 형태로 중간에 문법적 요소가 들어가서 동사와 목적어가 분리될 수 있는 구조를 말한다. 이합사 단어에는 下雪 xiàxuě, 下雨 xiàyǔ, 看书 kànshū, 唱歌 chànggē, 跳舞 tiàowǔ, 结婚 jiéhūn 등이 있다.

下雪 xiàxuě → 下了雪 xiàle xuě → 下了很大的雪 xiàle hěn dà de xuě
눈이 내리다 → 눈이 내렸다 → 눈이 많이 내렸다

제2부분 (11-20)

(11-15)

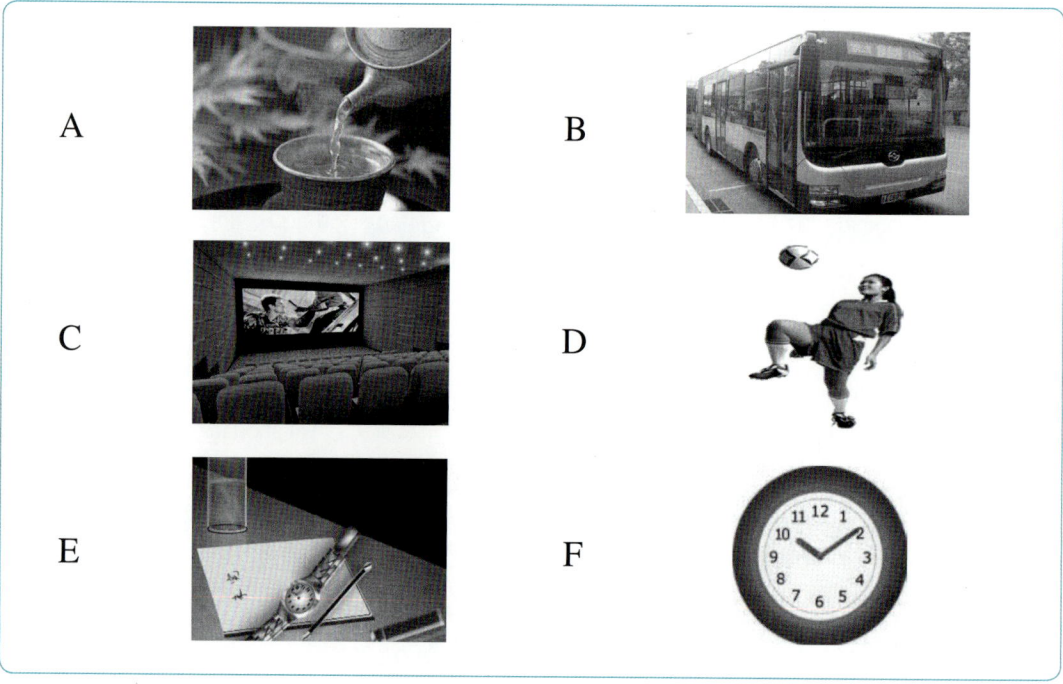

예제

男: Nǐ xǐhuan shénme yùndòng?
你 喜欢 什么 运动?

女: Wǒ zuì xǐhuan tī zúqiú.
我 最 喜欢 踢 足球。

남: 당신은 어떤 운동을 좋아합니까?

여: 저는 축구를 제일 좋아합니다.

정답 D

단어 □喜欢 xǐhuan 동사 좋아하다, 호감을 가지다 | □什么 shénme 대명사 무엇, 무슨 | □运动 yùndòng 명사 운동 동사 운동하다 | □最 zuì 부사 가장, 제일, 아주, 매우 | □踢 tī 동사 (발로) 차다 | □足球 zúqiú 명사 축구

해설 足球 zúqiú는 '축구'라는 뜻이므로 보기 여섯 개의 사진 중 가장 부합한 것은 D이다.

11.

女：Nǐ de shǒubiǎo zài nǎr?
　　你 的 手表 在 哪儿？

男：Zài wǒ fángjiān de zhuōzi shang.
　　在 我 房间 的 桌子 上。

여: 당신의 손목시계는 어디에 있어요?

남: 내 방의 테이블 위에 있어요.

정답 E

단어 □ 哪儿 nǎr [대명사] 어디, 어느 곳 | □ 手表 shǒubiǎo [명사] 손목시계 | □ 房间 fángjiān [명사] 방 | □ 桌子 zhuōzi [명사] 탁자, 테이블 | □ 上 shàng [명사] 위

해설 듣기 영역에서 물건의 위치를 묻는 질문은 항상 출제되므로 주의해서 잘 듣도록 한다. 손목시계가 어디에 있는지를 묻고 있으며 여자가 테이블 위에 있다고 대답했다. 이 대화를 듣고 핵심을 手表 shǒubiǎo와 在桌子上 zài zhuōzi shang으로 파악할 수 있어야 한다. 정답은 E가 된다.

TIP! 在 zài는 동사로 '(사람 또는 사물이) …에 있다'는 뜻을 나타낸다.

· 我在家里。Wǒ zài jiā li. 나는 집에 있다.
· 他在办公室里。Tā zài bàngōngshì li. 그는 사무실에 있다.
· 手表在桌子上。Shǒubiǎo zài zhuōzi shang. 손목시계는 테이블 위에 있다.

12.

男：Zuótiān shì nǐ kāi chē sòng nǐ mèimei qù kǎoshì de ma?
　　昨天 是 你 开 车 送 你 妹妹 去 考试 的 吗？

女：Bú shì, tā zuò gōnggòngqìchē qù de.
　　不 是， 她 坐 公共汽车 去 的。

남: 어제는 네가 차를 몰고 네 여동생을 시험 보는 곳까지 데려다 준거니?

여: 아니, 내 동생은 버스 타고 갔어.

정답 B

단어 □ 昨天 zuótiān [명사] 어제 | □ 开车 kāi chē [동사] 차를 몰다, 운전하다 | □ 送 sòng [동사] 배웅하다, 전송하다, 데려다 주다 | □ 考试 kǎoshì [동사] 시험을 치다 [명사] 시험 | □ 坐 zuò [동사] 앉다, (교통수단을) 타다 | □ 公共汽车 gōnggòngqìchē [명사] 버스

해설 교통수단이 등장하는 대화이다. 누가 무엇을 타고 어디로 갔는지를 잘 듣고 메모해 두자. 이런 문제는 어떤 교통수단을 이용했는지, 또는 어디로 갔는지를 묻기에 유용하다. 차로 여동생을 데려다줬냐는 질문에 여동생은 버스를 타고 갔다고 대답한다. 따라서 가장 잘 어울리는 사진은 B이다.

TIP! '是…的 shì…de'는 주로 '시간, 장소, 방법, 사람' 등을 강조할 때 쓰는 표현이다. '是 shì+강조하는 내용+的 de'의 형태로 말하는 이가 강조하고자 하는 내용을 사이에 넣어 표현한다.

· 西瓜是我最喜欢吃的。Xīguā shì wǒ zuì xǐhuan chī de. 수박은 내가 제일 좋아하는 먹거리(과일)이다.
· 我是坐飞机来的。Wǒ shì zuò fēijī lái de. 나는 비행기를 타고 왔다.

TIP! 교통수단과 관련있는 단어들이다. 꼭 외워두도록 하자.

· 坐 zuò : 公共汽车 gōnggòngqìchē 버스　　出租车 chūzūchē 택시
　　　　　地铁 dìtiě 지하철　　　　　　飞机 fēijī 비행기
　　　　　火车 huǒchē 기차　　　　　　船 chuán 배
· 骑 qí : 自行车 zìxíngchē 자전거　　　摩托车 mótuōchē 오토바이

13.

女: Nǐ xǐhuan hē kāfēi ma?
你 喜欢 喝 咖啡 吗?

男: Xǐhuan, dànshì wǒ zuì xǐhuan de shì chá.
喜欢, 但是 我 最 喜欢 的 是 茶。

여: 당신은 커피 마시는 것을 좋아하나요?

남: 좋아해요, 그런데 가장 좋아하는 것은 차예요.

정답 A

단어 □ 喜欢 xǐhuan 동사 좋아하다, 호감을 가지다 | □ 咖啡 kāfēi 명사 커피 | □ 最 zuì 부사 가장, 제일, 아주, 매우 | □ 茶 chá 명사 차

해설 '커피'를 좋아한다. '하지만, 그렇지만, 그러나'의 역접관계를 나타내는 但是 dànshì가 등장함에 따라 문장을 끝까지 잘 들어야지만 정확한 내용을 파악할 수 있다. 남자는 가장 좋아하는 것을 '차'라고 했으므로 정답은 A이다.

TIP! 但是 dànshì는 '그러나, 그렇지만, 하지만'의 뜻으로 전환관계를 나타내는 접속사이다. 전환관계란 앞에서 말한 내용과 대립되거나 모순된 상황이 오는 것을 말한다. 但是 dànshì 대신에 같은 뜻은 가진 '不过 búguò'나 '可是 kěshì'를 사용해도 된다.

TIP! 的 de의 용법은 아주 다양하다. 여기서는 문장에서 이미 언급된 명사의 중복을 피하기 위해 대신 사용한다. 위의 문장에서는 '我最喜欢的(饮料)。Wǒ zuì xǐhuan de (yǐnliào).'의 의미를 가리키고 있다.

· 我最喜欢的是苹果。(我最喜欢的水果是~)
　Wǒ zuì xǐhuan de shì píngguǒ. (Wǒ zuì xǐhuan de shuǐguǒ shì~)
　내가 가장 좋아하는 것은 사과이다.

· 你说的我没听到。(你说的话我~)
　Nǐ shuō de wǒ méi tīngdào. (Nǐ shuō de huà wǒ~)
　네가 한 말 나는 못 들었다.

14.

男： Wǒ mǎile liǎng zhāng diànyǐng piào,
我 买了 两 张 电影 票,
wǒmen yìqǐ qù kàn ba?
我们 一起 去 看 吧?

女： Hǎo de, wǒ zuì xǐhuan kàn diànyǐng le.
好 的, 我 最 喜欢 看 电影 了。

남: 내가 영화표 두 장을 샀어요. 우리 함께 보러 갈래요?

여: 좋아요, 나는 영화 보는 것을 제일 좋아해요.

정답 C

단어 □ 买 mǎi 동사 사다, 구매하다 | □ **电影票** diànyǐng piào 명사 영화표, 영화 티켓 | □ **一起** yìqǐ 부사 같이, 함께 | □ **最** zuì 부사 가장, 제일, 아주, 매우

해설 남자는 '영화표'를 샀으니 같이 보러 가자고 제안하고 있으며, 여자는 '영화 보는 것'을 가장 좋아한다고 했다. 이 대화의 주제는 영화 또는 영화관이 될 수 있다. 정답은 영화관 사진의 C가 된다.

TIP! 张 zhāng은 종이, 사진, 탁자, 침대 등 평평하고 넓적한 물건을 세는 양사이다.

· 一张纸 yì zhāng zhǐ 종이 한 장
· 一张照片 yì zhāng zhàopiàn 사진 한 장
· 一张电影票 yì zhāng diànyǐng piào 영화표 한 장
· 一张床 yì zhāng chuáng 침대 한 개
· 一张桌子 yì zhāng zhuōzi 탁자 한 개
· 一张地图 yì zhāng dìtú 지도 한 장

TIP! 吧 ba는 조사로서 문장 끝에 놓여 '…할래요?, …하자'라는 뜻의 '제의, 제안'을 나타낸다.

· 明天我们一起去游泳吧？ Míngtiān wǒmen yìqǐ qù yóuyǒng ba?
  내일 우리 같이 수영하러 갈래?

· 明天早上我们一起去跑步吧？ Míngtiān zǎoshang wǒmen yìqǐ qù pǎobù ba?
  내일 아침에 우리 같이 조깅할래?

15.

女: Nǐ zěnme lái wǎn le? Nǐ kànkan biǎo,
你 怎么 来 晚 了? 你 看看 表,
dōu shí diǎn duō le.
都 十 点 多 了。

男: Duìbuqǐ, wǒ zuótiān shuì de tài wǎn le.
对不起, 我 昨天 睡 得 太 晚 了。

여: 당신은 왜 늦게 왔어요? 당신 시계 좀 봐 봐요, 벌써 10시가 넘었어요.

남: 미안해요, 나는 어제 너무 늦게 잤거든요.

정답 F

단어 □ 晚 wǎn 형용사 (규정된 혹은 적합한 시간보다) 늦다 | □ 表 biǎo 명사 시계 | □ 都 dōu 부사 모두, 전부, 다 | □ 睡 shuì 동사 잠을 자다

해설 남자는 어제 너무 늦게 자는 바람에 여자와 약속한 시간보다 늦게 도착했다. 여자는 시계를 가리키며 10시가 넘었다고 화를 내는 듯하다. 대화를 통해 이들이 약속한 시간은 10시로 예측할 수 있으며, 남자가 늦게 도착했으므로 여자는 十点多 shí diǎn duō라고 표현했다. 즉, 10시를 넘긴 시간을 말한다. 시계가 10시 10분경을 가리키는 사진 F가 十点多 shí diǎn duō를 잘 표현하고 있다. 정답은 F이다.

TIP! 怎么 zěnme는 의문대명사로서 방법을 물을 때에는 '어떻게'로 해석되며, 원인이나 이유를 물을 때에는 '어째서, 왜'의 뜻으로 '为什么 wèi shénme'와 같은 뜻이 된다.

· 我们怎么回家? Wǒmen zěnme huíjiā? 우리는 어떻게 집에 갑니까? (방법)

· 你怎么去中国? Nǐ zěnme qù Zhōngguó? 당신은 어떻게 중국에 갑니까? (방법)

· 你怎么不吃? Nǐ zěnme bù chī? 당신은 왜 안 먹죠? (이유)

  (=你为什么不吃? Nǐ wèi shénme bù chī?)

· 你怎么还不来? Nǐ zěnme hái bù lái? 당신은 왜 아직 안 오나요? (이유)

  (=你为什么还不来? Nǐ wèi shénme hái bù lái?)

TIP! 看表 kànbiǎo는 단순히 '시계를 보다'는 뜻을 나타낸다. 여기서 동사를 반복하여 사용하면 '좀 …하다'의 뜻을 나타내며 말투를 부드럽게 만들어 주기도 한다. '看看表 kànkan biǎo'는 '看(一)看表 kàn (yi) kàn biǎo'의 형태에서 '一 yī'가 생략된 것으로, 동사를 반복하는 경우 '一 yī'는 생략이 가능하다.

· 看书 kànshū 책을 보다 → 看看书 kànkan shū 책을 좀 보다

· 听音乐 tīng yīnyuè 음악을 듣다 → 听听音乐 tīngting yīnyuè 음악을 좀 듣다

· 试衣服 shì yīfu 옷을 입어 보다 → 试试衣服 shìshi yīfu 옷을 한번 입어 보다

TIP! 多 duō는 수량사 뒤에 쓰여 '남짓, 여'의 뜻으로 그 수를 초과하였음을 나타내는데, 우리가 자주 사용하는 '…이(가) 넘었다'는 표현이 된다.

· 不到两公斤 bú dào liǎng gōngjīn 2kg이 안 된다

· 两公斤 liǎng gōngjīn 2kg

· 两公斤多 liǎng gōngjīn duō 2kg이 (조금) 넘는다

수사에 따라 두 가지 형태로 표현된다.

먼저, 1~9사이의 정수로 끝날 때에는 '수사+양사+多 duō+(명사)'의 형태를 취한다.

· 两个多星期 liǎng ge duō xīngqī 2주 남짓

· 八年多 bā nián duō 8년여 남짓

- 四斤多苹果 sì jīn duō píngguǒ 4근 정도의 사과
- 三个多月 sān ge duō yuè 3개월 남짓

두 번째로, 수사의 끝자리가 0으로 끝나는 경우, '수사+多 duō+양사+(명사)'의 형태로 多 duō가 양사 앞에 놓인다.

- 十多个小时 shí duō ge xiǎoshí 10여 시간 정도
- 二十多次 èrshí duō cì 20여 차례
- 三十多岁 sānshí duō suì 서른 몇 살 정도
- 四十多个人 sìshí duō ge rén 40여 명 정도

TIP! 문장에서 술어의 상태와 결과의 정도를 보충 설명하는 성분을 '정도보어'라고 한다. 일반적으로 '得 de'가 들어간 정도보어의 형식은 '술어+得 de+정도보어'로 '(술어)한 정도가 (정도보어)하다'로 해석할 수 있다. 예를 들어 '睡 shuì+得 de+太晚 tài wǎn'은 '잠을 잔 정도가 너무 늦다'라는 뜻으로 '너무 늦게 잤다'로 해석할 수 있다.

★「술어 + 得 de + 정도보어」

Shuì de hěn wǎn.
睡 得 很晚。잠을 잔 정도가 매우 늦다. (매우 늦게 잤다.)

Shuì de tài wǎn.
睡 得 太晚。잠을 잔 정도가 너무 늦다. (너무 늦게 잤다.)

Qǐ de hěn zǎo.
起 得 很早。일어난 정도가 매우 이르다. (매우 일찍 일어났다.)

Qǐ de tài zǎo.
起 得 太早。일어난 정도가 너무 이르다. (너무 일찍 일어났다.)

(16-20)

A 9月 14 号

B

C

D

E

16.

男: 你 每 天 怎么 去 上学? 　　Nǐ měi tiān zěnme qù shàngxué? 女: 我 哥哥 开 车 送 我。 　　Wǒ gēge kāi chē sòng wǒ.	남: 너는 매일 어떻게 등교하니? 여: 우리 오빠가 차를 운전해서 나를 데려다 줘.

정답 C

단어 □ 每天 měi tiān 부사 매일, 날마다 │ □ 怎么 zěnme 대명사 어떻게, 어째서, 왜 │ □ 去 qù 동사 가다 │ □ 上学 shàngxué 동사 등교하다 │ □ 开车 kāi chē 동사 차를 몰다, 운전하다 │ □ 送 sòng 동사 배웅하다, 전송하다, 데려다 주다

해설 학교에 어떻게 가는지를 묻는 질문에 여자는 오빠가 '차'로 데려다 준다고 했다. 대화에 등장한 교통수단은 자동차이므로 정답은 C이다.

TIP! 送 sòng은 다음과 같은 뜻이 있다.

1. (사람을) 배웅하다, 데려다 주다
   · 小孩儿送到幼儿园。 Xiǎoháir sòng dào yòu'éryuán. 아이를 유치원에 데려다 주다.
   · 病人送到医院去。 Bìngrén sòng dào yīyuàn qù. 환자를 병원에 데려다 주다.

2. (물건을) 보내다, 전달하다, 전송하다
   · 文件送给秘书。 Wénjiàn sòng gěi mìshū. 문서를 비서에게 전달하다.
   · 我来送货。 Wǒ lái sòng huò. 배달왔습니다.

3. (선물로) 주다, 선사하다, 증정하다
- 我送给他一件衣服。 Wǒ sòng gěi tā yí jiàn yīfu. 나는 옷을 그에게 선물해 줬다.
- 这是我送给你的生日礼物。 Zhè shì wǒ sòng gěi nǐ de shēngrì lǐwù.
  이건 내가 주는 생일 선물이야.

17.

女：你的生日是九月四号吗？
Nǐ de shēngrì shì jiǔ yuè sì hào ma?
여: 당신 생일이 9월 4일인가요?

男：不是，是九月十四号。
bú shì, shì jiǔ yuè shísì hào.
남: 아니요, 9월 14일이에요.

정답 A

단어 □ 生日 shēngrì 명사 생일 | □ 月 yuè 명사 월, 달

해설 날짜, 요일, 시간 등을 묻는 질문 또한 듣기 영역에서 자주 출제된다. 항상 숫자 읽기 연습을 통해 귀에 익숙하게 익히도록 한다. 여자는 남자의 생일을 9월 4일로 기억하고 있으나, 남자의 생일은 9월 14일이다. 정답은 A이다.

TIP! 9월 14일의 표현 방법은 두 가지가 있다.
- 9月14日 jiǔ yuè shísì rì (서면어)
- 9月14号 jiǔ yuè shísì hào (구어)

号 hào는 날짜를 가리키며, 주로 구어에 사용된다.

18.

男：你昨天怎么没去游泳？
Nǐ zuótiān zěnme méi qù yóuyǒng?
남: 당신은 어제 왜 수영하러 안 갔어요?

女：我和朋友跑步去了。
Wǒ hé péngyou pǎobù qù le.
여: 나는 친구와 조깅하러 갔었어요.

정답 E

단어 □ 怎么 zěnme 대명사 어떻게, 어째서, 왜 | □ 游泳 yóuyǒng 동사 수영하다 명사 수영 | □ 和 hé 개사 …와/과 | □ 朋友 péngyou 명사 친구, 벗 | □ 跑步 pǎobù 동사 달리다, 구보하다, 조깅하다

해설 대화에 등장하는 운동 종목은 '수영'과 '조깅'이다. 여자가 어제 수영을 했는지 조깅을 했는지 주의해서 잘 듣도록 한다. 여자는 어제 친구와 '조깅'을 했다고 했으므로 정답은 E가 된다.

TIP! 没 méi는 '…하지 않다, …하지 않았다'는 뜻의 부정부사이다. 주로 동사를 부정하며, 과거의 경험, 행위, 사실 등을 부정할 때 사용한다.
- 昨天我没去游泳。 Zuótiān wǒ méi qù yóuyǒng. 어제 나는 수영하러 가지 않았다.
- 昨天我没看书。 Zuótiān wǒ méi kànshū. 어제 나는 책을 보지 않았다.
- 昨天我没吃苹果。 Zuótiān wǒ méi chī píngguǒ. 어제 나는 사과를 먹지 않았다.

TIP! 여러 가지 운동 종목

- 足球 zúqiú 축구
- 滑雪 huáxuě 스키
- 排球 páiqiú 배구
- 棒球 bàngqiú 야구
- 羽毛球 yǔmáoqiú 배드민턴
- 乒乓球 pīngpāngqiú 탁구
- 游泳 yóuyǒng 수영
- 滑冰 huábīng 스케이팅
- 篮球 lánqiú 농구
- 网球 wǎngqiú 테니스
- 高尔夫球 gāo'ěrfūqiú 골프
- 保龄球 bǎolíngqiú 볼링

19.

Míngtiān wǎnshang wǒmen qù tiàowǔ, hǎo ma?	
女: 明天 晚上 我们 去 跳舞, 好 吗?	여: 내일 저녁에 우리 춤추러 가는 거, 어때요?
Hǎo, wǒ yào chuān nà jiàn xīn yīfu.	
男: 好, 我 要 穿 那 件 新 衣服。	남: 좋아요. 나는 그 새 옷을 입을래요.

정답 D

단어 □ 晚上 wǎnshang 명사 저녁 | □ 跳舞 tiàowǔ 동사 춤을 추다 | □ 要 yào 조동사 …해야 한다, …할 것이다, …하겠다

해설 여자는 남자에게 춤을 추러 가자고 제안하고 있다. 남녀 한 쌍이 아름답게 춤을 추고 있는 D가 이 대화를 잘 표현해 주고 있다. 정답은 D이다.

TIP! 件 jiàn은 옷(셔츠, 외투, 주로 상의), 짐, 일, 사건 등을 세는 양사이다.

- 一件大衣 yí jiàn dàyī 외투 한 개(벌)
- 一件衬衫 yí jiàn chènshān 셔츠 한 개
- 两件行李 liǎng jiàn xíngli 짐 두 개
- 一件事情 yí jiàn shìqing 일(사건) 한 건

20.

Nǐ shì zuò shénme gōngzuò de?	
男: 你 是 做 什么 工作 的?	남: 당신은 무슨 일을 하십니까?
Wǒ shì fúwùyuán.	
女: 我 是 服务员。	여: 저는 종업원입니다.

정답 B

단어 □ 是 shì 동사 …이다 | □ 做 zuò 동사 하다, 종사하다 | □ 工作 gōngzuò 명사 일, 직업, 일자리 | □ 服务员 fúwùyuán 명사 (서비스업의) 종업원, 웨이터, 웨이트리스

해설 '你是做什么工作的? Nǐ shì zuò shénme gōngzuò de?'는 직업을 묻는 문장이다. 일상 회화에서 자주 쓰이니 외워 두자! 여자는 '종업원'이라고 했으므로 정답은 B이다.

제3부분 (21-30)

예제

男：	Xiǎo Wáng, zhèlǐ yǒu jǐ ge bēizi, 小 王, 这里 有 几 个 杯子, nǎge shì nǐ de? 哪个 是 你 的?	남: 샤오왕, 여기에 컵이 몇 개 있는데 어느 것이 네 것이니?
女：	Zuǒbian nàge hóngsè de shì wǒ de. 左边 那个 红色 的 是 我 的.	여: 왼쪽에 저 빨간 것이 내 거야.
问：	Xiǎo Wáng de bēizi shì shénme yánsè de? 小 王 的 杯子 是 什么 颜色 的?	질문: 샤오왕의 컵은 무슨 색깔입니까?

hóngsè A 红色	A 빨간색
hēisè B 黑色	B 검은색
báisè C 白色	C 흰색

정답 A

단어 □ 几 jǐ [수사] 몇 (10이하의 수를 나타냄) | □ 个 ge [양사] 명, 개 (개개의 사람이나 물건에 쓰임) | □ 杯子 bēizi [명사] 잔, 컵 | □ 左边 zuǒbian [명사] 왼쪽, 좌측 | □ 红色 hóngsè [명사] 빨간색 | □ 颜色 yánsè [명사] 색깔

해설 색깔을 묻는 문제로 색과 관련해서 나오는 단어는 红色 hóngsè(빨간색) 하나이다.

21.

女：<ruby>你<rt>Nǐ</rt></ruby> <ruby>今天<rt>jīntiān</rt></ruby> <ruby>上午<rt>shàngwǔ</rt></ruby> <ruby>有<rt>yǒu</rt></ruby> <ruby>课<rt>kè</rt></ruby> <ruby>吗<rt>ma</rt></ruby>？	여: 너는 오늘 오전에 수업이 있니?
男：<ruby>上午<rt>Shàngwǔ</rt></ruby> <ruby>没有<rt>méiyǒu</rt></ruby>，<ruby>下午<rt>xiàwǔ</rt></ruby> <ruby>有<rt>yǒu</rt></ruby> <ruby>汉语<rt>Hànyǔ</rt></ruby> <ruby>课<rt>kè</rt></ruby>。	남: 오전에는 없고, 오후에는 중국어 수업이 있어.
问：<ruby>什么<rt>Shénme</rt></ruby> <ruby>时候<rt>shíhou</rt></ruby> <ruby>上<rt>shàng</rt></ruby> <ruby>汉语<rt>Hànyǔ</rt></ruby> <ruby>课<rt>kè</rt></ruby>？	질문: 언제 중국어 수업을 합니까?
A 上午 shàngwǔ	A 오전
B 明天 míngtiān	B 내일
C 下午 xiàwǔ	C 오후

정답 C

단어 ☐ 上午 shàngwǔ 명사 오전 | ☐ 课 kè 명사 수업, 강의 | ☐ 下午 xiàwǔ 명사 오후 | ☐ 汉语 Hànyǔ 명사 중국어, 한어 | ☐ 什么时候 shénme shíhou 대명사 언제

해설 언제와 무엇을 하는지를 묻는 질문으로 듣기에서 반드시! 꼭! 나오는 출제 유형이므로 패턴을 기억해 두자. 오후에 무슨 수업을 하는지를 묻는다면 정답은 '중국어'가 된다. 그러나 여기서는 시간, 즉 중국어 수업이 언제인지를 묻고 있으므로 정답은 C가 된다.

TIP! 有 yǒu는 '있다, 가지고 있다'는 뜻으로 부정형은 '没有 méiyǒu'를 쓴다.

· 我有两件大衣。Wǒ yǒu liǎng jiàn dàyī. 나는 외투 두 벌을 가지고 있다.
· 我有三本汉语书。Wǒ yǒu sān běn Hànyǔ shū. 나는 중국어 책 세 권이 있다.
· 我没有汉语书。Wǒ méiyǒu Hànyǔ shū. 나는 중국어 책이 없다.
· 我没有冬天的衣服。Wǒ méiyǒu dōngtiān de yīfu. 나는 겨울 옷이 없다.

22.

男: Nǐ kàn zhège hóngsè de shǒujī zěnmeyàng? 你看这个红色的手机怎么样?	남: 당신이 보기에 이 빨간색의 휴대전화 어때요?
女: Wǒ juéde yǒu diǎnr guì, zhège hēisè de piányi. 我觉得有点儿贵，这个黑色的便宜。	여: 난 좀 비싸다고 생각하는데, 이 검은색이 싸네요.
问: Nǚ de juéde hóngsè de shǒujī zěnmeyàng? 女的觉得红色的手机怎么样?	질문: 여자는 빨간색 휴대전화가 어떻다고 생각합니까?

A hěn hǎokàn 很好看	A 매우 보기 좋다
B hěn piányi 很便宜	B 매우 싸다
C yǒu diǎnr guì 有点儿贵	C 좀 비싸다

정답 C

단어 □ 红色 hóngsè 명사 빨간색 | □ 手机 shǒujī 명사 휴대전화 | □ 觉得 juéde 동사 …라고 여기다, …라고 생각하다 | □ 贵 guì 형용사 (가격이나 가치가) 높다, 비싸다 | □ 黑色 hēisè 명사 검은색 | □ 便宜 piányi 형용사 (값이) 싸다

해설 두 사람이 휴대전화를 고르고 있는 상황이다. 남자는 빨간색이 마음에 드는 것 같은데 여자는 빨간색은 가격이 좀 비싸다고 하면서, 가격이 저렴한 검은색을 권유하는 듯하다. 그러므로, B는 검은색 휴대전화에 해당하며, C가 빨간색 휴대전화에 해당하므로 정답은 C이다.

TIP! 有点儿 yǒu diǎnr은 '조금, 약간'의 뜻을 나타내는 부사로 동사나 형용사 앞에 쓰여 다소 불만족스럽거나 부정적인 의미를 표현한다.

· 有点儿小。 Yǒu diǎnr xiǎo. 조금 작다.

· 有点儿累。 Yǒu diǎnr lèi. 조금 피곤하다.

· 有点儿咸。 Yǒu diǎnr xián. 조금 짜다.

· 有点儿辣。 Yǒu diǎnr là. 조금 맵다.

· 有点儿甜。 Yǒu diǎnr tián. 조금 달다.

23.

女: Wèi, nín hǎo, qǐng bāng wǒ zhǎo yíxia Wáng lǎoshī.
喂，您好，请帮我找一下王老师。

男: Tā shēngbìng le, bú zài xuéxiào. Nín míngtiān zài dǎ ba.
他生病了，不在学校。您明天再打吧。

问: Wáng lǎoshī míngtiān zuì kěnéng zài nǎr?
王老师明天最可能在哪儿?

여: 여보세요, 안녕하세요. 왕 선생님 좀 찾아주세요 (바꿔주세요).

남: 왕 선생님 아프셔서 학교에 안 계세요. 내일 다시 걸어주세요.

질문: 왕 선생님은 내일 어디에 계실까요?

A 医院 yīyuàn — A 병원

B 学校 xuéxiào — B 학교

C 家里 jiā li — C 집

정답 B

단어
- 喂 wèi 〔감탄사〕 (전화상에서) 여보세요
- 帮 bāng 〔동사〕 돕다
- 找 zhǎo 〔동사〕 찾다, 구하다
- 生病 shēngbìng 〔동사〕 병이 나다, 병에 걸리다
- 学校 xuéxiào 〔명사〕 학교
- 再 zài 〔부사〕 재차, 또, 다시
- 打 dǎ 〔동사〕 (손이나 기구를 이용하여) 치다, 때리다, (전화를) 걸다

해설 왕 선생님은 오늘 편찮으셔서 학교에 나오시지 않으셨다. 전화를 건 여자에게 내일 다시 걸어달라고 부탁하고 있으므로, 왕 선생님은 내일 학교에 있을 가능성이 크다. 정답은 B이다.

TIP! 请 qǐng은 상대방에게 정중하게 무엇을 부탁할 때 쓰이는 동사로 '부탁합니다, …해 주세요'라는 뜻을 가지며 문장 처음에 위치한다.
- 请你明天再打吧。 Qǐng nǐ míngtiān zài dǎ ba. 내일 다시 전화하십시오.
- 请你慢点儿说。 Qǐng nǐ màn diǎnr shuō. 천천히 말씀해 주세요.
- 请你多多帮助。 Qǐng nǐ duōduō bāngzhù. 많이 도와주시기 바랍니다.
- 请你多多指教。 Qǐng nǐ duōduō zhǐjiào. 많은 지도편달 부탁드립니다.

TIP! 一下 yíxià는 동사 뒤에 쓰여 '시험 삼아 해 보다' 또는 '(잠시, 잠깐 동안) 좀 …하다'의 뜻을 나타낸다.
- 等一下。 Děng yíxià. 좀 기다리세요.
- 看一下。 Kàn yíxià. 좀 보세요.
- 做一下。 Zuò yíxià. 한번 해 보세요.
- 介绍一下。 Jièshào yíxià. 소개 한번 해 보세요.

TIP! 吧 ba는 문장 끝에 쓰여 '권유, 추측, 허락, 명령, 제안' 등을 나타낸다.
- 我们一起走吧。 Wǒmen yìqǐ zǒu ba. 우리 같이 가자. (권유)
- 你还没吃饭吧? Nǐ hái méi chīfàn ba? 너 아직 밥 안 먹었지? (추측)
- 好吧，我和你一起走。 Hǎo ba, wǒ hé nǐ yìqǐ zǒu. 좋아, 내가 너랑 같이 갈게. (허락)
- 你走吧。 Nǐ zǒu ba. 너 가라. (명령)

24.

男: Nǐ shì zuò chuán qù de Shànghǎi ma? 你 是 坐 船 去 的 上海 吗？	남: 당신은 배를 타고 상하이에 갔습니까?
女: Bú shì, wǒ shì zuò huǒchē qù de. 不 是, 我 是 坐 火车 去 的。	여: 아니요, 저는 기차를 타고 갔습니다.
问: Nǚ de zěnme qù de Shànghǎi? 女 的 怎么 去 的 上海？	질문: 여자는 어떻게 상하이에 갔습니까?

A zuò chuán 坐 船	A 배를 타고
B zuò huǒchē 坐 火车	B 기차를 타고
C zuò fēijī 坐 飞机	C 비행기를 타고

정답 B

단어 □ 坐 zuò 동사 앉다, (교통수단을) 타다 | □ 船 chuán 명사 배 | □ 上海 Shànghǎi 고유명사 상하이, 상해 | □ 火车 huǒchē 명사 기차

해설 여자가 상하이에 갔는데 무엇을 타고 갔는지 교통수단을 묻는 질문이다. C는 대화에서 언급되지 않은 내용임으로 고려하지 않아도 된다. 남자가 배를 타고 갔는지 물었더니 여자는 '아니요'라고 대답하며 기차를 타고 갔다고 했으므로 정답은 B가 된다.

25.

女：Nàge chuān hóngsè yīfu de shì nǐ jiějie ma? 那个 穿 红色 衣服 的 是 你 姐姐 吗？	여: 저기 빨간색 옷을 입은 사람이 당신 누나입니까?
男：Bú shì, wǒ jiějie shì chuān báisè yīfu de nàge. 不 是，我 姐姐 是 穿 白色 衣服 的 那个。	남: 아니요, 우리 누나는 흰색 옷을 입은 저 사람입니다.
问：Nán de de jiějie chuān de shénme yánsè de yīfu? 男 的 的 姐姐 穿 的 什么 颜色 的 衣服？	질문: 남자의 누나가 입은 옷의 색깔은 무엇입니까?
A 黑色 hēisè	A 검은색
B 红色 hóngsè	B 빨간색
C 白色 báisè	C 흰색

정답 C

단어 □ 穿 chuān 〔동사〕 (옷, 신발, 양말 등을) 입다, 신다 | □ 红色 hóngsè 〔명사〕 빨간색 | □ 白色 báisè 〔명사〕 흰색 | □ 颜色 yánsè 〔명사〕 색, 색깔

해설 상대방의 질문에 긍정형으로 대답을 하는지 부정형으로 대답을 하는지를 주의해서 잘 들어야 한다. 특히 부정형으로 대답할 경우, 이어지는 뒷 문장에 정답이 있을 가능성이 크다. 여자는 빨간색 옷을 입은 사람을 가리켰으나, 남자는 자신의 누나는 빨간색이 아닌 흰색 옷을 입은 사람이라고 알려줬다. 남자의 누나가 입은 옷은 'C 흰색'이다.

26.

男: Nǐ érzi zhǎng de zhēn gāo, duō dà le? 你儿子长得真高，多大了？	남: 네 아들 키 진짜 크다. 몇 살이니?
女: Jīnnián shíliù suì le. 今年十六岁了。	여: 올해 16살이야.
问: Nǚ de de érzi jīnnián jǐ suì? 女的的儿子今年几岁？	질문: 여자의 아들은 올해 몇 살입니까?
A 6 suì 岁	A 6살
B 16 suì 岁	B 16살
C 26 suì 岁	C 26살

정답 B

단어 □ 儿子 érzi 명사 아들 | □ 长 zhǎng 동사 자라다 | □ 真 zhēn 부사 정말, 진정으로 | □ 高 gāo 형용사 (높이가) 높다, (키가) 크다 | □ 今年 jīnnián 명사 올해 | □ 岁 suì 양사 살, 세(연령을 세는 단위)

해설 여자에게 아들이 하나 있으며 키가 크다. 몇 살인지를 묻는 질문에 16살이라고 대답했으므로 정답은 B이다.

TIP! 多 duō가 '얼마나'의 뜻을 나타내는 부사로 쓰일 때에는 '多 duō+형용사'의 형태로 주로 의문문에 등장하며, 정도나 수량을 물어볼 때 사용한다. '多 duō+형용사'가 술어로 쓰일 때, 동사 '有 yǒu'가 함께 등장하기도 한다.

· 你(有)多大？ Nǐ (yǒu) duō dà? 너는 나이가 어떻게 되니?

· 你(有)多高？ Nǐ (yǒu) duō gāo? 너는 키가 얼마니?

· 你(有)多重？ Nǐ (yǒu) duō zhòng? 너는 몸무게가 얼마니?

TIP! 了 le는 완료 외에 또 형용사 뒤에 쓰여 어떤 상황의 변화, 새로운 상황의 출현을 표현한다.

· 我十六岁。 Wǒ shíliù suì. 나는 16살이다.

我十六岁了。 Wǒ shíliù suì le. 나는 16살이 되었다.

27.

女： Nǐ gēge zhǎo dào gōngzuò le ma? 你 哥哥 找 到 工作 了 吗?	여: 당신의 형은 일을 찾았나요?
男： Zhǎo dào le, zài fànguǎn zuò fúwùyuán. 找 到 了, 在 饭馆 做 服务员。	남: 찾았어요. 식당에서 종업원으로 일해요.
问： Nán de de gēge zài nǎr gōngzuò? 男 的 的 哥哥 在 哪儿 工作?	질문: 남자의 형은 어디에서 일합니까?
A xuéxiào 学校	A 학교
B fànguǎn 饭馆	B 식당
C yīyuàn 医院	C 병원

정답 B

단어 □ 找 zhǎo 동사 찾다, 구하다 | □ 工作 gōngzuò 명사 일, 직업, 일자리 | □ 在 zài 개사 …에, …에서 동사 …에 있다 | □ 饭馆 fànguǎn 명사 식당 | □ 服务员 fúwùyuán 명사 (서비스업의) 종업원, 웨이터, 웨이트리스

해설 找工作 zhǎo gōngzuò는 '일을 찾다, 일을 구하다'는 뜻이다. 남자의 형은 일을 구했으며, 현재 식당에서 종업원으로 일을 하고 있다. 그러므로 정답은 B이다.

TIP! 동사 뒤에 위치하여, 동작이나 행위의 결과를 보충 설명해 주는 역할을 하는 것을 '결과보어'라고 한다. 到 dào가 단독 동사로 쓰일 때는 '도착하다, 도달하다'는 뜻을 나타내지만, 여기서는 동사 뒤에 위치하여 이 동사의 목적이 달성되거나 어떤 결과가 있음을 나타내는 '결과보어'로 쓰였으며, 부정형은 '没有 méiyǒu'를 쓴다.

· 找到了。Zhǎo dào le. 찾았다. / 没(有)找到。Méi(yǒu) zhǎo dào. 찾지 못했다.
· 买到了。Mǎi dào le. 샀다. / 没(有)买到。Méi(yǒu) mǎi dào. 사지 못했다.
· 收到了。Shōu dào le. 받았다. / 没(有)收到。Méi(yǒu) shōu dào. 받지 못했다.

28.

Bié shuì le, kuài yào xià chē le. 男: 别 睡 了，快 要 下 车 了。	남: 그만 자. 곧 내려야 돼.
Ràng wǒ zài shuì jǐ fēnzhōng ba, 女: 让 我 再 睡 几 分钟 吧， hái méi dào ne. 还 没 到 呢。	여: 몇 분만 더 자게 해 주라. 아직 도착 안 했잖아.
Tāmen zuì kěnéng zài nǎr? 问: 他们 最 可能 在 哪儿?	질문: 그들은 어디에 있습니까?
jiā li A 家 里	A 집 안
gōngsī li B 公司 里	B 회사 안
gōnggòngqìchē shang C 公共汽车 上	C 버스 안

정답 C

단어 □ 睡 shuì 동사 잠을 자다 | □ 下车 xià chē 동사 하차하다, 차에서 내리다 | □ 分钟 fēnzhōng 명사 (시간) 분 | □ 到 dào 동사 도달하다, 도착하다, (어느 곳에) 이르다 | □ 可能 kěnéng 부사 아마도, 아마 …일지도 모른다, 어쩌면 …일 것이다 | □ 公司 gōngsī 명사 회사, 직장

해설 대화의 장소를 묻고 있다. 듣기 시험에는 대화의 장소, 등장인물의 관계 등을 묻는 유형 또한 자주 등장한다. 대화를 잘 듣고 핵심이 되는 단어를 중심으로 상황을 잘 파악하도록 한다. 이 대화의 장소를 알려주는 단어는 남자의 첫 마디에 등장한다. 남자는 '그만 자라, 우리는 곧 내려야 한다'고 말했다. 下车 xià chē 는 버스, 택시, 기차 등을 탔을 때, '내리다, 하차하다'라고 할 때 쓰는 단어이다. 그러므로 정답은 C이다.

TIP! 别 bié는 부사로서 '别 bié+동사/형용사'의 형태로 '…하지 마라'는 금지의 뜻을 표현한다. '不要 bú yào'와 바꿔 쓸 수 있다. 뒤에 了 le를 넣어 주면 말투가 조금 부드러워진다.

· 别去。Bié qù. (=不要去。Bú yào qù.) 가지 마.
· 别生气。Bié shēngqì. (=不要生气。Bú yào shēngqì.) 화내지 마.
· 别开玩笑。Bié kāiwánxiào. (=不要开玩笑。Bú yào kāiwánxiào.) 농담하지 마.

TIP! '快要…了 kuàiyào…le'는 '곧 …하려 한다'는 뜻으로 어떤 동작이나 상황이 곧 발생할 것임을 나타낸다. 같은 뜻으로 '要…了 yào…le/就(要)…了 jiù(yào)…le'가 있다.

· 快下课了。Kuài xiàkè le. 곧 수업이 끝나요.
· 快要下班了。Kuàiyào xiàbān le. 곧 퇴근해요.
· 快要40岁了。Kuàiyào sìshí suì le. 곧 마흔이에요.

TIP! 让 ràng은 '…로 하여금 …을 하게 한다, …하도록 시키다'는 뜻으로 어떤 대상으로 하여금 어떤 행동을 하게 하는 것을 의미한다. 예를 들어 '你让我睡 nǐ ràng wǒ shuì(당신은 나에게 잠을 자도록 한다)'는 '你让我 nǐ ràng wǒ(네가 나에게 시키다/무엇을 하도록 하다)'와 '我睡 wǒ shuì(나는 자다)'의 두 문장으로 나눌 수 있다. 你让我 nǐ ràng wǒ에서 我 wǒ는 목적어 역할을 하고, 我睡 wǒ shuì에서 我 wǒ는 주어의 역할을 겸하고 있다. 이렇게 한 문장에서 두 가지 역할을 겸하고 있는 문장을 '겸어문'이라고 한다. '让 ràng, 请 qǐng, 叫 jiào' 등이 겸어문에 자주 등장하는 대표적인 동사들이다.

· 我请你吃饭。Wǒ qǐng nǐ chīfàn. 내가 당신에게 밥을 살게요.

· 老师叫我回答问题。Lǎoshī jiào wǒ huídá wèntí. 선생님께서 나에게 문제에 답하라고 시키셨다.

· 我让妈妈等很久。Wǒ ràng māma děng hěn jiǔ. 나는 엄마를 오래 기다리게 했다.

TIP! 几 jǐ는 수사로 '몇'을 나타내며, 그 숫자가 그렇게 많지 않을 때 사용하는데, 대부분 10이하의 수를 나타낼 때 사용한다.

TIP! 还没…呢 hái méi…ne는 '아직 …하지 않았다', '아직 안 됐다'는 뜻으로 반대되는 표현은 '已经…了 yǐjīng…le 이미(벌써) …하였다'이다.

我已经看了。　　我还没(有)看。
Wǒ yǐjīng kàn le.　Wǒ hái méi(yǒu) kàn.
나는 이미 보았다.　나는 아직 보지 않았다.

(1) 동사+了 le: …하였다.

· 我看了。Wǒ kàn le. 나는 보았다.

(2) 没(有) méi(yǒu)+동사: …하지 않았다.

· 我没(有)看。Wǒ méi(yǒu) kàn. 나는 보지 않았다.

(3) 已经 yǐjīng+동사+了 le: 이미 …하였다.

· 我已经看了。Wǒ yǐjīng kàn le. 나는 이미 보았다.

(4) 还没(有) hái méi(yǒu)+동사: 아직 …하지 않았다.

· 我还没(有)看。Wǒ hái méi(yǒu) kàn. 나는 아직 보지 않았다.

29.

女： Míngtiān tiānqì zěnmeyàng? 明天 天气 怎么样？	여: 내일 날씨 어때요?
男： Shàngwǔ yīntiān, xiàwǔ yǒu yǔ. 上午 阴天，下午 有 雨。	남: 오전에는 흐리고, 오후에는 비가 와요.
问： Míngtiān shàngwǔ tiānqì zěnmeyàng? 明天 上午 天气 怎么样？	질문: 내일 오전 날씨는 어떻습니까?
A xià yǔ 下 雨	A 비가 내린다
B qíng tiān 晴 天	B 맑은 날씨
C yīn tiān 阴 天	C 흐린 날씨

정답 C

단어 □ 天气 tiānqì 명사 날씨 | □ 怎么样 zěnmeyàng 어떠하다, 어떻다 | □ 上午 shàngwǔ 명사 오전 | □ 阴天 yīn tiān 명사 흐린 날씨, 흐린 하늘 | □ 下午 xiàwǔ 명사 오후 | □ 雨 yǔ 명사 비 | □ 晴天 qíng tiān 명사 맑은 날씨

해설 남자가 내일의 날씨를 오전과 오후 구분해서 대답하고 있다. 오전에는 흐리고, 오후에는 비가 온다고 했다. 내일 오전의 날씨를 묻고 있으므로 정답은 C이다. 질문이 내일 오후라고 할 경우, 정답은 A가 된다.

TIP! 날씨와 관련된 표현들
· 天阴了。 Tiān yīn le. 날이 흐려졌다.
· 天晴了。 Tiān qíng le. 날씨가 맑아졌다.
· 下雨了。 Xià yǔ le. 비가 내린다.
· 下雪了。 Xià xuě le. 눈이 내린다.
· 天气太热了。 Tiānqì tài rè le. 날씨가 너무 덥다.
· 天气很冷。 Tiānqì hěn lěng. 날씨가 매우 춥다.
· 天气很暖和。 Tiānqì hěn nuǎnhuo. 날씨가 매우 따뜻하다.
· 天气很凉快。 Tiānqì hěn liángkuai. 날씨가 매우 선선하다.

30.

Wǎnshang wǒmen qù kàn diànyǐng, nǐ qùbuqù? 男：晚上 我们 去 看 电影，你 去不去？ Bú qù le, wǒ wǎnshang yào xuéxí Hànyǔ. 女：不 去 了，我 晚上 要 学习 汉语。 Nǚ de wèi shénme bú qù kàn diànyǐng? 问：女 的 为 什么 不 去 看 电影？	남: 저녁에 우리 영화 보러 가는데, 너 갈래 안 갈래? 여: 안 갈래, 나 저녁에 중국어 공부해야 돼. 질문: 여자는 왜 영화 보러 가지 않습니까?
tài lèi le A 太 累 了	A 너무 피곤하다
yào xuéxí B 要 学习	B 공부해야 한다
yào mǎi dōngxi C 要 买 东西	C 물건을 사야 한다

정답 B

단어 □ 晚上 wǎnshang 명사 저녁 | □ 电影 diànyǐng 명사 영화 | □ 学习 xuéxí 동사 학습하다, 공부하다, 배우다 | □ 汉语 Hànyǔ 명사 중국어, 한어 | □ 为什么 wèi shénme 대명사 왜, 무엇 때문에, 어째서 | □ 太…了 tài…le 너무 …하다 | □ 累 lèi 형용사 지치다, 피곤하다

해설 여자는 '안 간다'는 부정형으로 대답했다. 이어지는 뒷 문장에 그 이유를 설명하고 있다. 이와 같이 항상 부정형의 대답은 왜 부정형으로 대답을 하는지 이유를 설명하는 경우가 많으므로 끝까지 주의깊게 잘 들어야 한다. 여자는 중국어 공부를 해야 되기 때문에 영화 보러 가는 것을 거절했다. 정답은 B이다.

TIP! 要 yào는 '…해야 한다, …하겠다, …할 것이다'는 뜻을 나타내는 조동사로서 어떤 일을 하겠다는 '의지' 또는 '염원'을 나타낸다.

· 我明天有考试，要学习。 Wǒ míngtiān yǒu kǎoshì, yào xuéxí.
　　나는 내일 시험이 있어서 공부해야 한다.

· 我太胖了，要减肥。 Wǒ tài pàng le, yào jiǎnféi.
　　나는 너무 살쪘어. 다이어트할 거야.

제4부분 (31-35)

예제

女：Qǐng zài zhèr xiě nín de míngzi.
请 在 这儿 写 您 的 名字。

男：Shì zhèr ma?
是 这儿 吗？

女：Bú shì, shì zhèr.
不 是，是 这儿。

男：Hǎo, xièxie.
好，谢谢。

问：Nán de yào xiě shénme?
男 的 要 写 什么？

여: 여기에 당신의 이름을 적어 주세요.

남: 여기요?

여: 아니요, 여기요.

남: 네, 감사합니다.

질문: 남자는 무엇을 써야 하나요?

A míngzi 名字

B shíjiān 时间

C fángjiān hào 房间 号

A 이름

B 시간

C 방 번호

정답 A

단어 □ 请 qǐng 동사 (상대가 어떤 일을 하기 바라는 의미로) …하세요 │ □ 写 xiě 동사 (글씨를) 쓰다 │ □ **名字** míngzi 명사 이름 │ □ 要 yào 조동사 …해야 한다, …할 것이다, …하겠다

해설 이 문제의 핵심어는 名字 míngzi이다. 여자는 남자에게 이름을 쓰라고 요구하고 있으므로 남자가 써야 할 것은 'A 이름'이 정답이다.

31.

男：您好，苹果 多少 钱 一 公斤？ 　　Nín hǎo, píngguǒ duōshao qián yì gōngjīn? 女：八 块 钱 一 公斤，你 要 　　Bā kuài qián yì gōngjīn, nǐ yào 　　买 多少？ 　　mǎi duōshao? 男：买 两 公斤。 　　Mǎi liǎng gōngjīn. 女：好 的。还 要 别 的 吗？ 　　Hǎo de. Hái yào bié de ma? 问：苹果 多少 钱 一 公斤？ 　　Píngguǒ duōshao qián yì gōngjīn?	남: 안녕하세요. 사과 1킬로그램에 얼마예요? 여: 1킬로그램에 8위안입니다. 당신은 얼마나 사시려고요? 남: 2킬로그램 사려고요. 여: 알았습니다. 그리고 다른 거 더 필요하신 것이 있으십니까? 질문: 사과는 1킬로그램에 얼마입니까?
A 三 元　sān yuán B 五 元　wǔ yuán C 八 元　bā yuán	A 3위안 B 5위안 C 8위안

정답 **C**

단어 □苹果 píngguǒ 명사 사과 ｜ □多少钱 duōshao qián 얼마예요? ｜ □公斤 gōngjīn 양사 킬로그램(kg) ｜ □要 yào 동사 원하다, 필요하다 ｜ □多少 duōshao 부사 얼마간, 약간, 다소 ｜ □别的 bié de 대명사 다른 것, 다른 사람

해설 31번부터 35번까지의 대화는 네 마디로 진행된다. 대화 내용이 늘어남에 따라 그만큼 기억하고 메모해야 하는 것들도 늘어난다. 긴장하면 방금 들었던 내용도 잊어버리는 경우가 많으므로, 대화 내용을 듣고 빈 공간에 간단하게 메모하는 습관을 키우자. 남자는 사과를 2킬로그램 사려고 한다. 1킬로그램의 가격은 8위안이라고 했으므로, 정답은 C이다.

TIP! 还 hái는 '또, 더, 게다가'의 뜻을 나타내는 부사로서, 이미 지정된 범위 외에 수량이 더 증가되거나 범위가 확대됨을 나타낸다.

32.

女：Xīngqīliù wǒmen yìqǐ qù mǎi dōngxi, hǎo ma? 星期六 我们 一起 去 买 东西, 好 吗?	여: 토요일에 우리 같이 물건 사러 가는 거, 어때요?
男：Hǎo, wǒmen jǐ diǎn qù? 好, 我们 几 点 去?	남: 좋아요, 우리 몇 시에 갈까요?
女：Jiǔ diǎn, zěnmeyàng? 九 点, 怎么样?	여: 9시, 어때요?
男：Jiǔ diǎn tài zǎo le, shí diǎn ba. 九 点 太 早 了, 十 点 吧。	남: 9시는 너무 이른데, 10시로 해요.
问：Nǚ de xiǎng jǐ diǎn qù mǎi dōngxi? 女 的 想 几 点 去 买 东西?	질문: 여자는 몇 시에 물건을 사러 가고 싶어 합니까?
A shí diǎn 十 点	A 10시
B jiǔ diǎn 九 点	B 9시
C bā diǎn 八 点	C 8시

정답 B

단어 □ 星期六 xīngqīliù 명사 토요일 | □ 一起 yìqǐ 부사 같이, 함께 | □ 几 jǐ 수사 몇 (10이하의 수를 나타냄) | □ 点 diǎn 양사 시 (시간을 나타냄) | □ 怎么样 zěnmeyàng 어떻다, 어떠하다 | □ 太…了 tài…le 너무 …하다 | □ 早 zǎo 형용사 (때가) 이르다, 빠르다

해설 여자는 토요일에 같이 쇼핑을 가자고 제안하고 있다. 남자는 그렇게 하자고 동의했으나 두 사람이 출발하고자 하는 시간이 다름에 주의한다. 여자는 9시에 가자고 했으나, 남자는 9시는 너무 이른 시간이라며 10시를 제안하고 있다. 질문은 여자가 원하는 출발 시간을 물었으므로 정답은 B가 된다.

33.

男：Nǐ zhù zài nǎr? 你 住 在 哪儿？	남: 당신은 어디에 살아요?
女：Wǒ zhù zài xuéxiào li, nǐ ne? 我 住 在 学校 里，你 呢？	여: 저는 학교 안에 살고 있어요, 당신은요?
男：Wǒ zhù zài péngyou jiā, 我 住 在 朋友 家， nǐ yǒu shíjiān kěyǐ lái wánr. 你 有 时间 可以 来 玩儿。	남: 저는 친구 집에 살아요. 당신 시간 있을 때 놀러 와도 돼요.
女：Hǎo de, xièxie. 好 的，谢谢。	여: 좋아요. 고마워요.
问：Nán de zhù zài nǎr? 男 的 住 在 哪儿？	질문: 남자는 어디에 살고 있습니까?

A péngyou jiā 朋友 家	A 친구 집
B xuéxiào li 学校 里	B 학교 안
C tóngxué jiā 同学 家	C 동창생 집

정답 A

단어 □ 住 zhù 동사 숙박하다, 묵다, 살다 | □ 住在 zhù zài …에서 살다 | □ 学校 xuéxiào 명사 학교 | □ 里 lǐ 명사 안쪽, 내부 | □ 玩儿 wánr 동사 놀다, 놀이하다 | □ 同学 tóngxué 명사 학우, 학교 친구

해설 住在哪儿 zhù zài nǎr은 어디에 사는지 살고 있는 곳을 묻는 말이다. 여자는 학교에 살고 있다. 즉, 학교의 기숙사로 볼 수 있다. 남자는 친구 집에 살고 있으니 시간이 될 때 놀러 오라고 말했다. 질문은 남자에 해당하므로 정답은 'A 친구 집'이 된다.

TIP! 한국어로 해석했을 경우 그 의미가 비슷한 단어들이지만, 용법이 각기 다름에 주의한다.
① 时间 shíjiān은 '시간'이란 뜻이다.
 · 你有时间吗? Nǐ yǒu shíjiān ma? 당신은 시간이 있습니까?
② 小时 xiǎoshí는 '시간(동안)'으로 시간의 양을 나타낸다.
 · 游几个小时? Yóu jǐ ge xiǎoshí? 몇 시간 동안 수영을 하니?
③ 点 diǎn은 '시'이다.
 · 已经8点了。 Yǐjīng bā diǎn le. 벌써 8시가 되었어요.

TIP! 可以 kěyǐ는 '무엇을 할 수 있다' 또는 '어떤 일이 가능하다'는 가능, 능력의 뜻과 '…해도 된다, …해도 좋다'는 허가, 허락의 뜻을 가지고 있다.
 · 这间房子可以住五个人。 Zhè jiān fángzi kěyǐ zhù wǔ ge rén. 이 방은 5명이 살 수 있다. (가능)
 · 我明天可以再来一趟。 Wǒ míngtiān kěyǐ zài lái yí tàng. 나는 내일 다시 올 수 있다. (가능)
 · 我可以出去玩儿吗? Wǒ kěyǐ chūqù wánr ma? 저 나가 놀아도 되나요? (허락)
 · 我在这儿可以吃东西吗? Wǒ zài zhèr kěyǐ chī dōngxi ma? 저 여기서 먹어도 되나요? (허락)

34.

女：Zhè yú zuò de zhēn hàochī. 这 鱼 做 得 真 好吃。	여: 이 생선요리 진짜 맛있게 했다.
男：Zhè jiā fànguǎn zuò de yángròu yě hěn hǎochī. 这 家 饭馆 做 的 羊肉 也 很 好吃。	남: 이 식당에서 하는 양고기 요리도 엄청 맛있어.
女：Shì ma? Xià cì wǒmen lái chī yángròu ba? 是 吗? 下 次 我们 来 吃 羊肉 吧?	여: 그래? 다음에 우리 양고기 먹으러 올까?
男：Hǎo de. 好 的。	남: 좋아.
问：Tāmen xià cì lái zhège fànguǎn kěnéng huì chī shénme? 他们 下 次 来 这个 饭馆 可能 会 吃 什么?	질문: 그들은 다음에 이 식당에 와서 무엇을 먹기로 했습니까?
A yú 鱼	A 생선
B mǐfàn 米饭	B 밥
C yángròu 羊肉	C 양고기

정답 C

단어 □ 鱼 yú 명사 물고기, 생선 | □ 饭馆 fànguǎn 명사 식당 | □ 做 zuò 동사 하다, 만들다 | □ 好吃 hǎochī 형용사 맛있다 | □ 羊肉 yángròu 명사 양고기 | □ 也 yě 부사 …도 | □ 下次 xià cì 명사 다음 | □ 吧 ba 조사 …하자, …합시다

해설 그들은 지금 식당에서 식사를 하고 있다. 오늘 주문한 요리는 생선요리이며 맛있다고 했다. 이 식당의 양고기 또한 맛있게 잘 한다는 남자의 말에 여자는 그럼 다음에 양고기를 먹으러 오자고 제안하고 있다. 따라서 정답은 C이다.

TIP! 家 jiā는 명사로 쓰이면 '집'이지만, 상점이나 회사 등을 세는 양사로도 쓰인다.

- 一家公司 yì jiā gōngsī 회사 하나
- 一家商店 yì jiā shāngdiàn 상점 하나
- 一家宾馆 yì jiā bīnguǎn 호텔 하나
- 一家饭馆 yì jiā fànguǎn 식당 하나
- 这家公司 zhè jiā gōngsī 이 회사
- 这家商店 zhè jiā shāngdiàn 이 상점
- 那家宾馆 nà jiā bīnguǎn 그 호텔
- 那家饭馆 nà jiā fànguǎn 그 식당

TIP! 정도보어의 구조: [술어 + 得 de + 정도보어]

해석: (술어)한 정도가 (정도보어) 하다.

★「술어 + 得 de + 정도보어」

Zuò   de   hěn hǎochī.
做   得   很好吃。

만든   정도가   맛있다. (맛있게 잘 만들었다.)

Zuò   de   bù hǎochī.
做   得   不好吃。

만든   정도가   맛있지 않다. (맛없게 만들었다.)

★목적어가 있는 경우

「목적어 + 술어 + 得 de + 정도보어」

Yú   zuò   de   hěn hǎochī.
鱼   做   得   很好吃。

생선요리를   만든   정도가   맛있다. (생선요리를 맛있게 잘 만들었다.)

Yú   zuò   de   bù hǎochī.
鱼   做   得   不好吃。

생선요리를   만든   정도가   맛없다. (생선요리를 맛없게 만들었다.)

TIP! 上 shàng은 '앞의, 먼저의' 뜻을 나타내며, 下 xià는 '다음의, 나중의'라는 뜻을 나타낸다.

· 上次 shàng cì 저번   上(个)星期 shàng (ge) xīngqī 지난주   上个月 shàng ge yuè 지난달
· 这次 zhè cì 이번   这(个)星期 zhè (ge) xīngqī 이번 주   这个月 zhè ge yuè 이번 달
· 下次 xià cì 다음 번   下(个)星期 xià (ge) xīngqī 다음 주   下个月 xià ge yuè 다음 달

35.

男: Nǐ xǐ bu xǐhuan yóuyǒng?
你 喜 不 喜欢 游泳？

女: Wǒ hěn xǐhuan yóuyǒng.
我 很 喜欢 游泳。

男: Nà wǒmen xīngqīwǔ shàngwǔ qù yóuyǒng, zěnmeyàng?
那 我们 星期五 上午 去 游泳, 怎么样？

女: Duìbuqǐ, nà tiān wǒ yǒu kè.
对不起, 那 天 我 有 课。

问: Nǚ de wèi shénme bú qù yóuyǒng?
女 的 为 什么 不 去 游泳？

A shēngbìng le
生病 了

B yào shàngkè
要 上课

C bú huì yóuyǒng
不 会 游泳

남: 당신은 수영을 좋아하나요?

여: 저는 수영을 매우 좋아해요.

남: 그럼 우리 금요일 오전에 수영하러 가는 것은 어때요?

여: 미안해요, 그날 저 수업이 있어요.

질문: 여자는 왜 수영하러 가지 않습니까?

A 몸이 아팠다

B 수업을 해야 한다

C 수영을 할 줄 모른다

정답 B

단어 □喜欢 xǐhuan 동사 좋아하다, 호감을 가지다 | □游泳 yóuyǒng 동사 수영하다 명사 수영 | □那 nà 접속사 그럼, 그러면, 그렇다면 | □星期五 xīngqīwǔ 명사 금요일 | □上午 shàngwǔ 명사 오전 | □那天 nà tiān 대명사 그날 (과거나 미래의 어떤 날을 가리킴) | □课 kè 명사 수업, 강의 | □生病 shēngbìng 동사 병이 나다, 병에 걸리다

해설 여자는 수영을 매우 좋아한다고 했으므로 C는 틀린 표현이다. '여자는 수영을 할 줄 안다(她会游泳。 Tā huì yóuyǒng.)'로 표현해야 한다. 금요일 오전에는 여자가 수업이 있어서 수영을 하러 못간다고 했으므로 정답은 B이다.

제1부분 (36-40)

A	[사진]	B	[사진]
C	[사진]	D	[사진]
E	[사진]	F	[사진]

예제

Měi ge xīngqīliù, wǒ dōu qù dǎ lánqiú.
每 个 星期六, 我 都 去 打 篮球。

매주 토요일마다 나는 농구를 하러 간다.

정답 D

단어 □ 每 měi [대명사] 매, 각, …마다, 매번, 모두 | □ 星期六 xīngqīliù [명사] 토요일 | □ 都 dōu [부사] 모두, 다, 전부 | □ 打篮球 dǎ lánqiú 농구를 하다

해설 이 문제의 포인트는 打篮球 dǎ lánqiú라는 단어, 즉 '농구를 하다'는 단어를 알고 있어야 정답을 찾을 수 있다. 동사 打 dǎ는 손을 써서 하는 운동 종목과 함께 등장하는 동사이다. 예를 들면, 打棒球 dǎ bàngqiú(야구를 하다), 打乒乓球 dǎ pīngpāngqiú(탁구를 하다), 打网球 dǎ wǎngqiú(테니스를 치다), 打排球 dǎ páiqiú(배구를 하다) 등에 사용한다.

36.

> Míngtiān wǒ zuò huǒchē qù jiějie jiā.
> 明天 我 坐 火车 去 姐姐 家。
>
> 내일 나는 기차를 타고 언니 집에 간다.

정답 B

단어 □ 坐 zuò [동사] 앉다, (교통수단을) 타다 | □ 火车 huǒchē [명사] 기차

해설 나는 내일 언니 집에 가는데 '기차'를 타고 간다고 했으므로 정답은 B가 된다.

TIP! 중국어에서 주어가 하나인 문장에서 동사가 두 개 이상 연달아 나오는 문장을 '연동문'이라고 한다. 연동문은 동사가 등장한 순서대로 동작이 진행된다. 그러므로, 동작이 발생하는 순서대로 동사를 써서 문장을 만들면 된다.

· 我坐火车去上海。Wǒ zuò huǒchē qù Shànghǎi. 나는 기차를 타고 상하이에 간다.
· 我去商店买东西。Wǒ qù shāngdiàn mǎi dōngxi. 나는 상점에 가서 물건을 산다.
· 我去操场跑步。Wǒ qù cāochǎng pǎobù. 나는 운동장에 가서 조깅을 한다.

37.

> Wǒ de yīfu shì māma xǐ de.
> 我 的 衣服 是 妈妈 洗 的。
>
> 나의 옷은 엄마가 빨았다.

정답 C

단어 □ 的 de [조사] 명사를 수식하는 역할을 함 | □ 衣服 yīfu [명사] 옷

해설 洗衣服 xǐ yīfu는 '옷을 빨다, 빨래를 하다'는 뜻이다. 엄마가 빨래가 든 바구니를 들고 있는 C가 가장 잘 어울린다. 정답은 C이다.

TIP! 洗 xǐ는 동사로 '씻다, 빨다'의 뜻을 나타낸다.

· 洗手 xǐshǒu 손을 씻다   · 洗脸 xǐliǎn 세수하다
· 洗碗 xǐwǎn 설거지하다   · 洗衣服 xǐ yīfu 빨래하다

38.

Wǒ hé bàba māma yìqǐ qù lǚyóu le.
我 和 爸爸 妈妈 一起 去 旅游 了。

나는 아빠, 엄마와 함께 여행을 갔다.

정답 F

단어 □ 和 hé 개사 …와/과 | □ 一起 yìqǐ 부사 같이, 함께 | □ 旅游 lǚyóu 동사 여행하다, 관광하다

해설 나, 엄마, 아빠 모두가 등장하므로 '가족 여행'을 연상할 수 있다. 한 가족이 다정하게 걸어가고 있는 모습의 F가 가장 잘 어울리는 상황이다. 정답은 F이다.

39.

Shuìjiào qián, māma huì chànggē gěi wǒ tīng.
睡觉 前，妈妈 会 唱歌 给 我 听。

잠자기 전에, 엄마는 나에게 노래를 들려 주신다.

정답 A

단어 □ 睡觉 shuìjiào 동사 잠을 자다 | □ 前 qián 명사 전에, 이전에 | □ 唱歌 chànggē 동사 노래 부르다 | □ 给 gěi 동사 주다 | □ 听 tīng 동사 듣다

해설 잠자기 전이라는 상황과 엄마와 나라는 등장인물을 통해 엄마가 침대 위에서 아기를 재우는 모습이 잘 맞아떨어지는 상황임을 알 수 있다. 엄마는 아기를 재우기 위해 자장가를 불러 주는 듯하다. 정답은 A이다.

40.

Wǎnshang wǒ yào huí jiā zuò fàn.
晚上 我 要 回 家 做 饭。

저녁에 나는 집에 가서 밥을 해야 한다.

정답 E

단어 □ 晚上 wǎnshang 명사 저녁 | □ 要 yào 조동사 …해야 한다, …할 것이다, …하겠다 | □ 回家 huí jiā 동사 집으로 돌아가다, 귀가하다 | □ 做饭 zuò fàn 동사 밥을 하다, 요리하다

해설 집에 가서 '밥을 하다, 요리하다' 즉, 프라이팬을 들고 음식을 만드는 모습인 E가 정답이 된다.

제2부분 (41-45)

zuǒbian	qùnián	máng	zhīdào	guì	yīnwèi
A 左边	B 去年	C 忙	D 知道	E 贵	F 因为
왼쪽	작년	바쁘다	알다	비싸다	왜냐하면

예제

Zhèr de yángròu hěn hǎochī, dànshì yě hěn **guì**.
这儿 的 羊肉 很 好吃, 但是 也 很 (贵).

이곳의 양고기는 매우 맛있지만, 매우 (비싸기)도 하다.

정답 E

단어 □ 羊肉 yángròu 명사 양고기 │ □ 但是 dànshì 접속사 그러나, 그렇지만, 하지만 │ □ 也 yě 부사 …도

해설 이 문장에서는 但是 dànshì에 주목을 해야 한다. 但是 dànshì는 '그러나'의 뜻으로 앞에서 말한 내용과 대립되는 상황이 오기 때문에 '맛있지만 비싸다'의 표현이 어울린다. 또 정도부사 (很 hěn, 非常 fēicháng, 真 zhēn, 太 tài…)와도 어울릴 수 있다.

41.

Jīntiān tā hěn **máng**, bù néng qù tiàowǔ le.
今天 她 很 (忙), 不 能 去 跳舞 了.

오늘 그녀는 매우 (바빠서), 춤을 추러 갈 수 없다.

정답 C

단어 □ 忙 máng 형용사 바쁘다, 틈이 없다 │ □ 跳舞 tiàowǔ 동사 춤을 추다

해설 먼저 문법적인 분석으로 접근해 보자. 빈칸은 술어 부분에 해당하며, 부사 很 hěn의 수식을 받고 있으므로 '형용사'가 온다는 것을 알 수 있다. 보기 중에서 형용사는 'C 바쁘다'와 'E 비싸다' 두 개가 보인다. 이 두 단어를 넣어서 해석해 보자. 문맥적으로 가장 잘 어울리는 것은 C이다.

42.

Wǒ shì cóng　qùnián　kāishǐ xuéxí Hànyǔ de.
我 是 从 (去年) 开始 学习 汉语 的。

나는 (작년)부터 중국어를 공부하기 시작했다.

정답 **B**

단어　□ 是…的 shì…de …이다　|　□ 去年 qùnián 명사 작년　|　□ 开始 kāishǐ 동사 시작하다

해설　전치사 从 cóng은 시간명사나 장소명사와 결합하여 '(언제·어디)부터'라는 뜻의 전치사구를 만든다. 보기 중에 시간 혹은 장소를 나타내는 명사는 A와 B가 있다. 문맥상 중국어를 시작한 시기를 나타내야 하므로 시간명사 B가 적합하다. 从去年 cóng qùnián은 '작년부터'라는 뜻을 나타낸다. 정답은 B이다.

TIP!　'从 cóng+시간명사'는 '(언제)부터'라는 뜻을 나타낸다.

　· 从明天开始，早上8点上课。Cóng míngtiān kāishǐ, zǎoshang bā diǎn shàngkè.
　　내일부터, 오전 8시에 수업을 시작한다.

43.

Shàngkè de shíhou,　tā xǐhuan zuò zài
上课 的 时候，他 喜欢 坐 在
wǒ de　zuǒbian.
我 的 (左边)。

수업할 때, 그는 내 (왼쪽)에 앉는 것을 좋아한다.

정답 **A**

단어　□ 上课 shàngkè 동사 수업을 하다　|　□ 坐 zuò 동사 앉다, (교통수단을) 타다　|　□ 在 zài 개사 …에, …에서 동사 …에 있다

해설　관형어 我的 wǒ de의 수식을 받고 있으므로 빈칸은 명사성 성분이 올 수 있다. 보기 중에 명사성 성분은 'A 좌측, 왼쪽'을 나타내는 방위명사와 'B 작년'을 나타내는 시간명사가 있다. 문맥상 '그는 나의 왼쪽에 앉는 것을 좋아한다'가 가장 적합하다. 정답은 A이다.

TIP!　左边 zuǒbian은 방위명사로서 '왼쪽, 좌측'의 뜻을 나타낸다. 이와 같이 방향을 나타내는 단어의 뒤에 '边 bian'이나 '面 miàn'을 더하여 방향이나 위치를 나타낸다.

　· 上边 shàngbian / 上面 shàngmiàn 위쪽

　· 下边 xiàbian / 下面 xiàmiàn 아래쪽

　· 前边 qiánbian / 前面 qiánmiàn 앞쪽

　· 后边 hòubian / 后面 hòumiàn 뒤쪽

　· 里边 lǐbian / 里面 lǐmiàn 안쪽

　· 外边 wàibian / 外面 wàimiàn 바깥쪽

44.

Jīnnián wǒ bú zuò huǒchē huí jiā le,
今年 我 不 坐 火车 回 家 了,
　　　yīnwèi　　　fēijī piào piányi le.
（ 因为 ）飞 机 票 便 宜 了。

올해 나는 기차를 타고 집에 가지 않는다.
(왜냐하면) 비행기표가 싸기 때문이다.

정답 **F**

단어　□ 坐 zuò 동사 앉다, (교통수단을) 타다　│　□ 回家 huí jiā 동사 집으로 돌아가다, 귀가하다　│　□ 因为 yīnwèi 접속사 왜냐하면, …이기 때문이다　│　□ 飞机票 fēijī piào 명사 비행기표　│　□ 便宜 piányi 형용사 (값이) 싸다

해설　기차를 타지 않는다는 부정형의 문장이 나왔으며, 그 뒤에는 그렇게 결정한 이유를 설명하고 있다. 이유를 설명하는 접속사는 '왜냐하면, …이기 때문이다'라는 뜻을 가진 因为 yīnwèi가 된다. 정답은 F이다.

45.

Wǒ bú rènshi zhège rén, yě bù　zhīdào
我 不 认识 这个 人, 也 不（ 知道 ）
tā de míngzi.
他 的 名字。

나는 이 사람을 모르고, 그의 이름도 (모른다).

정답 **D**

단어　□ 认识 rènshi 동사 알다, 인식하다　│　□ 也 yě 부사 …도　│　□ 知道 zhīdào 동사 알다, 이해하다　│　□ 名字 míngzi 명사 이름

해설　부정사 不와 함께 등장하는 문장 성분으로 동사와 형용사가 있다. 의미상 그의 이름도 '모른다'라고 표현해야 하므로 정답은 D가 된다. '认识 rènshi' 또는 '知道 zhīdào' 뒤에 목적어가 사람일 경우, 이 두 동사 모두 '이 사람을 안다'로 해석한다. 한국어로 같은 의미를 나타내는 이 두 동사는 과연 어떤 차이가 있을까? '认识 rènshi'는 이 사람의 얼굴을 안다는 뜻이다. 만난 적이 있어서 안면이 있다는 뜻을 나타낸다. '知道 zhīdào'는 이 사람에 대한 정보를 가지고 있어서 그 사람의 이름이나 직업 등을 알고 있다는 뜻을 나타낸다. 문맥에 맞게 잘 선택해서 사용하도록 하자.

제3부분 (46-50)

예제

Xiànzài shì diǎn fēn, tāmen yǐjīng
现在 是 11 点 30 分，他们 已经
yóule   fēnzhōng le.
游了 20 分钟 了。

Tāmen diǎn fēn kāishǐ yóuyǒng.
★ 他们 11 点 10 分 开始 游泳。

현재 11시 30분이며, 그들은 이미 20분째 수영을 하고 있다.

★ 그들은 11시 10분에 수영을 시작했다.

정답 ✓

단어 □ 现在 xiànzài 명사 지금, 현재 | □ 已经 yǐjīng 부사 이미, 벌써 | □ 游 yóu 동사 수영하다 |
□ 了 le 조사 동사 또는 형용사 뒤에 쓰여 동작의 완료를 나타냄 | □ 分钟 fēnzhōng 명사 (시간) 분

해설 游了20分钟了 yóule èrshí fēnzhōng le와 같이 한 문장에서 '了 le'가 두 번 쓰일 경우 그 해석에 주의해야 한다. 游了20分钟 yóule èrshí fēnzhōng은 즉, 과거 20분 동안 수영을 했으며, 지금 현재는 수영을 하고 있지 않다는 뜻을 포함하고 있다. 游了20分钟了 yóule èrshí fēnzhōng le는 수영을 하기 시작해서 지금까지 20분 동안 수영을 하고 있다는 뜻을 나타낸다.

Wǒ huì tiàowǔ, dàn tiào de bù zěnmeyàng.
我 会 跳舞，但 跳 得 不 怎么样。

Wǒ tiào de fēicháng hǎo.
★ 我 跳 得 非常 好。

나는 춤을 출 줄 안다. 하지만 그다지 잘 추지는 못한다.

★ 나는 춤을 엄청 잘 춘다.

정답 ✗

단어 □ 会 huì 조동사 (배워서) …을/를 할 수 있다, …할 줄 알다 | □ 跳舞 tiàowǔ 동사 춤을 추다 | □ 但 dàn 접속사 그러나, 그렇지만, 하지만 | □ 得 de 조사 동사나 형용사 뒤에 쓰여 결과나 정도를 나타내는 보어와 연결시킴 | □ 不怎么样 bù zěnmeyàng 그리 좋지 않다, 평범하다 | □ 非常 fēicháng 부사 대단히, 매우, 아주

해설 동사의 상태와 결과의 정도를 보충 설명하는 성분을 정도보어라고 한다. 그리고 그런 동사와 정도보어의 사이를 得 de가 연결해 주어 「동사 + 得 de + 정도보어」의 형식을 만든다.

동사 + 得 de + 정도보어

Chàng de hěn hǎo.
唱 得 很好。
부르는 정도가 매우 좋다. (잘 부른다.)

Chàng de bù hǎo.
唱 得 不好。
부르는 정도가 좋지 않다. (잘 못 부른다.)

★목적어가 있는 경우

목적어 + 동사 + 得 de + 정도보어

 Gē chàng de hěn hǎo.
 歌 唱 得 很好。
 노래를 부르는 정도가 좋다. (노래를 잘 부른다.)

 Gē chàng de bù hǎo.
 歌 唱 得 不好。
 노래를 부르는 정도가 좋지 않다. (노래를 잘 못 부른다.)

46.

Míngtiān shì wǒ hǎo péngyou de shēngrì, wǒ xiǎng
明天 是 我 好 朋友 的 生日，我 想
sòng tā yí kuài shǒubiǎo, dànshì tā yǐjīng
送 他 一 块 手表，但是 他 已经
yǒu le, jiù sòng tā yí ge lánqiú ba.
有 了，就 送 他 一 个 篮球 吧。

★ Wǒ míngtiān yào sòng gěi hǎo péngyou yí
 我 明天 要 送 给 好 朋友 一
kuài shǒubiǎo.
块 手表。

내일은 내 친한 친구의 생일이다. 나는 그에게 손목시계를 선물하고 싶은데, 그는 이미 가지고 있으니, 그에게 농구공을 선물해야겠다.

★ 나는 내일 친한 친구에게 손목시계를 선물하려고 한다.

정답 ✗

단어 □ 好朋友 hǎo péngyou 〔명사〕 좋은 친구, 친한 친구 | □ 生日 shēngrì 〔명사〕 생일 | □ 想 xiǎng 〔조동사〕 …하고 싶다, …하려고 하다, …할 작정이다 | □ 送 sòng 〔동사〕 배웅하다, 전송하다, 데려다 주다 | □ 手表 shǒubiǎo 〔명사〕 손목시계 | □ 篮球 lánqiú 〔명사〕 농구

해설 친구의 생일 선물에 대해 말하고 있다. 나는 친구에게 손목시계를 사주고 싶은데 그 친구는 이미 가지고 있으니, 그럼 농구공으로 해야겠다는 내용이다. 최종적으로 결정한 선물은 '농구공'이 된다. 그러므로, 제시된 문장과 본 문장의 내용은 부합하지 않는다. 정답은 ✗이다.

TIP! 块 kuài는 손목시계, 고기, 비누 등 덩어리로 된 물건을 셀 때 쓰는 양사이다.

· 一块手表 yí kuài shǒubiǎo 손목시계 하나
· 一块香皂 yí kuài xiāngzào 비누 한 개
· 一块肉 yí kuài ròu 고기 한 덩이
· 一块面包 yí kuài miànbāo 빵 한 덩어리

TIP! 就 jiù는 앞문장의 내용을 이어받아, 어떤 결론에 도달함을 나타낸다. 이때는 '吧 ba'와 함께 등장하여 '그럼 (이렇게) 합시다' 또는 '그럼 (그렇게) 하자'의 뜻을 나타낸다.

· 搬家的事就这么办吧！Bānjiā de shì jiù zhème bàn ba!
 이사하는 일은 (그럼) 이렇게 처리합시다!

· 就这样吧，你先去排队。Jiù zhèyàng ba, nǐ xiān qù páiduì.
 (그럼) 그렇게 하자, 네가 먼저 가서 줄서.

47.

Wǒ jiā qiánmiàn shāngdiàn de dōngxi tài guì le, wǒ bù xǐhuan zài nàli mǎi dōngxi, wǒ dōu zài gōngsī pángbiān de shāngdiàn mǎi.
我 家 前面 商店 的 东西 太 贵 了，我 不 喜欢 在 那里 买 东西，我 都 在 公司 旁边 的 商店 买。

★ Gōngsī pángbiān de shāngdiàn mài de dōngxi piányi.
★ 公司 旁边 的 商店 卖 的 东西 便宜。

우리집 앞 상점의 물건이 너무 비싸서 나는 그곳에서 물건 사는 것을 싫어한다. 나는 전부 회사 옆에 있는 상점에서 산다.

★ 회사 옆의 상점에서 파는 물건은 싸다.

정답 ✓

단어 □ 前面 qiánmiàn 명사 (공간, 위치상의) 앞 | □ 商店 shāngdiàn 명사 상점 | □ 太…了 tài…le 너무 …하다 | □ 贵 guì 형용사 (가격이나 가치가) 높다, 비싸다 | □ 都 dōu 부사 모두, 다, 전부 | □ 公司 gōngsī 명사 회사, 직장 | □ 旁边 pángbiān 명사 옆, 곁 | □ 卖 mài 동사 팔다, 판매하다 | □ 便宜 piányi 형용사 (값이) 싸다

해설 집 앞에 있는 상점과 회사 옆의 상점을 비교 설명하고 있다. 집 앞의 상점은 비싸서 싫다고 했다. 물건은 모두 회사 옆 상점에서 산다고 했으므로 집 앞의 상점과는 반대되는 조건임을 짐작할 수 있다. 그러므로 회사 옆 상점에서 파는 물건이 '싸다'라고 표현하는 것은 적합하다고 볼 수 있다. 정답은 ✓이다.

48.

Wǒ hěn xǐhuan wǒ jiā de xiǎo bái māo, zhè liǎng tiān tā shēngbìng le, māma sòng tā qùle yīyuàn, wǒ hěn xiǎng tā.
我 很 喜欢 我 家 的 小 白 猫，这 两 天 它 生病 了，妈妈 送 它 去了 医院，我 很 想 它。

★ Wǒ jiā de xiǎo bái māo shēngbìng le.
★ 我 家 的 小 白 猫 生病 了。

나는 우리집의 흰 아기 고양이를 매우 좋아한다. 요 며칠 고양이가 병이 나서 엄마가 병원에 데리고 갔다. 나는 고양이가 매우 보고싶다.

★ 우리집 흰 아기 고양이가 병이 났다.

정답 ✓

단어 □ 白 bái 형용사 하얗다, 희다 | □ 猫 māo 명사 고양이 | □ 这两天 zhè liǎng tiān 명사 요 며칠, 요근래 | □ 它 tā 대명사 그, 그것 (사람 이외의 것을 가리킴) | □ 生病 shēngbìng 동사 병이 나다, 병에 걸리다 | □ 送 sòng 동사 배웅하다, 전송하다, 데려다 주다 | □ 医院 yīyuàn 명사 병원

해설 문장 속에 등장한 단어들이 그대로 제시되어 있으므로 정답을 판단하기에 용이하다. 아기 흰 고양이가 아파서 병원에 갔다. 그래서 너무 보고 싶다고 했으므로 '병이 났다, 아프다'는 표현이 적절하다. 정답은 ✓이다.

TIP! 想 xiǎng은 조동사로 쓰일 때는 '…하고 싶다, …하려고 한다'는 뜻을 나타내며, 동사로 쓰일 때는 '그리워하다, 보고 싶어하다'는 뜻을 나타낸다.

- 我很想你。Wǒ hěn xiǎng nǐ. 나는 네가 너무 그립다. (네가 너무 보고 싶다.)
- 我很想他。Wǒ hěn xiǎng tā. 나는 그가 너무 그립다.

49.

Zuótiān wǎnshang wǒ hé péngyou qù chànggē le,
昨天 晚上 我 和 朋友 去 唱歌 了,
méiyǒu xiūxi hǎo. Jīntiān wǒ zài jiàoshì li
没有 休息 好。今天 我 在 教室 里
shuìjiào, lǎoshī hěn bù gāoxìng.
睡觉, 老师 很 不 高兴。

★ Wǒ zài jiàoshì shuìjiào, lǎoshī bù gāoxìng le.
我 在 教室 睡觉, 老师 不 高兴 了。

어제 저녁에 나는 친구와 노래 부르러 갔었어서 제대로 쉬지 못했다. 오늘 나는 교실에서 잠을 잤는데 선생님께서 매우 언짢아하셨다.

★ 내가 교실에서 잠을 자서 선생님께서 언짢아하셨다.

정답 ✓

단어
- □ 和 hé 개사 …와/과 | □ 唱歌 chànggē 동사 노래를 부르다 | □ 休息 xiūxi 동사 휴식을 취하다, 쉬다 |
- □ 教室 jiàoshì 명사 교실 | □ 睡觉 shuìjiào 동사 잠을 자다 | □ 高兴 gāoxìng 형용사 기쁘다, 즐겁다, 좋아하다

해설 어제 친구와 신나게 노는 바람에 잘 쉬지 못했다. 그 영향으로 오늘 학교 교실에서 꾸벅꾸벅 졸기도 하고 퍼져 자기도 했던 모양이다. 따라서 선생님께서 언짢아하시는 게 당연하게 느껴지는 상황이다. 정답은 ✓이다.

TIP! 동사 뒤에 위치하여, 동작이나 행위의 결과를 보충하고 설명해 주는 역할을 하는 성분을 '결과보어'라고 한다. 好 hǎo는 동사 뒤에 쓰여 동작이 완성되었거나 잘 마무리되어 그 결과가 만족스러움을 표현하는 '결과보어'의 형태로 사용되었다.

- 准备好了。Zhǔnbèi hǎo le. 준비 다 되었다.
  / 没(有)准备好。Méi(yǒu) zhǔnbèi hǎo. 준비가 다 안 되었다.
- 休息好了。Xiūxi hǎo le. 충분히 쉬었다.
  / 没(有)休息好。Méi(yǒu) xiūxi hǎo. 충분히 쉬지 못했다.
- 你晚饭做好了吗? Nǐ wǎnfàn zuò hǎo le ma? 너는 저녁밥을 다 했니?
- 我把功课做好了。Wǒ bǎ gōngkè zuò hǎo le. 나는 숙제를 다 마쳤다.

50.

Wǒ de Hànyǔ shuō de bú tài hǎo, gēge
我 的 汉语 说 得 不 太 好，哥哥
shuō de bǐ wǒ hǎo. Tā yǒu hěn duō Zhōngguó
说 得 比 我 好。他 有 很 多 中国
péngyou, tāmen zài yìqǐ shí dōu shuō Hànyǔ.
朋友，他们 在 一起 时 都 说 汉语。

　　Wǒ yǒu hěn duō Zhōngguó péngyou.
★ 我 有 很 多 中国 朋友。

나의 중국어는 별로 유창하지 못하며, 형은 나보다 말을 잘 한다. 그는 중국 친구가 매우 많으며, 그들은 함께 있을 때 전부 중국어로 이야기한다.

★ 나는 중국 친구가 매우 많다.

정답 ✗

단어 □ 说 shuō 동사 말하다, 이야기하다 | □ 不太 bú tài 별로, 그다지 | □ 在 zài 개사 …에(서), …에 있어서

해설 문장 속 등장인물은 나와 나의 형이다. 중국어를 잘 하는 사람은 형이고, 그는 중국 친구가 많아서 늘 그들과 함께 중국어로 말한다고 했다. 중국 친구가 많은 사람은 '내'가 아니라 '형'이다. 그러므로 정답은 ✗이다.

TIP! 比 bǐ는 개사로서 '…보다, …에 비해'의 뜻을 나타내며, 모양이나 정도의 차이를 비교하는 비교문의 핵심 성분이다. 주의할 점은 문장에서 형용사 앞에는 更 gèng, 还 hái만이 올 수 있으며, 정도부사 很 hěn, 非常 fēicháng, 最 zuì, 太 tài, 真 zhēn 등은 쓸 수 없다는 점이다.

1. A + 比 bǐ + B + 형용사
　·我比你高。Wǒ bǐ nǐ gāo. 나는 너보다 키가 크다.
　·我跑步比你快。Wǒ pǎobù bǐ nǐ kuài. 나는 너보다 빨리 달린다.
2. A + 比 bǐ + B + 还 hái/更 gèng + 형용사
　·今天比昨天更冷。Jīntiān bǐ zuótiān gèng lěng. 오늘이 어제보다 더 춥다.
　·你的手表比我的还贵。Nǐ de shǒubiǎo bǐ wǒ de hái guì. 너의 시계가 내 것보다 더 비싸다.
3. 부정형: A + 不比 bù bǐ + B + 형용사
　·我不比你高。Wǒ bù bǐ nǐ gāo. 나는 너보다 키가 크지 않다.
　·我不比你胖。Wǒ bù bǐ nǐ pàng. 나는 너보다 뚱뚱하지 않다.

TIP! 都 dōu는 앞에서 언급한 내용을 모두 포함하는 '모두, 전부, 다'의 뜻을 나타내는 부사이다.
　·大家都去吧。Dàjiā dōu qù ba. 모두 다 가자.
　·每个孩子都很可爱。Měi ge háizi dōu hěn kě'ài. 모든 어린이가 다 귀엽다.

제4부분 (51-60)

(51-55)

A Xiàwǔ méi kè, nǐ yào zuò shénme?
下午 没 课，你 要 做 什么？
오후에 수업이 없는데, 너는 뭐 할거니?

B Xuéxiào lí wǒ jiā hěn jìn.
学校 离 我 家 很 近。
학교는 우리 집에서 매우 가깝다.

C Míngtiān yǒu yǔ, xīngqīliù zài qù ba.
明天 有 雨，星期六 再 去 吧。
내일은 비가 온다는데, 토요일에 다시 가자.

D Bù zhīdào, wǒ méi zài nàr chīguo.
不 知道，我 没 在 那儿 吃过。
모르겠는데, 나는 거기서 밥 먹은 적이 없거든.

E Tā zài nǎr ne? Nǐ kànjiàn tā le ma?
他 在 哪儿 呢？你 看见 他 了 吗？
그는 어디에 있어요? 당신은 그 사람을 봤어요?

F Yánsè hěn hǎokàn, chuān shàng yě hěn piàoliang.
颜色 很 好看，穿 上 也 很 漂亮。
색깔 너무 보기 좋아요. 입어도 아주 예쁠 거예요.

예제

Tā hái zài jiàoshì li xuéxí.
他 还 在 教室 里 学习。

그는 아직도 교실에서 공부하고 있다.

정답 E

단어 □ 还 hái 부사 여전히, 아직도, 아직 | □ 在 zài 개사 …에, …에서 동사 …에 있다 | □ 教室 jiàoshì 명사 교실 | □ 里 lǐ 명사 안쪽, 내부 | □ 学习 xuéxí 동사 학습하다, 공부하다, 배우다

해설 '그가 어디에 있다'라는 내용이다. 그렇다면 문맥상 가장 자연스러운 대화 내용은 '그가 어디에 있습니까?'를 묻는 내용으로 볼 수 있다.

51.

> Míngtiān wǒmen qù tī zúqiú ba?
> 明天 我们 去 踢 足球 吧?

> 내일 우리 축구하러 갈까?

정답 C

단어
□ 踢足球 tī zúqiú 축구를 하다 | □ 雨 yǔ 명사 비 | □ 星期六 xīngqīliù 명사 토요일 | □ 再 zài 부사 재차, 또, 다시 | □ 吧 ba 조사 …하자, …합시다

해설 '내일'이라는 시간을 명확하게 제시하고 있으므로 문장을 연결하기에 적합한 내용을 쉽게 찾을 수가 있다. 정답은 C이다. '내일'은 비가 오니까, 토요일날 다시 가자고 하는 내용이 가장 잘 어울린다.

52.

> Zhège fànguǎn de cài hǎochī ma?
> 这个 饭馆 的 菜 好吃 吗?

> 이 식당의 음식은 맛있니?

정답 D

단어
□ 饭馆 fànguǎn 명사 식당 | □ 菜 cài 명사 음식, 채소, 야채 | □ 知道 zhīdào 동사 알다, 이해하다 | □ 那儿 nàr 대명사 그곳, 저곳, 거기, 저기

해설 이 식당의 음식이 맛있는지를 묻는 질문에 그곳에서 먹어 본 적이 없어서 모르겠다고 대답하는 D가 정답이 된다.

TIP! 过 guo는 동사 뒤에 쓰여 '…한적이 있다, …한 경험이 있다'는 뜻으로 어떠한 일에 대한 '경험'을 나타낸다.
· 我去过英国博物馆。Wǒ qù guo Yīngguó bówùguǎn. 나는 영국 박물관에 가 본 적이 있다.
· 我听过那个故事。Wǒ tīng guo nà ge gùshi. 나는 그 이야기를 들은 적이 있다.

과거의 경험을 부정할 때에는 '没有 méiyǒu'를 써서 '…한 적이 없다'로 표현한다.
· 看过。Kànguo. 본 적이 있다.　　没(有)看过。Méi(yǒu) kànguo. 본 적이 없다.
· 来过。Láiguo. 와 본적이 있다.　　没(有)来过。Méi(yǒu) láiguo. 와 본 적이 없다.
· 去过。Qùguo. 가 본적이 있다.　　没(有)去过。Méi(yǒu) qùguo. 가 본 적이 없다.
· 吃过。Chīguo. 먹어 본 적이 있다.　　没(有)吃过。Méi(yǒu) chīguo. 먹어 본 적이 없다.

53.

> Wǒ yào zhǔnbèi Hànyǔ kǎoshì.
> 我 要 准备 汉语 考试。

> 나는 중국어 시험을 준비해야 돼.

정답 **A**

단어 □ 要 yào 조동사 …해야 한다, …할 것이다, …하겠다 | □ 准备 zhǔnbèi 동사 준비하다 | □ 考试 kǎoshì 동사 시험을 치다 명사 시험 | □ 下午 xiàwǔ 명사 오후 | □ 课 kè 명사 수업, 강의

해설 이런 문제는 제시된 문장이 대화의 첫번째 문장인지, 두번째 문장인지 알려주지 않는다. 첫 문장으로 생각하고 대화를 구성할 때 문맥이 순조롭지 못할 경우, 앞뒤 순서를 바꿔서 생각하도록 한다. '나는 중국어 시험을 준비해야 돼'는 '너는 뭐 할거니?'에 대한 답변이 된다. 다시 정리해 보자.
오후에 수업이 없는데, 너 뭐 할거니? → 어, 나 중국어 시험 준비해야 돼.
정답은 A가 된다.

54.

Wǒ měi tiān zǒulù qù xuéxiào.
我 每 天 走路 去 学校。

나는 매일 걸어서 학교에 간다.

정답 **B**

단어 □ 每天 měi tiān 부사 매일, 날마다 | □ 走路 zǒulù 동사 걷다 | □ 离 lí 개사 …에서, …로부터, …까지 | □ 近 jìn 형용사 (공간적, 시간적 거리가) 가깝다, 짧다

해설 앞뒤 대화를 완성하거나 또는 한 문장의 문맥을 가장 자연스럽게 완성해야 한다. '나는 매일 걸어서 학교에 간다. 학교는 우리집에서 매우 가깝다' 앞뒤 순서를 바꿔서 말해도 '학교'라는 주제가 문맥 형성의 중심 역할을 해준다. 정답은 B이다.

55.

Nǐ juéde zhè jiàn yīfu zěnmeyàng?
你 觉得 这 件 衣服 怎么样?

당신은 이 옷이 어떻다고 생각해요?

정답 **F**

단어 □ 觉得 juéde 동사 …라고 여기다, …라고 생각하다 | □ 颜色 yánsè 명사 색, 색깔 | □ 好看 hǎokàn 형용사 보기 좋다, 근사하다 | □ 穿上 chuān shàng 동사 입어보다 | □ 也 yě 부사 …도 | □ 漂亮 piàoliang 형용사 예쁘다

해설 옷에 대한 의견을 묻고 있다. 옷의 색깔이 너무 좋고, 입어도 아주 예쁠 것 같다는 F가 정답이다.

TIP! 怎么样 zěnmeyàng은 '어떻다, 어떠하다'는 뜻으로 주로 의문문에 쓰여, 상대방의 의견이나 의향을 물어본다.
· 昨天的考试怎么样? Zuótiān de kǎoshì zěnmeyàng? 어제 시험 어땠어?
· 昨天的比赛怎么样? Zuótiān de bǐsài zěnmeyàng? 어제 경기 어땠어?

(56-60)

A Nǐ jiā lí jīchǎng yuǎn ma?
你家离机场远吗?
당신 집은 공항에서 멀어요?

B Jīntiān qǐ wǎn le, kuài shàngkè le.
今天起晚了，快上课了。
오늘 늦게 일어났어, 곧 수업 시작하겠다.

C Nǐ xiǎng qù, wǒ jiù hé nǐ yìqǐ qù.
你想去，我就和你一起去。
네가 가고 싶다면, 내가 (그럼) 너랑 같이 갈게.

D Gōngsī ràng tā qù nàr gōngzuò.
公司让他去那儿工作。
회사가 그에게 그곳에 가서 근무하도록 시켰어요.

E Xiǎo Lǐ shēngbìng le.
小李生病了。
샤오리는 아프다.

56.

Wǒmen zuò chūzūchē qù xuéxiào ba,
我们坐出租车去学校吧，
huì bǐ zuò gōnggòngqìchē kuài de duō.
会比坐公共汽车快得多。

우리 택시 타고 학교에 가자. 버스 타는 것보다 훨씬 빠를 거야.

정답 B

단어 □ 出租车 chūzūchē 명사 택시 │ □ 比 bǐ 개사 …에 비해, …보다 │ □ 快 kuài 형용사 빠르다 │ □ 起 qǐ 동사 (누웠다가) 일어나 앉다, (앉았다가) 일어서다 │ □ 晚 wǎn 형용사 (규정된 혹은 적합한 시간보다) 늦다 │ □ 上课 shàngkè 동사 수업을 하다

해설 버스보다는 택시를 타고 가는 게 훨씬 빠르다고 얘기하는 상황이며, 학교에 가는 것을 서두르는 상황이다. 곧 수업이 시작하는데, 오늘 늦게 일어나서 지각할 것 같다는 뉘앙스를 품고 있는 B가 의미상 가장 잘 어울린다.

TIP! '快…了 kuài…le'는 '곧 …하려 한다'는 뜻으로 어떤 동작이나 상황이 곧 발생함을 나타낸다.

57.

> Tā wèi shénme míngtiān yào qù Běijīng?
> 他 为 什么 明天 要 去 北京?
>
> 그는 왜 내일 베이징에 가야됩니까?

정답 D

단어 □ 为什么 wèi shénme 대명사 왜, 무엇 때문에, 어째서 | □ 北京 Běijīng 명사 베이징, 북경 | □ 公司 gōngsī 명사 회사, 직장 | □ 让 ràng 동사 …하게 하다, …하도록 시키다 | □ 工作 gōngzuò 명사 일, 직업, 일자리

해설 그가 베이징에 가야 하는 이유를 묻고 있다. 정답은 D로 회사가 그를 그곳으로 보내서 근무하게 했다는 내용이 가장 적합하다.

58.

> Zhèxiē yào yì tiān chī liǎng cì, yào duō
> 这些 药 一 天 吃 两 次, 要 多
> xiūxi, duō hē shuǐ.
> 休息, 多 喝 水。
>
> 이 약들은 하루에 두 번 먹고, 많이 쉬고, 물 많이 마셔야 해요.

정답 E

단어 □ 药 yào 명사 약, 약물 | □ 休息 xiūxi 동사 휴식하다, 쉬다 | □ 喝水 hē shuǐ 동사 물을 마시다 | □ 生病 shēngbìng 동사 병이 나다, 병에 걸리다

해설 약 복용법과 많이 쉬고 물을 많이 마시라는 이야기는 'E 샤오리가 아프다'에 어울리는 내용이다. 정답은 E이다.

TIP! 우리말의 '개, 마리, 켤레, 장' 등을 양사라고 하는데 些 xiē 역시 양사로 한 개 이상의 확정적이지 않은 적은 수량을 나타낸다.
- 这件衣服 zhè jiàn yīfu 이 옷 / 这些衣服 zhèxiē yīfu 이 옷들
- 这个东西 zhè ge dōngxi 이 물건 / 这些东西 zhèxiē dōngxi 이 물건들
- 这张桌子 zhè zhāng zhuōzi 이 책상 / 这些桌子 zhèxiē zhuōzi 이 책상들
- 这条鱼 zhè tiáo yú 이 생선 / 这些鱼 zhèxiē yú 이 생선들

TIP! 次 cì는 '차례, 번, 회'의 뜻으로 동작의 횟수나 중복을 나타내는 양사이다.
- 一天三次 yì tiān sān cì 하루에 세 번
- 一个星期一次 yí ge xīngqī yí cì 일주일에 한 번
- 一个月一次 yí ge yuè yí cì 한 달에 한 번
- 吃过一次 chī guo yí cì 한 번 먹어 봤다
- 去过两次 qù guo liǎng cì 두 번 가 봤다
- 一次机会 yí cì jīhuì 한 번의 기회

> **TIP!** '多 duō+동사'로 쓰이면 '많이 …하다', '少 shǎo+동사'로 쓰이면 '적게 …하다'
> - 多吃(点儿)水果。Duō chī (diǎnr) shuǐguǒ. 과일을 많이 먹어.
> - 少吃(点儿)肉。Shǎo chī (diǎnr) ròu. 고기를 적게 먹어.
> - 多放(点儿)糖。Duō fàng (diǎnr) táng. 설탕을 많이 넣어.
> - 少放(点儿)糖。Shǎo fàng (diǎnr) táng. 설탕을 조금만 넣어.

59.

| Wǒ kāichē fēnzhōng jiù néng dào.
我 开车 20 分钟 就 能 到。 | 제가 차로 운전하면 20분이면 도착할 수 있어요. |

정답 A

단어 ▫ 开车 kāichē 동사 차를 몰다, 운전하다 | ▫ 分钟 fēnzhōng 명사 (시간) 분 | ▫ 就 jiù 부사 곧, 즉시, 바로, 당장 | ▫ 到 dào 동사 도달하다, 도착하다 | ▫ 离 lí 개사 …에서, …로부터, …까지 | ▫ 机场 jīchǎng 명사 공항 | ▫ 远 yuǎn 형용사 (공간적, 시간적으로) 멀다

해설 차로 20분이면 도착할 수 있다는 말은 거리가 멀다, 멀지 않다는 질문의 답변에 어울린다. 정답은 A이다.

TIP! 能 néng은 조동사로서 어떤 일을 할 수 있는 '능력'이 있거나 '조건'이 된다는 뜻을 나타낸다.
- 我半个钟头就能完成。Wǒ bàn ge zhōngtóu jiù néng wánchéng.
  나는 30분이면 완성할 수 있다.
- 我5分钟后就能到那儿。Wǒ wǔ fēnzhōng hòu jiù néng dào nàr.
  나는 5분 후면 그곳에 도착한다.

60.

| Nǐ xiǎngbuxiǎng qù Běijīng lǚyóu?
你 想不想 去 北京 旅游？ | 너는 베이징에 여행 가고 싶어 안 가고 싶어? |

정답 C

단어 ▫ 北京 Běijīng 명사 베이징, 북경 | ▫ 旅游 lǚyóu 동사 여행하다, 관광하다 | ▫ 想 xiǎng 조동사 …하고 싶다, …하려고 하다, …할 작정이다 | ▫ 就 jiù 부사 그럼 (…하자, 할게) | ▫ 和 hé 개사 와/과 | ▫ 一起 yìqǐ 부사 같이, 함께

해설 베이징으로 여행을 가고 싶은지 의향을 묻고 있다. '네가 가고 싶으면 내가 같이 갈게'라고 말하는 C가 대화를 가장 자연스럽게 연결해 준다.

착!붙는 新HSK 실전 모의고사 2회 정답

一、听 力

第一部分 1. ✗   2. ✗   3. ✓   4. ✗   5. ✓
          6. ✓   7. ✓   8. ✓   9. ✓   10. ✗

第二部分 11. C   12. E   13. B   14. A   15. F
          16. A   17. D   18. C   19. E   20. B

第三部分 21. B   22. C   23. A   24. C   25. A
          26. C   27. B   28. B   29. B   30. C

第四部分 31. A   32. B   33. C   34. C   35. B

二、阅 读

第一部分 36. E   37. B   38. F   39. A   40. C

第二部分 41. D   42. B   43. F   44. A   45. C

第三部分 46. ✓   47. ✗   48. ✗   49. ✓   50. ✓

第四部分 51. B   52. C   53. F   54. A   55. D
          56. C   57. E   58. A   59. D   60. B

제1부분 (1-10)

예제

Wǒmen jiā yǒu sān ge rén.
我们 家 有 三 个 人。

우리집은 세 식구이다.

정답 ✓

단어 □ 我们 wǒmen 대명사 우리 | □ 家 jiā 명사 집 | □ 个 ge 양사 명, 개 (개개의 사람이나 물건에 쓰임)
해설 三个人 sān ge rén은 '세 명'이라는 뜻으로 사진과 일치한다.

Wǒ měi tiān zuò gōnggòngqìchē qù shàngbān.
我 每 天 坐 公共汽车 去 上班。

나는 매일 버스를 타고 출근한다.

정답 ✗

단어 □ 坐 zuò 동사 앉다, (교통수단을) 타다 | □ 公共汽车 gōnggòngqìchē 명사 버스 | □ 上班 shàngbān 동사 출근하다
해설 公共汽车 gōnggòngqìchē는 '버스'라는 뜻인데, 보기 사진은 자전거이다. 녹음 내용과 사진이 일치하지 않는다.

1.

Jīntiān tài rè le!
今天 太 热 了!

오늘은 너무 덥다!

정답 ✗

단어 □ 热 rè [형용사] 덥다, 뜨겁다

해설 热 rè는 날씨가 '덥다'라는 형용사이다. 문장은 '오늘은 너무 덥다'라고 하고 있으나 제시된 사진은 겨울 옷을 입고 있으므로 어울리지 않는 내용이다. 정답은 ✗이다.

TIP! 그저께 – 어제 – 오늘 – 내일 – 모레
前天 qiántiān – 昨天 zuótiān – 今天 jīntiān – 明天 míngtiān – 后天 hòutiān

TIP! 太 tài는 '지나치게, 몹시, 너무'의 뜻을 나타내는 부사이다. '太 tài+형용사+了 le'의 형태로 '너무 …하다'는 뜻이며 그 정도가 다소 지나침을 나타낸다.

· 太胖了。Tài pàng le. 너무 뚱뚱하다. 너무 살쪘다.
· 太瘦了。Tài shòu le. 너무 말랐다.
· 太大了。Tài dà le. (옷, 신발 등의 사이즈가) 너무 크다.
· 太小了。Tài xiǎo le. 너무 작다.
· 天气太热了。Tiānqì tài rè le. 날씨가 너무 덥다.
· 肚子太饿了。Dùzi tài è le. 배가 너무 고프다.

2.

Wǒmen xiàwǔ qù chànggē le.
我们 下午 去 唱歌 了。

우리는 오후에 노래 부르러 갔다.

정답 ✗

단어 □ 下午 xiàwǔ [명사] 오후 | □ 唱歌 chànggē [동사] 노래를 부르다

해설 우리가 오후에 한 것은 '노래'라고 했으나 제시된 사진은 즐겁게 쇼핑하는 모습으로 어울리지 않는 내용이다. 정답은 ✗이다.

3.

Wǒ zuì xǐhuan chī píngguǒ.
我 最 喜欢 吃 苹果。

나는 사과 먹는 것을 제일 좋아한다.

정답 ✓

단어 □ **最** zuì 부사 가장, 제일, 아주, 매우 | □ **喜欢** xǐhuan 동사 좋아하다, 호감을 가지다 | □ **苹果** píngguǒ 명사 사과

해설 내가 가장 좋아하는 과일은 '사과'라고 했으며, 여자 아이가 지금 '사과'를 먹고 있는 사진은 내용과 일치한다. 정답은 ✓이다.

4.

Tāmen zhèngzài shàng Hànyǔ kè.
他们 正在 上 汉语 课。

그들은 지금 중국어 수업을 하고 있다.

정답 ✗

단어 □ **上课** shàngkè 동사 수업을 하다 | □ **汉语** Hànyǔ 명사 중국어, 한어

해설 제시된 사진은 언뜻 보기에는 즐겁게 중국어 수업을 하는 것처럼 보인다. 주의해서 봐야 할 부분은 테이블 위에 놓인 것이 '책'인지 '음식'인지 좀 더 세심하게 살펴 보자. 테이블 위에는 음식과 접시들이 보인다. 그러므로 그들은 지금 '중국어 수업'을 한다는 내용과는 어울리지 않는다. 정답은 ✗이다.

TIP! 正在 zhèngzài는 '지금 …하고 있는 중이다'라는 뜻을 나타내는 부사이다. '正在 zhèngzài+동사'는 동작이나 행위가 현재 진행 중임을 나타낸다. 이때는 '在 zài+동사'와도 같은 뜻을 나타낸다.

· 他正在吃饭。Tā zhèngzài chīfàn. 그는 지금 밥을 먹고 있다.

· 她正在看电影。Tā zhèngzài kàn diànyǐng. 그녀는 지금 영화를 보고 있다.

5.

Tā zuò gōnggòngqìchē qù shàngbān.
他 坐 公共汽车 去 上班。

그는 버스를 타고 출근합니다.

정답 ✓

단어 □ 公共汽车 gōnggòngqìchē [명사] 버스 | □ 上班 shàngbān [동사] 출근하다

해설 제시된 사진은 교통수단 중의 하나인 '버스'이다. 문장은 '그는 버스를 타고 출근한다'고 했으므로 내용이 서로 부합한다. 정답은 ✓이다.

TIP! 坐 zuò는 동사로서 '(…에) 앉다'는 뜻 외에, '교통수단(기차, 택시, 버스, 비행기 등)'과 함께 등장할 때는 '(…을/를) 타다'의 의미를 나타낸다.

· 请坐。Qǐng zuò. 앉으세요.
· 坐火车。Zuò huǒchē. 기차를 타라.
· 坐出租车。Zuò chūzūchē. 택시를 타라.
· 坐公共汽车。Zuò gōnggòngqìchē. 버스를 타라.

TIP! 중국어에서 주어가 하나인 문장에서 동사가 두 개 이상 연달아 나오는 문장을 '연동문'이라고 한다. 연동문은 동사가 등장한 순서대로 동작이 진행된다. 그러므로, 동작이 발생하는 순서대로 동사를 써서 문장을 만들면 된다.

· 我去中国学汉语。Wǒ qù Zhōngguó xué Hànyǔ. 나는 중국에 가서 중국어를 배운다.
· 我坐火车去上海。Wǒ zuò huǒchē qù Shànghǎi. 나는 기차를 타고 상하이에 간다.

6.

Hēi de bǐ bái de cháng, wǒ xǐhuan hēi de.
黑 的 比 白 的 长，我 喜欢 黑 的。

검은 것이 흰 것보다 길다. 나는 검은 것을 좋아한다.

정답 ✓

단어 □ 黑 hēi [형용사] 검다, 까맣다 | □ 白 bái [형용사] 희다, 하얗다 | □ 长 cháng [형용사] (길이가) 길다

해설 두 개의 드레스가 보이고, 하나는 검은색, 하나는 흰색이다. 이 두 개의 길이를 비교한 문장이 나왔다. '검은 것이 흰 것보다 길다.'라고 했으므로 사진에 보이는 상황과 일치한다. 정답은 ✓이다.

TIP! 的 de는 '…的 …de'의 형태로 문장에서 '…의 것'으로 명사화할 수 있다.

· 我有两个小孩，大的八岁，小的四岁。
  Wǒ yǒu liǎng ge xiǎohái, dà de bā suì, xiǎo de sì suì.
  나는 아이가 둘 있는데, 큰 아이가 8살이고, 작은 아이가 4살이다.

- 红色的是我的，黄色的是他的。
  Hóngsè de shì wǒ de, huángsè de shì tā de.
  빨간 것이 내 것이고, 노란 것이 그의 것이다.

TIP! 比 bǐ는 개사로서 '…보다, …에 비해'의 뜻을 나타내며, 모양이나 정도의 차이를 비교하는 비교문의 핵심 성분이다. 주의할 점은 문장에서 형용사 앞에는 更 gèng, 还 hái만이 올 수 있으며, 정도부사 很 hěn, 非常 fēicháng, 最 zuì, 太 tài, 真 zhēn 등은 쓸 수 없다는 점이다.

1. A + 比 bǐ + B + 형용사
- 我比你高。Wǒ bǐ nǐ gāo. 나는 너보다 키가 크다.
- 我跑步比你快。Wǒ pǎobù bǐ nǐ kuài. 나는 너보다 빨리 달린다.

2. A + 比 bǐ + B + 还 hái/更 gèng + 형용사
- 今天比昨天更冷。Jīntiān bǐ zuótiān gèng lěng. 오늘이 어제보다 더 춥다.
- 你的手表比我的还贵。Nǐ de shǒubiǎo bǐ wǒ de hái guì. 너의 시계가 내 것보다 더 비싸다.

3. 부정형: A + 不比 bù bǐ + B + 형용사
- 我不比你高。Wǒ bù bǐ nǐ gāo. 나는 너보다 키가 크지 않다.
- 我不比你胖。Wǒ bù bǐ nǐ pàng. 나는 너보다 뚱뚱하지 않다.

7.

Zhuōzi shàngmiàn yǒu yì běn shū.
桌子 上面 有 一 本 书。

탁자 위에 책이 한 권 있다.

정답 ✓

단어 □ 桌子 zhuōzi 명사 탁자, 테이블 | □ 上 shàng 명사 위

해설 책 한 권이 탁자 위에 놓여 있는 사진은 제시된 문장을 잘 표현해 주고 있다. 정답은 ✓이다.

TIP! 本 běn은 책이나 공책, 노트 등을 세는 양사이다.
- 一本书 yì běn shū 책 한 권
- 一本笔记本 yì běn bǐjìběn 노트 한 권
- 一本汉语书 yì běn Hànyǔ shū 중국어 책 한 권
- 一本杂志 yì běn zázhì 잡지 한 권

8.

Tā tài lèi le, xiànzài hái méi qǐchuáng.
她 太 累 了, 现在 还 没 起床。

그녀는 너무 피곤해서 아직 일어나지 않았다.

정답 ✓

단어 □ 太…了 tài…le 너무 …하다 | □ 累 lèi [형용사] 지치다, 피곤하다 | □ 现在 xiànzài [명사] 지금, 현재 | □ 起床 qǐchuáng [동사] (잠자리에서) 일어나다

해설 그녀는 아직 일어나지 않았다는 현재의 설명과 아직도 침대에서 잠을 자고 있는 그녀의 모습은 내용이 일치한다. 정답은 ✓이다.

TIP! 还没…呢 hái méi…ne는 '아직 …하지 않았다', '아직 안 됐다'는 뜻으로 반대되는 표현은 '已经…了 yǐjīng…le 이미(벌써) …하였다'이다.

我已经看了。　　　我还没(有)看。
Wǒ yǐjīng kàn le.　 Wǒ hái méi(yǒu) kàn.
나는 이미 보았다.　 나는 아직 보지 않았다.

(1) 동사+了 le: …하였다.
　·我看了。Wǒ kàn le. 나는 보았다.
(2) 没(有) méi(yǒu)+동사: …하지 않았다.
　·我没(有)看。Wǒ méi(yǒu) kàn. 나는 보지 않았다.
(3) 已经 yǐjīng +동사+了 le: 이미 …하였다.
　·我已经看了。Wǒ yǐjīng kàn le. 나는 이미 보았다.
(4) 还没(有) hái méi(yǒu)+동사 : 아직 …하지 않았다.
　·我还没(有)看。Wǒ hái méi(yǒu) kàn. 나는 아직 보지 않았다.

9.

Māma jīntiān gěi wǒ dǎ diànhuà le.
妈妈 今天 给 我 打 电话 了。

엄마는 오늘 나에게 전화를 하셨다.

정답 ✓

단어 □ 给 gěi [동사] 주다 | □ 打电话 dǎ diànhuà 전화를 걸다, 전화하다

해설 문장의 핵심은 '엄마가 전화를 했다'는 것으로 제시된 사진은 엄마의 연령으로 보이는 여성이 전화를 하고 있으므로 내용과 부합한다고 볼 수 있다. 정답은 ✓이다.

10.

Zhè jiàn yīfu shísì kuài qián.
这 件 衣服 十四 块 钱。

이 옷은 14위안입니다.

정답 ✗

단어 □衣服 yīfu 명사 옷 | □钱 qián 명사 돈

해설 물건의 가격을 확인해야 하는 문제이다. 제시된 사진은 '특가 상품 40위안'이라고 적혀 있으므로 옷 가격이 14위안이라는 문장과는 내용이 맞지 않는다. 정답은 ✗이다.

TIP! 중국의 화폐 단위는 元 yuán이며, 회화에서는 块 kuài를 많이 쓴다.

· 54,321元 = 五万四千三百二十一元 wǔwàn sìqiān sānbǎi èrshíyī yuán

제2부분 (11-20)

(11-15)

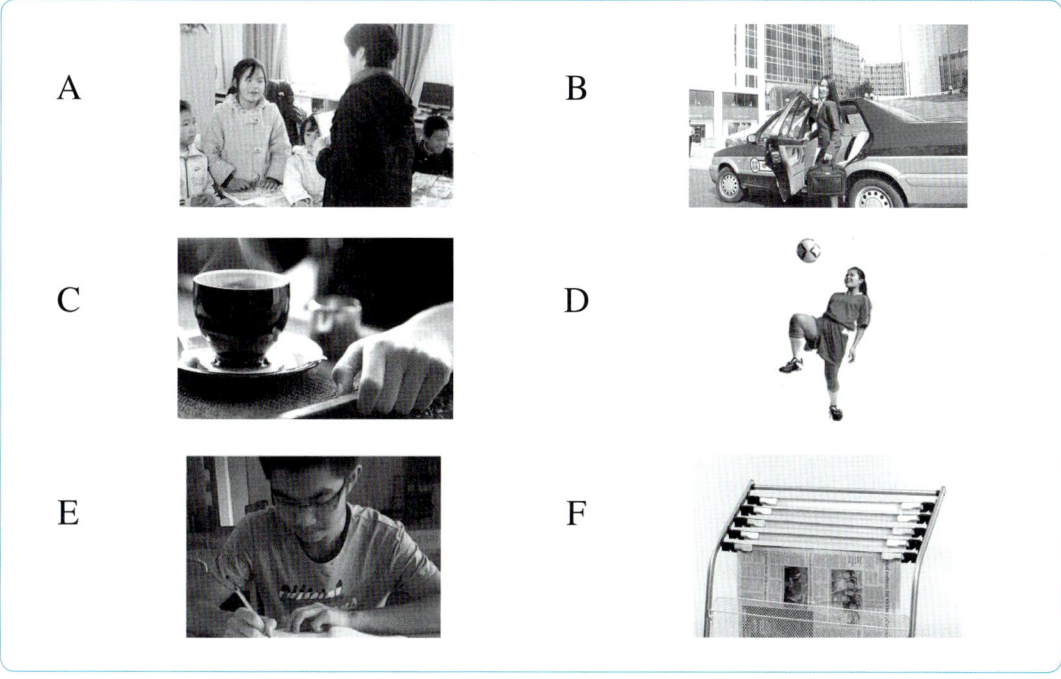

예제

男: Nǐ xǐhuan shénme yùndòng?
你 喜欢 什么 运动?

女: Wǒ zuì xǐhuan tī zúqiú.
我 最 喜欢 踢 足球。

남: 당신은 어떤 운동을 좋아합니까?

여: 저는 축구를 제일 좋아합니다.

정답 **D**

단어 □ 喜欢 xǐhuan 동사 좋아하다, 호감을 가지다 | □ 什么 shénme 대명사 무엇, 무슨 | □ 运动 yùndòng 명사 운동 동사 운동하다 | □ 最 zuì 부사 가장, 제일, 아주, 매우 | □ 踢 tī 동사 (발로) 차다 | □ 足球 zúqiú 명사 축구

해설 足球 zúqiú는 '축구'라는 뜻이므로 보기 여섯 개의 사진 중 가장 부합한 것은 D이다.

11.

男: Xiǎojie, qǐng gěi wǒ yì bēi kāfēi.
小姐，请 给 我 一 杯 咖啡。

女: Hǎo de, qǐng děng yíxia.
好 的，请 等 一 下。

남: 아가씨, 커피 한 잔 부탁합니다.

여: 네, 잠시만 기다려 주세요.

정답 C

단어 □ 小姐 xiǎojie 명사 아가씨 | □ 咖啡 kāfēi 명사 커피 | □ 好的 hǎo de 감탄사 좋아요, 알겠습니다 (동의) | □ 等 děng 동사 기다리다

해설 남자는 여자에게 '커피 한 잔'을 부탁했으므로 컵이 보이는 C가 정답이 된다.

TIP! 请 qǐng은 상대방에게 정중하게 무엇을 부탁할 때 쓰이는 동사로 '부탁합니다, …해 주세요'라는 뜻을 가지며, 문장 처음에 위치한다.

· 请你明天再打吧。Qǐng nǐ míngtiān zài dǎ ba. 내일 다시 전화하십시오.
· 请你慢点儿说。Qǐng nǐ màn diǎnr shuō. 천천히 말씀해 주세요.
· 请你多多帮助。Qǐng nǐ duōduō bāngzhù. 많이 도와주시기 바랍니다.
· 请你多多指教。Qǐng nǐ duōduō zhǐjiào. 많은 지도편달 부탁드립니다.

TIP! 杯 bēi는 컵이나 잔을 셀 때 사용하는 양사이다.

· 一杯水 yì bēi shuǐ 물 한 잔   · 一杯咖啡 yì bēi kāfēi 커피 한 잔
· 一杯茶 yì bēi chá 차 한 잔   · 一杯啤酒 yì bēi píjiǔ 맥주 한 잔

12.

女: Nǐ wèi shénme bù hé tāmen yìqǐ qù tī zúqiú?
你 为 什么 不 和 他们 一起 去 踢 足球？

男: Wǒ míngtiān yǒu kǎoshì, jīntiān yào xuéxí.
我 明天 有 考试，今天 要 学习。

여: 너는 왜 그들과 함께 축구하러 가지 않니?

남: 나는 내일 시험이 있어서, 오늘 공부해야 해.

정답 E

단어 □ 为什么 wèi shénme 대명사 왜, 무엇 때문에, 어째서 | □ 和 hé 개사 …와/과 | □ 踢 tī 동사 (발로) 차다 | □ 踢足球 tī zúqiú 축구를 하다 | □ 考试 kǎoshì 동사 시험을 치다 명사 시험 | □ 学习 xuéxí 동사 학습하다, 공부하다, 배우다

해설 친구들이 축구를 하러 갔는데 남자가 함께 가지 않았다는 사실을 알 수 있다. 여자가 왜 같이 가지 않았는지 그 이유를 묻고 있으며, 남자는 내일 시험이 있어서 공부해야 하기 때문에 가지 않았다고 설명하고 있다. 정답은 E이다.

TIP! 要 yào는 동사 앞에 놓여 '…해야 한다' 또는 '…할 것이다, …하려 한다'는 '의지'를 나타내는 조동사이다.

- 我要学游泳。Wǒ yào xué yóuyǒng. 나는 수영을 배워야겠다.
- 我要去美国学英语。Wǒ yào qù Měiguó xué Yīngyǔ. 나는 미국에 영어 공부하러 갈 것이다.

13.

> Wǒmen zǒuzhe qù shāngdiàn ba.
> 男：我们 走着 去 商店 吧。
>
> Zuò chūzūchē ba, zǒulù tài màn le.
> 女：坐 出租车 吧，走路 太 慢 了。

남: 우리 걸어서 상점에 가자.

여: 택시 타자, 걷는 것은 너무 느려.

정답 B

단어
- 走 zǒu 동사 걷다 | 坐 zuò 동사 앉다, (교통수단을) 타다 | 出租车 chūzūchē 명사 택시 |
- 走路 zǒulù 동사 걷다 | 太…了 tài…le 너무 …하다 | 慢 màn 형용사 느리다

해설 상점에 가는 방법에 대해 의견을 나누고 있다. 남자가 걸어서 가자고 했으나, 여자는 걸어서 가는 것은 너무 느린 방법이니 택시를 타고 가자고 제안하고 있다. 택시가 보이는 사진 B가 정답이 된다.

TIP! 着 zhe는 '…하면서, …한 채로'의 뜻을 나타내는 조사로 쓰이며, '동사 + 着 zhe + 동사'의 형태로 동작의 방식을 나타낸다.
- 我坐着吃饭。Wǒ zuòzhe chīfàn. 나는 앉아서 밥을 먹는다.
- 他躺着看电视。Tā tǎngzhe kàn diànshì. 그는 누워서 텔레비전을 본다.
- 老师站着上课。Lǎoshī zhànzhe shàngkè. 선생님은 서서 수업을 하신다.
- 我走着去学校。Wǒ zǒuzhe qù xuéxiào. 나는 걸어서 학교에 간다.
- 他们站着看足球比赛。Tāmen zhànzhe kàn zúqiú bǐsài. 그들은 서서 축구 경기를 본다.

TIP! 교통수단과 관련있는 단어들이다.
- 坐 zuò: 公共汽车 gōnggòngqìchē 버스   出租车 chūzūchē 택시
           地铁 dìtiě 지하철   飞机 fēijī 비행기
           火车 huǒchē 기차   船 chuán 배
- 骑 qí: 自行车 zìxíngchē 자전거   摩托车 mótuōchē 오토바이

TIP! 吧 ba는 문장 끝에 쓰여 '권유, 추측, 허락, 명령, 제안' 등을 나타냅니다.
- 我们一起走吧。Wǒmen yìqǐ zǒu ba. 우리 같이 가자. (권유)
- 你还没吃饭吧? Nǐ hái méi chīfàn ba? 너 아직 밥 안 먹었지? (추측)
- 好吧，我和你一起走。Hǎo ba, wǒ hé nǐ yìqǐ zǒu. 좋아, 내가 너랑 같이 갈게. (허락)
- 你走吧。Nǐ zǒu ba. 너 가라. (명령)

14.

女： Lǎoshī, wǒ kěyǐ wèn nín yí ge wèntí ma?
　　老师，我 可以 问 您 一 个 问题 吗？

男： Shénme wèntí?
　　什么 问题？

여: 선생님, 제가 질문 하나 해도 되나요?

남: 무슨 질문이죠?

정답 A

단어 □ 问 wèn 동사 묻다, 질문하다 ｜ □ 问题 wèntí 명사 (해답, 해석 등을 요구하는) 문제, 질문

해설 여자의 첫 마디가 '선생님'으로 시작하고 있다. 대화의 장소가 학교 또는 교실로 짐작할 수 있다. 학생들이 수업을 하고 있으며 그 중 한 여학생이 남자 선생님을 향해 질문을 하고 있는 듯한 A가 가장 잘 어울리는 사진이다. 정답은 A이다.

TIP! 可以 kěyǐ는 조동사로서 '(무엇을) 할 수 있다' 또는 '(어떤 일이) 가능하다'는 가능, 능력의 뜻과 '…해도 된다, …해도 좋다'는 허가, 허락의 뜻을 가지고 있다.

· 这间房子可以住五个人。Zhè jiān fángzi kěyǐ zhù wǔ ge rén. 이 방은 5명이 살 수 있다. (가능)
· 我明天可以再来一趟。Wǒ míngtiān kěyǐ zài lái yí tàng. 나는 내일 다시 올 수 있다. (가능)
· 我可以出去玩儿吗？Wǒ kěyǐ chūqù wánr ma? 나가 놀아도 되나요? (허락)
· 我可以在这儿吃东西吗？Wǒ kěyǐ zài zhèr chī dōngxi ma? 여기서 먹어도 되나요? (허락)

15.

男： Jīntiān de bàozhǐ dào le ma?
　　今天 的 报纸 到 了 吗？

女： Dào le, zài nàbian.
　　到 了, 在 那边。

남: 오늘 신문 왔어요?

여: 왔어요, 저쪽에 있어요.

정답 F

단어 □ 报纸 bàozhǐ 명사 신문 ｜ □ 到 dào 동사 도달하다, 도착하다, (어느 곳에) 이르다 ｜ □ 那边 nàbian 대명사 그쪽, 저쪽

해설 남자는 '신문'을 찾고 있다. 여자는 오늘 신문은 벌써 도착했으며, 저쪽에 놓아 두었다고 알려 주고 있다. 신문이 걸려있는 사진의 F가 정답이 된다.

TIP! 了 le는 동사 뒤에 놓여 동작이 이미 완료되었음을 나타내며, '…을 했다'로 해석한다.

· 我到了。Wǒ dào le. 나는 도착했다.
· 他已经走了。Tā yǐjīng zǒu le. 그는 이미 갔다.

TIP! 在 zài는 사람이나 사물이 '…에 있다'는 뜻을 나타낸다.

· 我在家里。Wǒ zài jiā li. 나는 집에 있다.
· 他在办公室里。Tā zài bàngōngshì li. 그는 사무실에 있다.

(16-20)

A
B
C
D
E

16.

女: Nǐ hǎo, wǒ yào yì zhāng qù Běijīng de chēpiào.
你 好, 我 要 一 张 去 北京 的 车票。

男: Yào shénme shíhou de?
要 什么 时候 的?

여: 안녕하세요. 저는 베이징 가는 차표 한 장을 사려고 합니다.

남: 언제 걸로 원하십니까?

정답 A

단어 □ 要 yào 동사 원하다, 필요하다 | □ 车票 chēpiào 명사 차표, 승차권 | □ 什么时候 shénme shíhou 대명사 언제

해설 여자는 베이징에 가고자 '차표'를 사려고 한다. '车票 chēpiào'는 버스표가 될 수도 있으며, 기차표가 될 수도 있다. 이럴 때는 어떤 교통수단의 사진이 제시되어 있는지 잘 살펴 보고, 대화와 잘 어울리는지를 확인한다. 기차 사진의 A가 이 대화에 적합한 교통수단이다. 정답은 A이다.

TIP! 张 zhāng은 종이, 사진, 탁자, 침대 등 평평하고 넓적한 물건을 세는 양사이다.
- 一张纸 yì zhāng zhǐ 종이 한 장
- 一张照片 yì zhāng zhàopiàn 사진 한 장
- 一张电影票 yì zhāng diànyǐng piào 영화표 한 장
- 一张床 yì zhāng chuáng 침대 한 개
- 一张桌子 yì zhāng zhuōzi 탁자 한 개
- 一张地图 yì zhāng dìtú 지도 한 장

17.

男: Zhè shì nǐ de yào, měi tiān chī yí cì.
　　这 是 你 的 药, 每 天 吃 一 次。

女: Xièxie nín, yīshēng.
　　谢谢 您, 医生。

남: 이것은 당신의 약입니다. 매일 한 번씩 드세요.
여: 감사합니다, 의사 선생님.

정답 **D**

단어　□ 药 yào 명사 약, 약물 | □ 每天 měi tiān 부사 매일, 날마다 | □ 一次 yí cì 1회, 한 번 | □ 医生 yīshēng 명사 의사, 의원

해설　남자의 직업이 '의사'로 나온다. 의사인 남자는 약 처방을 내려주면서 하루에 한 번씩 복용하라고 알려주고 있다. 약병을 손에 들고 있는 사진 D가 이 대화에 가장 잘 어울린다. 정답은 D이다.

18.

女: Xiàwǔ nǐ yǒu shíjiān ma? Wǒmen yìqǐ chūqu wánr ba.
　　下午 你 有 时间 吗? 我们 一起 出去 玩儿 吧。

男: Duìbuqǐ, wǒ xiàwǔ yào xǐ hěn duō yīfu, méiyǒu shíjiān.
　　对不起, 我 下午 要 洗 很 多 衣服, 没有 时间。

여: 오후에 시간 되니? 우리 같이 나가서 놀자.
남: 미안, 나는 오후에 빨래를 많이 해야 해서, 시간이 없어.

정답 **C**

단어　□ 下午 xiàwǔ 명사 오후 | □ 时间 shíjiān 명사 시간 | □ 出去 chūqu 동사 나가다 | □ 玩儿 wánr 동사 놀다, 즐기다

해설　여자가 오후에 시간이 되면 같이 나가서 놀자는 제안에 남자는 미안하다고 대답하고 있다. 즉, 거절을 하고 있는 상황이다. 그 이유는 오후에 해야 할 빨래가 아주 많기 때문에 나가서 놀 시간이 없다고 말했다. 옷이 산더미처럼 쌓여있는 사진 C가 여자의 상황을 잘 표현해 주고 있다. 정답은 C이다.

TIP!　洗 xǐ는 동사로 '씻다, 빨다'의 뜻을 나타낸다.

· 洗手 xǐshǒu 손을 씻다　· 洗脸 xǐliǎn 세수하다
· 洗碗 xǐ wǎn 설거지하다　· 洗衣服 xǐ yīfu 빨래하다

19.

男：	Kàn, zhè shì wǒ bàba, zhè shì wǒ mèimei. 看, 这 是 我 爸爸, 这 是 我 妹妹。	남: 봐, 이 분이 우리 아버지시고, 여기는 내 여동생이야.
女：	Nǐ mèimei zhēn piàoliang! 你 妹妹 真 漂亮!	여: 네 여동생 진짜 예쁘다!

정답 E

단어 □ 真 zhēn [부사] 정말, 진정으로 | □ 漂亮 piàoliang [형용사] 예쁘다

해설 회화에서 '看 kàn' 또는 '你看 nǐ kàn'으로 시작하면, 상대방에게 무언가를 보여 주거나 어떤 상황을 주시하면서 이야기를 진행하고 있는 상황이다. 여기서는 아버지와 여동생이 함께 찍은 사진을 보여 주면서 자신의 가족을 설명해 주고 있다. 정답은 E가 된다.

20.

女：	Nǐ xiànzài zuò shénme gōngzuò? 你 现在 做 什么 工作?	여: 당신은 현재 무슨 일을 하십니까?
男：	Wǒ zài yì jiā fànguǎn zuò fúwùyuán. 我 在 一 家 饭馆 做 服务员。	남: 저는 식당에서 웨이터로 일합니다.

정답 B

단어 □ 现在 xiànzài [명사] 지금, 현재 | □ 做 zuò [동사] 하다, 종사하다 | □ 工作 gōngzuò [명사] 일, 직업, 일자리 | □ 在 zài [개사] …에, …에서 [동사] …에 있다 | □ 饭馆 fànguǎn [명사] 식당 | □ 服务员 fúwùyuán [명사] (서비스업의) 종업원, 웨이터, 웨이트리스

해설 여자는 남자의 '직업'을 묻고 있다. 상대방의 직업, 하는 일이 무엇인지를 묻는 문장은 일반 회화에서 아주 유용하게 쓸 수 있으니 외워 두도록 하자. 남자는 한 식당에서 웨이터, 종업원으로 일을 하고 있다고 했으므로 사진 B가 정답이 된다.

TIP! 家 jiā는 명사로 쓰이면 '집'이지만 상점이나 회사 등을 세는 양사로도 쓰인다.

- 一家公司 yì jiā gōngsī 회사 하나
- 一家商店 yì jiā shāngdiàn 상점 하나
- 一家宾馆 yì jiā bīnguǎn 호텔 하나
- 一家饭馆 yì jiā fànguǎn 식당 하나
- 这家公司 zhè jiā gōngsī 이 회사
- 这家商店 zhè jiā shāngdiàn 이 상점
- 那家宾馆 nà jiā bīnguǎn 그 호텔
- 那家饭馆 nà jiā fànguǎn 그 식당

TIP! 직업을 나타내는 단어들

- 老师 lǎoshī 선생님
- 教授 jiàoshòu 교수
- 司机 sījī 기사
- 学生 xuésheng 학생
- 警察 jǐngchá 경찰
- 律师 lǜshī 변호사
- 医生 yīshēng 의사
- 护士 hùshi 간호사
- 记者 jìzhě 기자
- 服务员 fúwùyuán 종업원
- 作家 zuòjiā 작가
- 设计师 shèjìshī 디자이너
- 家庭主妇 jiātíngzhǔfù 가정주부
- 售货员 shòuhuòyuán 판매원, 점원
- 工程师 gōngchéngshī 엔지니어

제3부분 (21-30)

예제

男: Xiǎo Wáng, zhèli yǒu jǐ ge bēizi, nǎge shì nǐ de? 小 王, 这里 有 几 个 杯子, 哪个 是 你 的?	남: 샤오왕, 여기에 컵이 몇 개 있는데 어느 것이 네 것이니?
女: Zuǒbian nàge hóngsè de shì wǒ de. 左边 那个 红色 的 是 我 的.	여: 왼쪽에 저 빨간 것이 내 거야.
问: Xiǎo Wáng de bēizi shì shénme yánsè de? 小 王 的 杯子 是 什么 颜色 的?	질문: 샤오왕의 컵은 무슨 색깔입니까?
A 红色 hóngsè	A 빨간색
B 黑色 hēisè	B 검은색
C 白色 báisè	C 흰색

정답 **A**

단어 □ 几 jǐ 〔수사〕 몇 (10이하의 수를 나타냄) | □ 个 ge 〔양사〕 명, 개 (개개의 사람이나 물건에 쓰임) | □ 杯子 bēizi 〔명사〕 잔, 컵 | □ 左边 zuǒbian 〔명사〕 왼쪽, 좌측 | □ 红色 hóngsè 〔명사〕 빨간색 | □ 颜色 yánsè 〔명사〕 색깔

해설 색깔을 묻는 문제로 색과 관련해서 나오는 단어는 红色 hóngsè(빨간색) 하나이다.

21.

女： Wǒ jiù mǎi zhè jiàn liùshí kuài qián 　　我 就 买 这 件 六十 块 钱 　　de ba. Gěi nǐ qián. 　　的 吧。给 你 钱。 男： Hǎo de. Zhè shì nín de yīfu hé zhǎo 　　好 的。这 是 您 的 衣服 和 找 　　nín de sìshí kuài qián. 　　您 的 四十 块 钱。 问： Yīfu duōshao qián? 　　衣服 多少 钱？	여: 나는 그럼 60위안하는 이 옷으로 살게요. 돈 드릴게요. 남: 알겠습니다. 여기 손님의 옷과 거스름돈 40위안입니다. 질문: 옷은 얼마입니까?
kuài A 40 块	A 40위안
kuài B 60 块	B 60위안
kuài C 100 块	C 100위안

정답 B

단어　□ 吧 ba 조사 …하자, …합시다　｜　□ 件 jiàn 양사 벌, 착 (외투, 셔츠 등 옷을 세는 단위)　｜　□ 块 kuài 양사 중국의 화폐 단위　｜　□ 钱 qián 명사 돈　｜　□ 给 gěi 동사 주다　｜　□ 找 zhǎo 동사 거슬러 주다　｜　□ 找钱 zhǎoqián 동사 돈을 거슬러 주다, 거스름돈을 주다

해설　듣기 문제에서 '가격'을 묻는 문제는 꼭 나온다고 볼 수 있다. 산 물건의 가격, 거스름돈 또는 할인 받은 금액이 얼마인지 등 물을 수 있는 내용이 다양하다. 대화 내용을 간단하게 메모해 두고, 마지막 질문에서 무엇을 묻는지를 잘 파악해야 한다. 여기서는 '옷'의 가격이 얼마인지를 물었으므로 정답은 B가 된다. A는 거스름돈의 금액이 되며, C는 여자가 남자에게 지불한 금액이 된다.

TIP!　就 jiù는 앞문장의 내용을 이어받아, 어떤 결론에 도달함을 나타낸다. 이때는 '吧 ba'와 함께 등장하여 '그럼 (이렇게) 합시다' 또는 '그럼 (그렇게) 하자'의 뜻을 나타낸다.

· 搬家的事就这么办吧！ Bānjiā de shì jiù zhème bàn ba!
　이사하는 일은 (그럼) 이렇게 처리합시다!

· 就这样吧，你先去排队。 Jiù zhèyàng ba, nǐ xiān qù páiduì.
　(그럼) 그렇게 하자, 네가 먼저 가서 줄서.

22.

男: Wǒmen jiù zài zhèr chī ba. 我们 就 在 这儿 吃 吧。 Wǒ chī yángròu hé mǐfàn, nǐ ne? 我 吃 羊肉 和 米饭，你 呢？ 女: Wǒ bù chī yángròu, wǒ xiǎng chī yú. 我 不 吃 羊肉，我 想 吃 鱼。 问: Nǚ de bù chī shénme? 女 的 不 吃 什么？	남: 우리 그냥 여기서 먹자. 나는 양고기랑 밥 먹을래, 너는? 여: 나는 양고기 안 먹어. 나는 생선 먹고 싶어. 질문: 여자는 무엇을 먹지 않습니까?
A yú 鱼	A 생선
B mǐfàn 米饭	B 쌀밥
C yángròu 羊肉	C 양고기

정답 C

단어 □ 羊肉 yángròu 명사 양고기 | □ 米饭 mǐfàn 명사 쌀밥 | □ 鱼 yú 명사 물고기, 생선

해설 남자와 여자가 식당에서 식사를 하려고 하는데, 각자가 원하는 메뉴가 다르다. 남자는 양고기와 밥을, 여자는 생선을 먹고 싶다고 했다. 질문은 부정형으로 여자가 먹지 않는 것을 물었다. 부정형의 질문은 주의해서 잘 들어야 하는 부분이다. 여자는 양고기는 안 먹고, 생선을 먹고 싶다고 했으므로 정답은 C가 된다.

TIP! 想 xiǎng은 동사 앞에 놓여 '…하고 싶다' 또는 '…하려고 한다'는 뜻을 나타내는 조동사이다. 부정형으로 '不 bù'를 사용한다.

· 我想去旅行。Wǒ xiǎng qù lǚxíng. 나는 여행을 가고 싶다.
· 我想休息几天。Wǒ xiǎng xiūxi jǐ tiān. 나는 며칠 쉬고 싶다.

23.

女: Míngtiān wǎnshang wǒmen yìqǐ qù yóuyǒng, hǎo ma? 明天 晚上 我们 一起 去 游泳，好 吗？	여: 내일 저녁에 우리 같이 수영하러 가는 거 어때요?
男: Míngtiān wǎnshang wǒ méi shíjiān, jīntiān xiàwǔ qù ba. 明天 晚上 我 没 时间, 今天 下午 去 吧。	남: 내일 저녁에는 내가 시간이 없어요. 오늘 오후에 갑시다.
问: Tāmen zuì kěnéng shénme shíhou qù yóuyǒng? 他们 最 可能 什么 时候 去 游泳？	질문: 그들은 언제 수영하러 갑니까?
A jīntiān xiàwǔ 今天 下午	A 오늘 오후
B míngtiān xiàwǔ 明天 下午	B 내일 오후
C míngtiān wǎnshang 明天 晚上	C 내일 저녁

정답 A

단어 □ 晚上 wǎnshang [명사] 저녁 | □ 游泳 yóuyǒng [동사] 수영하다 [명사] 수영 | □ 时间 shíjiān [명사] 시간 | □ 可能 kěnéng [부사] 아마도, 아마 (…일지도 모른다), 어쩌면 | □ 什么时候 shénme shíhou [대명사] 언제

해설 이들은 수영을 하러 갈 예정이다. 여자가 처음에 제안한 시간은 내일 저녁이고, 남자는 그때는 시간이 없으니 오늘 오후에 가자고 시간을 변경했다. 그들은 오늘 오후에 수영을 하러 갈 가능성이 크다. 정답은 A이다.

24.

男： Jīntiān xiàwǔ méiyǒu kè, nǐ yào zuò shénme? 今天 下午 没有 课，你 要 做 什么？	남: 오늘 오후에 수업 없는데, 너는 뭐 할 거니?
女： Kuài yào kǎoshì le, wǒ xiǎng kànkan shū. 快 要 考试 了，我 想 看看 书。	여: 곧 시험이야, 나 책 좀 보려고 해.
问： Nǚ de jīntiān xiàwǔ yào zuò shénme? 女 的 今天 下午 要 做 什么？	질문: 여자는 오늘 오후에 무엇을 하려고 합니까?
A 考试 kǎoshì	A 시험
B 上课 shàngkè	B 수업
C 看书 kàn shū	C 공부

정답 C

단어 □ 课 kè 명사 수업, 강의 ｜ □ 要 yào 조동사 …해야 한다, …할 것이다, …하겠다 ｜ □ 考试 kǎoshì 동사 시험을 치다 명사 시험 ｜ □ 想 xiǎng 조동사 …하고 싶다, …하려고 하다, …할 작정이다

해설 수업이 없는 오후에 뭘 할 것인지를 묻는 남자의 질문에 여자는 곧 다가올 시험이 걱정되는지 책을 좀 보겠다고 대답했다. 여자는 오늘 오후에 '책을 보다' 즉, 공부를 좀 하겠다고 했다. 정답은 C이다.

TIP! '快要…了 kuàiyào…le'는 '곧 …하려 한다'는 뜻으로 어떤 동작이나 상황이 곧 발생할 것임을 나타낸다. 같은 뜻으로 '要…了 yào…le/就(要)…了 jiù(yào)…le/快…了 kuài…le'가 있다.

· 快下课了。Kuài xiàkè le. 곧 수업이 끝나요.
· 快要下班了。Kuàiyào xiàbān le. 곧 퇴근해요.
· 快要40岁了。Kuàiyào sìshí suì le. 곧 마흔이에요.

TIP! 看书 kànshū는 단순히 '책을 보다, 공부하다'는 뜻을 나타낸다. 여기서 동사를 반복하여 사용하면 '좀 …하다'의 뜻으로 말투를 부드럽게 만들어 준다. '看看书 kànkan shū'는 '看(一)看书 kàn (yi) kàn shū'의 형태에서 '一 yī'가 생략된 것으로, 동사를 반복하는 경우 '一 yī'는 자주 생략된다.

· 看书 kàn shū 책을 보다 → 看看书 kànkan shū 책을 좀 보다
· 听音乐 tīng yīnyuè 음악을 듣다 → 听听音乐 tīngting yīnyuè 음악을 좀 듣다
· 试衣服 shì yīfu 옷을 입어 보다 → 试试衣服 shìshi yīfu 옷을 한번 입어 보다

25.

女：Wǒmen wǎnshang qù chànggē, nǐ qù ma? 我们 晚上 去 唱歌，你 去 吗？	여: 우리 저녁에 노래 부르러 갈 건데, 너 갈래?
男：Wǒ hěn xiǎng qù, dànshì wǒ shēngbìng le, 我 很 想 去，但是 我 生病 了， yào zài jiā xiūxi. 要 在 家 休息。	남: 나는 너무 가고 싶어. 근데 몸이 아파. 집에서 쉬어야겠어.
问：Nán de wèi shénme bú qù chànggē? 男 的 为 什么 不 去 唱歌？	질문: 남자는 왜 노래 부르러 가지 않습니까?
A shēngbìng le 生病 了	A 몸이 아프다
B bù xiǎng qù 不 想 去	B 가고 싶지 않다
C méiyǒu shíjiān 没有 时间	C 시간이 없다

정답 A

단어 □ 晚上 wǎnshang 명사 저녁 | □ 唱歌 chànggē 동사 노래를 부르다 | □ 生病 shēngbìng 동사 병이 나다, 병에 걸리다 | □ 要 yào 조동사 …해야 한다, …할 것이다, …하겠다 | □ 在 zài 개사 …에, …에서 동사 …에 있다 | □ 休息 xiūxi 동사 휴식하다, 쉬다

해설 남자가 노래를 부르러 가지 않는 이유를 찾아보자. 남자는 너무 가고 싶은데 몸이 아프다고 했으므로 정답은 A가 된다. B는 남자의 마음을 반대로 표현하고 있다.

TIP! 了 le가 문장 끝에 올 때에는 상황에 변화가 일어났음을 나타낸다.

· 你很胖。Nǐ hěn pàng. 너는 뚱뚱하다.   你胖了。Nǐ pàng le. 너는 뚱뚱해졌다.
· 你很漂亮。Nǐ hěn piàoliang. 너는 예쁘다.   你漂亮了。Nǐ piàoliang le. 너는 예뻐졌다.
· 他生病了。Tā shēngbìng le. 그는 아프다.

26.

男: Nǐ gēge shìbushì yīshēng?
你 哥哥 是不是 医生?

女: Bú shì, wǒ gēge shì lǎoshī,
不 是, 我 哥哥 是 老师,
dìdi shì yīshēng.
弟弟 是 医生。

问: Shéi shì yīshēng?
谁 是 医生?

남: 너네 오빠가 의사 아니니?

여: 아니야, 우리 오빠는 선생님이고, 남동생이 의사야.

질문: 누가 의사입니까?

A 女 nǚ de 的

B 女 的 哥哥 nǚ de gēge

C 女 的 弟弟 nǚ de dìdi

A 여자

B 여자의 오빠

C 여자의 남동생

정답 C

단어 □ 医生 yīshēng 명사 의사

해설 여자에게는 오빠와 남동생이 있으며, 그들의 직업을 말하고 있다. 남자의 질문에 여자는 오빠가 선생님이며, 남동생이 의사라고 정정해주고 있다. 의사는 여자의 남동생이므로 정답은 C이다.

TIP! 是不是 shìbushì는 '…인가 아닌가?, …아닙니까?'의 뜻으로 '정반의문문'을 나타내는 형태이다. 이는 중국어에서 술어의 긍정형과 부정형을 나열하여 의문문을 만드는 형태로서 일반의문문 '…吗 …ma'와 같은 뜻을 나타낸다. 그러나, 의문조사 '吗 ma'와는 함께 쓰이지 않는다.

· 你饿吗? Nǐ è ma?
→ 你饿不饿? Nǐ èbuè? 너는 배고프니?

· 你吃苹果吗? Nǐ chī píngguǒ ma?
→ 你吃不吃苹果? Nǐ chībuchī píngguǒ? 너는 사과 먹을거니?

· 你有零钱吗? Nǐ yǒu língqián ma?
→ 你有没有零钱? Nǐ yǒu méiyǒu língqián? 너는 잔돈 있니?

27.

女: Méiyǒu niúnǎi le, wǒ yào qù shāngdiàn mǎi yìxiē. 没有 牛奶 了，我 要 去 商店 买 一些。 男: Wǒ yě qù, wǒ xiǎng mǎi diǎnr píngguǒ, zài mǎi yí ge xīguā. 我 也 去，我 想 买 点儿 苹果，再 买 一 个 西瓜。 问: Nán de yào mǎi shénme? 男 的 要 买 什么？	여: 우유가 떨어졌네. 내가 상점에 가서 좀 사와야겠다. 남: 나도 갈래, 나는 사과 좀 사고, 수박도 사고 싶어. 질문: 남자는 무엇을 사려고 합니까?
A cài 菜	A 야채
B shuǐguǒ 水果	B 과일
C niúnǎi 牛奶	C 우유

정답 B

단어 □ 牛奶 niúnǎi 명사 우유 | □ 商店 shāngdiàn 명사 상점 | □ 一些 yìxiē 양사 약간, 조금, 얼마간, 몇 | □ 也 yě 부사 …도 | □ 想 xiǎng 조동사 …하고 싶다, …하려고 하다, …할 작정이다 | □ 再 zài 부사 재차, 또, 다시 | □ 西瓜 xīguā 명사 수박 | □ 菜 cài 명사 채소, 야채, 반찬, 요리 | □ 水果 shuǐguǒ 명사 과일

해설 집에 우유가 떨어졌으니 상점에 가겠다고 하는 여자의 말을 듣고, 남자도 같이 가서 장을 보겠다고 하고 있다. 남자는 사과와 수박을 사려고 한다. 남자가 사려고 하는 것은 'B 과일'이다. 정답은 B이다.

TIP! 有…了 yǒu…le (…이/가 생겼다) / 没有…了 méiyǒu…le (…이/가 없게 되었다)

· 我有钱了。Wǒ yǒu qián le. 나는 돈이 생겼다.

· 我没钱了。Wǒ méi qián le. 나는 돈이 다 떨어졌다.

· 我有男朋友了。Wǒ yǒu nán péngyou le. 나는 남자 친구가 생겼다.

· 我的手机没电了。Wǒ de shǒujī méi diàn le. 내 휴대전화 배터리가 떨어졌다.

· 没有白饭了，要出去吃饭吧。Méiyǒu báifàn le, yào chūqù chīfàn ba.
밥이 떨어졌네, 나가서 먹어야겠다.

· 没有火车票了，今年不能回家了。Méiyǒu huǒchē piào le, jīnnián bù néng huíjiā le.
기차표가 없네, 올해는 집에 못 갈 것 같다.

TIP! 一点儿 yìdiǎnr은 형용사나 동사 뒤에 위치하여 '약간, 좀'의 뜻을 나타내며, 회화에서는 '一 yī'가 자주 생략된다.

28.

男：Tiānqì zhēn hǎo, wǒmen chūqu zǒuzou ba. 天气 真 好，我们 出去 走走 吧。	남: 날씨 정말 좋다. 우리 나가서 좀 걷자.
女：Wǒ jīntiān tài lèi le, nǐ hé xiǎogǒu qù ba. 我 今天 太 累 了，你 和 小狗 去 吧。	여: 나는 오늘 너무 피곤해요. 강아지랑 다녀와요.
问：Shéi huì chūqu? 谁 会 出去？	질문: 누가 나갑니까?

A nǚ de hé xiǎogǒu 女 的 和 小狗   A 여자와 강아지

B nán de hé xiǎogǒu 男 的 和 小狗   B 남자와 강아지

C nǚ de hé nán de 女 的 和 男 的   C 여자와 남자

정답 B

단어 □ 天气 tiānqì [명사] 날씨 │ □ 真 zhēn [부사] 정말, 진정으로 │ □ 出去 chūqu [동사] 나가다 │ □ 走 zǒu [동사] 걷다 │ □ 太…了 tài…le 너무 …하다 │ □ 累 lèi [형용사] 지치다, 피곤하다 │ □ 小狗 xiǎogǒu [명사] 강아지

해설 남자는 여자에게 산책을 제안하고 있으나 여자는 너무 피곤하다면서 강아지랑 다녀오라고 하고 있다. 밖에 나갈 가능성이 있는 사람은 남자와 강아지로 정답은 B이다.

29.

女：Nǐ cóng jiā li dào xuéxiào yào duō cháng shíjiān? 你 从 家 里 到 学校 要 多 长 时间？	여: 당신은 집에서 학교까지 얼마나 걸려요?
男：Zǒulù yào èrshí fēnzhōng, zuò gōnggòngqìchē yào shí fēnzhōng. 走路 要 二十 分钟， 坐 公共汽车 要 十 分钟。	남: 걸으면 20분 걸리고, 버스 타면 10분 걸려요.
问：Nán de cóng jiā li zǒulù dào xuéxiào yào duō cháng shíjiān? 男 的 从 家 里 走路 到 学校 要 多 长 时间？	질문: 남자는 집에서 걸어서 학교까지 가면 얼마나 걸립니까?
A 10 fēnzhōng 分钟	A 10분
B 20 fēnzhōng 分钟	B 20분
C 30 fēnzhōng 分钟	C 30분

정답 B

단어 □ 多长 duō cháng 얼마나 | □ 时间 shíjiān 명사 시간 | □ 走路 zǒulù 동사 걷다 | □ 坐 zuò 동사 앉다, (교통수단을) 타다 | □ 公共汽车 gōnggòngqìchē 명사 버스 | □ 分钟 fēnzhōng 명사 (시간) 분

해설 듣기 문제에서 교통수단 및 소요 시간을 묻는 문제 또한 자주 출제되는 유형이다. 유사한 패턴의 문장이 연달아 등장할 수 있으므로 집중해서 잘 듣도록 한다. 집에서 학교까지 가는 방법은 두 가지가 있으며, 하나는 걸어서 20분 정도 걸리고, 다른 하나는 버스를 타고 10분 정도 걸리는 방법이 있다. 질문은 걸어서 갈 때 소요되는 시간을 물었으므로 'B 20분'이 된다. 정답은 B이다.

TIP! 从…到… cóng…dào…는 '…에서 …까지, …부터 …까지'의 뜻으로 '시간, 공간, 범위'를 나타내는 데 사용된다.

· 从八点到九点。Cóng bā diǎn dào jiǔ diǎn. 8시부터 9시까지.
· 从早上到晚上。Cóng zǎoshang dào wǎnshang. 아침부터 밤까지.
· 从韩国到日本。Cóng Hánguó dào Rìběn. 한국에서 일본까지.
· 从这儿到那儿。Cóng zhèr dào nàr. 여기서부터 저기까지.

TIP! 동사 要 yào가 교통수단이나 방법 등에 등장할 때에는 '(시간이 얼마나) 걸리다, 들다, 필요하다'의 뜻으로 해석된다.

· 从学校到我家骑自行车要半个钟头。
Cóng xuéxiào dào wǒ jiā qí zìxíngchē yào bàn ge zhōngtóu.
학교에서 집까지 자전거로 30분 걸린다.

30.

男: Jīntiān wǒmen qù nà jiā xīn fànguǎn chīfàn, zěnmeyàng? 今天 我们 去 那 家 新 饭馆 吃饭, 怎么样?	남: 오늘 우리 그 새로 오픈한 식당에 가서 밥 먹는 거, 어때요?
女: Tài yuǎn le, qù lí xuéxiào jìn de nà jiā ba. 太 远 了, 去 离 学校 近 的 那 家 吧。	여: 너무 멀어요. 학교에서 가까운 그 집으로 가요.
问: Nǚ de xiǎng qù nǎ jiā fànguǎn? 女 的 想 去 哪 家 饭馆?	질문: 여자는 어느 식당에 가고 싶어합니까?
A xīn de 新 的	A 새로 오픈한 곳
B yuǎn de 远 的	B 먼 곳
C jìn de 近 的	C 가까운 곳

정답 C

단어 □ 家 jiā 양사 집, 점포, 가게, 공장 등을 세는 단위 | □ 饭馆 fànguǎn 명사 식당 | □ 远 yuǎn 형용사 (공간적, 시간적으로) 멀다 | □ 离 lí 개사 …에서, …로부터, …까지 | □ 近 jìn 형용사 (공간적, 시간적으로) 가깝다, 짧다

해설 어디로 가서 식사를 할 것인지에 대한 대화 내용이다. 남자는 새로 오픈한 식당에 가고 싶어하며, 여자는 그곳은 너무 멀다면서 학교에서 가까운 그 식당으로 가는 게 좋을 것 같다고 말하고 있다. 여자가 가고 싶어하는 식당은 'C 가까운 곳'이 된다. 정답은 C이다.

TIP! 新 xīn과 같은 단음절 형용사(新 xīn, 好 hǎo, 大 dà, 小 xiǎo, 老 lǎo 등)와 명사 사이에는 '的 de'를 사용하지 않는다.

- 新电脑 xīn diànnǎo 새 컴퓨터
- 好朋友 hǎo péngyou 친한 친구
- 老朋友 lǎo péngyou 오랜 친구
- 大房子 dà fángzi 큰 집
- 小饭馆 xiǎo fànguǎn 작은 식당

제4부분 (31-35)

예제

女：Qǐng zài zhèr xiě nín de míngzi. 请 在 这儿 写 您 的 名字。	여: 여기에 당신의 이름을 적어 주세요.
男：Shì zhèr ma? 是 这儿 吗？	남: 여기요?
女：Bú shì, shì zhèr. 不 是，是 这儿。	여: 아니요, 여기요.
男：Hǎo, xièxie. 好，谢谢。	남: 네, 감사합니다.
问：Nán de yào xiě shénme? 男 的 要 写 什么？	질문: 남자는 무엇을 써야 하나요?
A 名字 míngzi	A 이름
B 时间 shíjiān	B 시간
C 房间号 fángjiān hào	C 방 번호

정답 A

단어 □ 请 qǐng 동사 (상대가 어떤 일을 하기 바라는 의미로) …하세요 | □ 写 xiě 동사 (글씨를) 쓰다 | □ 名字 míngzi 명사 이름 | □ 要 yào 조동사 …해야 한다, …할 것이다, …하겠다

해설 이 문제의 핵심어는 名字 míngzi이다. 여자는 남자에게 이름을 쓰라고 요구하고 있으므로 남자가 써야 할 것은 'A 이름'이 정답이다.

31.

男：Píngguǒ duōshao qián yì gōngjīn? 苹果 多少 钱 一 公斤？	남: 사과 1킬로그램에 얼마예요?
女：Bā kuài qián yì gōngjīn. 八 块 钱 一 公斤。	여: 1킬로그램에 8위안입니다.
男：Tài guì le. Liù kuài qián yì gōngjīn kěyǐ ma? 太 贵 了。六 块 钱 一 公斤 可以 吗？	남: 너무 비싸네요. 1킬로그램에 6위안 해 주실 수 있나요?
女：Bā kuài qián yǐjīng hěn piányi le. 八 块 钱 已经 很 便宜 了。	여: 8위안이면 이미 엄청 싼 거예요.
问：Píngguǒ duōshao qián yì gōngjīn? 苹果 多少 钱 一 公斤？	질문: 사과는 1킬로그램에 얼마입니까?

A bā kuài qián 八 块 钱	A 8위안
B liù kuài qián 六 块 钱	B 6위안
C liǎng kuài qián 两 块 钱	C 2위안

정답 A

단어 □ 多少钱 duōshao qián 얼마예요 | □ 公斤 gōngjīn 양사 킬로그램(kg) | □ 块 kuài 양사 중국의 화폐 단위 | □ 钱 qián 명사 돈 | □ 太…了 tài…le 너무 …하다 | □ 贵 guì 형용사 (가격이나 가치가) 높다, 비싸다 | □ 便宜 piányi 형용사 (값이) 싸다

해설 듣기 문제의 단골손님인 '가격'을 묻는 문제이다. 남자는 사과를 사려고 1킬로그램에 얼마인지를 물었다. 1킬로그램에 8위안이라는 소리를 듣고 비싸다면서 2위안 깎아서 6위안에 달라고 했다. 여자는 8위안은 이미 많이 싼 가격이라고 했으므로 깎아주지 않겠다는 뜻을 비추고 있다. 그러므로, 사과 1킬로그램은 8위안이 된다. 정답은 A이다.

TIP! 已经…了 yǐjīng…le는 '이미(벌써) …하였다'는 뜻을 나타낸다. 已经 yǐjīng은 '이미, 벌써'라는 뜻으로 이미 발생한 상황을 나타낼 때 사용한다.

· 电影已经开始了。Diànyǐng yǐjīng kāishǐ le. 영화가 벌써 시작했다.

· 比赛已经结束了。Bǐsài yǐjīng jiéshù le. 경기는 이미 끝났다.

32.

Nǐ de xīn shǒujī zhēn piàoliang! 女：你的新手机真漂亮！	여: 너의 새 휴대전화 정말 예쁘다!
Xièxie. Dànshì yǒu diǎnr guì. 男：谢谢。但是有点儿贵。	남: 고마워. 그런데 좀 비싸.
Duōshao qián mǎi de? 女：多少钱买的？	여: 얼마에 샀는데?
Sān qiān wǔ bǎi kuài. 男：三千五百块。	남: 3,500위안.
Zhēn bù piányi. 女：真不便宜。	여: 진짜 싸지는 않구나.
Nǚ de juéde shǒujī zěnmeyàng? 问：女的觉得手机怎么样？	질문: 여자는 휴대전화가 어떻다고 생각합니까?

A　bú guì
　不贵

B　hěn piàoliang
　很漂亮

C　hěn piányi
　很便宜

A 비싸지 않다

B 아주 예쁘다

C 매우 싸다

정답 B

단어 □ 新 xīn 형용사 새롭다, 새 것의 | □ 手机 shǒujī 명사 휴대전화 | □ 真 zhēn 부사 정말, 진정으로 | □ 漂亮 piàoliang 형용사 예쁘다 | □ 千 qiān 수사 천, 1,000 | □ 百 bǎi 수사 백, 100 | □ 便宜 piányi 형용사 (값이) 싸다

해설 대화가 긴 것처럼 느껴질지 모르겠지만, 내용은 단답형으로 볼 수 있으므로 긴장하지 말고 침착하게 잘 듣도록 한다. 남자가 새로 구매한 것은 휴대전화이며, 좀 비싼 것을 샀다. 여자는 남자의 휴대전화를 보고 아주 예쁘다고 말했으나, 3500위안이라는 가격을 듣고 비싸다고 느꼈다. 여자가 不便宜 bù piányi라고 했으므로 A와는 반대되는 표현으로 틀린 내용이다. 정답은 B이다.

TIP! 有点儿 yǒu diǎnr은 '조금, 약간'의 뜻을 나타내는 부사로 동사나 형용사 앞에 쓰여 다소 불만족스럽거나 부정적인 의미를 표현한다.

· 有点儿小。Yǒu diǎnr xiǎo. 조금 작다.

· 有点儿累。Yǒu diǎnr lèi. 조금 피곤하다.

· 有点儿咸。Yǒu diǎnr xián. 좀 짜다.

· 有点儿辣。Yǒu diǎnr là. 좀 맵다.

· 有点儿甜。Yǒu diǎnr tián. 좀 달다.

33.

男：Wèi shénme wǒmen jīntiān xiàwǔ bú shàngkè? 为 什么 我们 今天 下午 不 上课？	남: 우리 오늘 오후에 수업 왜 안 하는 거니?
女：Lǐ lǎoshī shēngbìng le, zài jiā xiūxi ne. 李 老师 生病 了，在 家 休息 呢。	여: 이 선생님께서 몸이 편찮으셔서, 집에서 쉬고 계시대.
男：Wǒmen xiàwǔ yìqǐ qù kànkan tā ba. 我们 下午 一起 去 看看 他 吧。	남: 우리 오후에 같이 선생님 뵈러 가자.
女：Hǎo de. Jǐ diǎn qù? 好 的。几 点 去？	여: 좋아, 몇 시에 갈까?
问：Tāmen xiàwǔ yào qù zuò shénme? 他们 下午 要 去 做 什么？	질문: 그들은 오후에 무엇을 하려고 합니까?
A shàngkè 上课	A 수업을 한다
B xiūxi 休息	B 휴식을 취한다
C kàn lǎoshī 看 老师	C 선생님을 뵌다

정답 C

단어 □ 为什么 wèi shénme 【대명사】 왜, 무엇 때문에, 어째서 │ □ 上课 shàngkè 【동사】 수업을 하다 │ □ 生病 shēngbìng 【동사】 병이 나다, 병에 걸리다 │ □ 了 le 【조사】 문장 끝에 놓여 변화나 새로운 상황의 출현을 나타냄 │ □ 休息 xiūxi 【동사】 휴식하다, 쉬다 │ □ 呢 ne 【조사】 서술문 뒤에 쓰여 동작이나 상황이 지속됨을 나타냄 │ □ 点 diǎn 【양사】 (몇) 시

해설 오후 수업을 담당하시는 이 선생님께서 몸이 편찮으셔서 집에서 휴식을 취하고 계신다. 그래서 오후 수업은 휴강이 되었다. 남자는 수업이 비게 된 오후 시간에 편찮으신 선생님을 찾아뵙자고 했다. 정답은 C이다.

34.

女：	Wèi, nǐ zěnme hái méi dào? 喂，你 怎么 还 没 到？	여: 여보세요, 당신 왜 아직까지 안 오는 거예요?
男：	Wǒ zhèngzài chuān yīfu ne. Nǐ zài nǎr? 我 正在 穿 衣服 呢。你 在 哪儿？	남: 나는 지금 옷을 입고 있어요. 당신은 어디에 있어요?
女：	Wǒ yǐjīng zài fànguǎn li le. 我 已经 在 饭馆 里 了。	여: 나는 이미 식당에 있어요.
男：	Duìbuqǐ. Zài děng wǒ shíwǔ fēnzhōng ba, wǒ xiànzài jiù qù. 对不起。再 等 我 十五 分钟 吧，我 现在 就 去。	남: 미안해요. 15분만 더 나를 기다려줘요, 내가 지금 바로 갈게요.
问：	Nǚ de hái yào děng duō cháng shíjiān? 女 的 还 要 等 多 长 时间？	질문: 여자는 얼마 동안 더 기다려야 합니까?

A fēnzhōng 5 分钟	A 5분
B fēnzhōng 10 分钟	B 10분
C fēnzhōng 15 分钟	C 15분

정답 C

단어 □喂 wèi 감탄사 (전화상에서) 여보세요 | □到 dào 동사 도달하다, 도착하다, (어느 곳에) 이르다 | □正在 zhèngzài 부사 지금 …하고 있다 | □在 zài 개사 …에, …에서 동사 …에 있다 | □再 zài 부사 재차, 또, 다시 | □等 děng 동사 기다리다

해설 약속한 식당에 여자는 이미 도착했고, 남자의 모습이 보이지 않아서 여자가 남자에게 전화를 건 상황이다. 남자는 지금 옷을 챙겨 입고 막 출발하려고 하고 있다. 먼저 도착한 여자에게 미안하다면서 15분만 더 기다려 달라고 부탁하고 있다. 정답은 'C 15분'이다.

TIP! 怎么 zěnme는 의문대명사로서 방법을 물을 때에는 '어떻게'로 해석되며, 원인이나 이유를 물을 때에는 '어째서, 왜'의 뜻으로 '为什么 wèi shénme'와 같은 뜻이 된다.

· 我们怎么回家？ Wǒmen zěnme huíjiā? 우리는 어떻게 집에 갑니까? (방법)

· 你怎么去中国？ Nǐ zěnme qù Zhōngguó? 당신은 어떻게 중국에 갑니까? (방법)

· 你怎么不吃？ Nǐ zěnme bù chī? 당신은 왜 안 먹죠? (이유)

(=你为什么不吃？ Nǐ wèi shénme bù chī?)

· 你怎么还不来？ Nǐ zěnme hái bù lái? 당신은 왜 아직 안 오나요? (이유)

(=你为什么还不来？ Nǐ wèi shénme hái bù lái?)

TIP! 还没…呢 hái méi…ne는 '아직 …하지 않았다', '아직 안 됐다'는 뜻으로 반대되는 표현은 '已经…了 yǐjīng…le 이미(벌써) …하였다'이다.

- 我已经看了。Wǒ yǐjīng kàn le. 나는 이미 보았다.
- 我还没(有)看呢。Wǒ hái méi(yǒu) kàn ne. 나는 아직 보지 않았다.
- 我已经到了。Wǒ yǐjīng dào le. 나는 이미 도착했다.
- 我还没到呢。Wǒ hái méi dào ne. 나는 아직 도착하지 못했다.
- 我已经吃了。Wǒ yǐjīng chī le. 나는 이미 먹었다.
- 我还没吃呢。Wǒ hái méi chī ne. 나는 아직 먹지 못했다.

TIP! 就 jiù는 '곧, 즉시, 바로, 당장'의 뜻을 가진 부사로서 장차 어떤 동작이 아주 짧은 시간 내에 발생함을 나타낸다.

- 我就去。Wǒ jiù qù. 내가 바로 갈게.
- 你等一会儿，我马上就到。Nǐ děng yíhuìr, wǒ mǎshàng jiù dào.
  너는 조금만 기다려, 나 바로 도착해.

35.

男：Shēngrì kuàilè! Zhè shì sòng gěi nǐ de. 　　生日 快乐！这 是 送 给 你 的。	남: 생일 축하해! 이건 너한테 주는 선물이야.
女：Xièxie! Zhè shì shénme? Wǒ kěyǐ xiànzài kànkan ma? 　　谢谢！这 是 什么？我 可以 现在 看看 吗？	여: 고마워! 이거 뭐야? 나 지금 봐도 돼?
男：Kěyǐ, kàn ba. 　　可以，看 吧。	남: 그럼, 봐봐.
女：Shì liǎng zhāng diànyǐng piào! 　　是 两 张 电影 票！	여: 영화표 두 장이다!
问：Nán de sòng de shì shénme? 　　男 的 送 的 是 什么？	질문: 남자가 준 것은 무엇입니까?
A huǒchē piào 　火车 票	A 기차표
B diànyǐng piào 　电影 票	B 영화표
C fēijī piào 　飞机 票	C 비행기표

정답 B

단어 □ **生日** shēngrì 명사 생일 ｜ □ **快乐** kuàilè 형용사 즐겁다, 행복하다, 유쾌하다 ｜ □ **送给** sòng gěi 동사 (…에게) 주다, 선물하다, 보내다 ｜ □ **电影** diànyǐng 명사 영화

해설 여자의 생일이다. 남자는 여자에게 생일 선물로 영화표를 두 장 주었다. 정답은 B이다.

제1부분 (36-40)

A	[달력 이미지]	B	[달리기 이미지]
C	[배낭여행객 이미지]	D	[농구 이미지]
E	[공부하는 남자 이미지]	F	[면접 이미지]

예제

> Měi ge xīngqīliù, wǒ dōu qù dǎ lánqiú.
> 每 个 星期六, 我 都 去 打 篮球。

매주 토요일마다 나는 농구를 하러 간다.

정답 D

단어
- 每 měi 〔대명사〕 매, 각, …마다, 매번, 모두 | 星期六 xīngqīliù 토요일 | 都 dōu 〔부사〕 모두, 다, 전부 | 打篮球 dǎ lánqiú 농구를 하다

해설 이 문제의 포인트는 打篮球 dǎ lánqiú라는 단어, 즉 '농구를 한다'는 단어를 알고 있어야 정답을 찾을 수 있다. 동사 打 dǎ는 손을 써서 하는 운동 종목과 함께 등장하는 동사이다. 예를 들면, 打棒球 dǎ bàngqiú(야구를 하다), 打乒乓球 dǎ pīngpāngqiú(탁구를 하다), 打网球 dǎ wǎngqiú(테니스를 치다), 打排球 dǎ páiqiú(배구를 하다) 등에 사용한다.

36.

| Zhè cì kǎoshì hěn duō tí wǒ dōu bú huì.
这 次 考试 很 多 题 我 都 不 会。 | 이번 시험에서 나는 많은 문제를 풀 줄 몰랐다. |

정답 E

단어 □ 次 cì 양사 차례, 번, 회 | □ 考试 kǎoshì 동사 시험을 치다 명사 시험 | □ 题 tí 명사 문제, 시험문제, 연습문제

해설 시험을 보는 광경을 잘 표현해 준 사진은 E가 된다. 정답은 E이다.

TIP! 会 huì는 '배워서 어떻게 하는 줄 알고 있다' 혹은 '어떤 일을 할 수 있는 능력이 있다'는 뜻을 나타낸다. 즉, 이해하거나 능력이 있어서 어떤 일을 할 수 있다는 의미를 나타낸다.

· 我不会游泳。Wǒ bú huì yóuyǒng. 나는 수영을 할 줄 모른다.
· 他会说英语。Tā huì shuō Yīngyǔ. 그는 영어를 할 줄 안다.
· 我会做中国菜。Wǒ huì zuò zhōngguócài. 나는 중국요리를 할 줄 안다.

37.

| Tā tài lèi le, suǒyǐ pǎo de hěn màn.
她 太 累 了，所以 跑 得 很 慢。 | 그녀는 너무 지쳐서, 매우 천천히 뛰었다. |

정답 B

단어 □ 太…了 tài…le 너무 …하다 | □ 累 lèi 형용사 지치다, 피곤하다 | □ 所以 suǒyǐ 접속사 그래서, 그러므로 | □ 跑 pǎo 동사 달리다, 뛰다 | □ 慢 màn 형용사 느리다

해설 여자가 너무 지쳐서 천천히 뛰고 있는 사진은 B가 된다. 정답은 B이다.

TIP! 문장에서 술어의 상태와 결과의 정도를 보충 설명하는 성분을 '정도보어'라고 한다. 得 de가 들어간 정도보어의 형식은 '술어 + 得 de + 정도보어'로 '(술어)한 정도가 (정도보어)하다'로 해석할 수 있다.

예를 들어 '跑 pǎo + 得 de + 很慢 hěn màn'은 '달리는 정도가 너무 느리다'라는 뜻으로 '매우 천천히 뛰다' 또는 '달리기가 느리다'로 해석할 수 있다.

★「술어 + 得 de + 정도보어」

  Pǎo de hěn kuài.
  跑 得 很快。달리는 정도가 매우 빠르다. (빨리 뛰다.)

  Pǎo de hěn màn.
  跑 得 很慢。달리는 정도가 매우 느리다. (천천히 뛰다.)

★목적어가 있는 경우

「목적어 + 술어 + 得 de + 정도보어」

  Chē kāi de hěn kuài.
  车 开 得 很快。운전하는 정도가 매우 빠르다. (차를 매우 빨리 몰다.)

  Chē kāi de hěn màn.
  车 开 得 很慢。운전하는 정도가 매우 느리다. (차를 매우 천천히 몰다.)

38.

> Nàge chuān hēi yīfu de shì wǒmen de
> 那个 穿 黑 衣服 的 是 我们 的
> Hànyǔ lǎoshī.
> 汉语 老师。

저기 검은 옷을 입은 분이 우리 중국어 선생님이시다.

정답 F

단어 □ 黑 hēi 형용사 검다, 까맣다 | □ 的 de 조사 …의 (명사를 수식함)

해설 선생님이 등장했으므로 수업을 하고 있는 사진 F를 집중해서 살펴 보자. 문장에서는 선생님이 검은색 옷을 입고 있다고 했으므로 사진 속의 선생님과 부합한다고 볼 수 있다. 정답은 F이다.

TIP! 동사 穿 chuān은 옷, 신발, 양말 등을 '입다, 신다'라고 표현할 때 사용한다.
· 穿衣服 chuān yīfu 옷을 입다
· 穿鞋子 chuān xiézi 신발을 신다
· 穿袜子 chuān wàzi 양말을 신다

39.

> Jīntiān shì 3 yuè 9 hào, shì wǒ māma
> 今天 是 3 月 9 号, 是 我 妈妈
> de shēngrì.
> 的 生日。

오늘은 3월 9일이다. 우리 엄마 생신이다.

정답 A

단어 □ 月 yuè 명사 월, 달 | □ 生日 shēngrì 명사 생일

해설 엄마의 생신이 3월 9일이라고 달력에 동그라미 표시를 해 둔 사진 A가 문장 내용과 딱 일치한다. 정답은 A이다.

TIP! 3월 9일의 표현 방법은 두 가지가 있다.
· 3月9日 sān yuè jiǔ rì (서면어)
· 3月9号 sān yuè jiǔ hào (구어)
号 hào는 날짜를 가리키며, 주로 구어에 사용된다.

40.

Tā hé péngyou yìqǐ qù lǚyóu le,
他 和 朋友 一起 去 旅游 了,
xià xīngqī huílai.
下 星期 回来。

그는 친구와 함께 여행을 가서, 다음 주에 돌아온다.

정답 **C**

단어 □ **和** hé 개사 …와/과 | □ **一起** yìqǐ 부사 같이, 함께 | □ **旅游** lǚyóu 동사 여행하다, 관광하다 | □ **下星期** xià xīngqī 다음 주 | □ **回来** huílai 동사 (화자가 있는 곳으로) 되돌아오다

해설 그는 친구와 여행을 떠났다고 했다. 짐 가방을 짊어지고 손에 모자를 들고 있는 사진 C의 모습이 이곳저곳 여행을 다니는 그와 그의 친구처럼 보인다. 정답은 C이다.

TIP! 上 shàng은 '앞의, 먼저의'라는 뜻이며, 下 xià는 '다음의, 나중의'의 뜻을 나타낸다.

上次 shàng cì 저번   上(个)星期 shàng (ge) xīngqī 지난주   上个月 shàng ge yuè 지난달
这次 zhè cì 이번   这(个)星期 zhè (ge) xīngqī 이번 주   这个月 zhè ge yuè 이번 달
下次 xià cì 다음 번   下(个)星期 xià (ge) xīngqī 다음 주   下个月 xià ge yuè 다음 달

제2부분 (41-45)

	lí		zuì		duì		kěnéng		guì		bāngzhù
A	离	B	最	C	对	D	可能	E	贵	F	帮助
	…로부터		가장		…에 대해		어쩌면		비싸다		도와주다

예제

Zhèr de yángròu hěn hǎochī, dànshì yě hěn guì.
这儿 的 羊肉 很 好吃，但是 也 很 (贵)。

여기의 양고기는 매우 맛있지만, 매우 (비싸기)도 하다.

정답 E

단어 □ 羊肉 yángròu 명사 양고기 │ □ 但是 dànshì 접속사 그러나, 그렇지만, 하지만 │ □ 也 yě 부사 …도

해설 이 문장에서는 但是 dànshì에 주목을 해야 한다. 但是 dànshì는 '그러나'의 뜻으로 앞에서 말한 내용과 대립되는 상황이 오기 때문에 '맛있지만 비싸다'의 표현이 어울린다. 또 정도부사(很 hěn, 非常 fēicháng, 真 zhēn, 太 tài…)와 어울릴 수 있는 단어는 보기에 제시된 단어 중 'E 贵 guì' 뿐이다.

41.

Xiànzài 7 diǎn, tā kěnéng hái méi qǐchuáng.
现在 7 点，她 (可能) 还 没 起床。

지금은 7시인데, 그녀는 (어쩌면) 아직까지 일어나지 않았을 것이다.

정답 D

단어 □ 还没 hái méi 아직 …하지 않았다, 아직 안 됐다, 아직 …하지 못했다 │ □ 起床 qǐchuáng 동사 (잠자리에서) 일어나다

해설 41번부터 45번까지의 문제는 문법적인 분석과 의미상의 해석 두 가지 방법으로 문제를 해결해야 한다. 의미상의 해석으로 정답을 바로 찾았다 하더라도, 문법적인 분석으로 다시 한번 확인하는 습관을 기르자. 이 문제는 주어 뒤, 술어 앞자리가 비어 있으므로 '부사어'가 온다는 것을 알 수 있다. 보기에서 부사는 'B 最 zuì'와 'D 可能 kěnéng' 두 개가 보인다. 最 zuì는 부사로 喜欢 xǐhuan, 爱 ài 등의 감정을 표현하는 동사 앞에 놓여 '가장, 최고로'의 뜻을 나타낸다. 의미상 빈칸에는 적합하지 않은 표현이다. 그러므로, 정답은 '아마도, 어쩌면'의 뜻을 나타내는 D가 가장 적합하다.

TIP! 可能 kěnéng은 '아마도, 어쩌면, 아마'의 뜻을 가진 부사로서 '추측, 예측'을 나타낸다.

· 他可能不会来了。Tā kěnéng bú huì lái le. 그는 아마 오지 않을 것이다.

· 他可能知道这件事情。Tā kěnéng zhīdào zhè jiàn shìqing. 그는 어쩌면 이 일을 알고 있다.

42.

Jīntiān wǒmen yào qù wǒ　zuì　xǐhuan
今天 我们 要 去 我（ **最** ）喜欢
de fànguǎn chīfàn.
的 饭馆 吃饭。

오늘 우리는 내가 (가장) 좋아하는 식당에 가서 밥을 먹을 것이다.

정답 B

단어 □ 要 yào [조동사] …해야 한다, …할 것이다, …하겠다 | □ 最 zuì [부사] 가장, 제일, 아주, 매우 | □ 饭馆 fànguǎn [명사] 식당

해설 문장을 짧게 떼어내서 분석해 보자. 빈칸이 포함된 부분을 떼어내서 '我 wǒ (주어)+( )+喜欢 xǐhuan (술어)+목적어' 형식으로 나열해 보자. 주어진 빈칸의 위치는 주어 뒤, 술어 앞이므로 여기에 올 수 있는 품사는 '부사어'이다. 보기 중에 부사어는 'B 最 zuì'와 'D 可能 kěnéng' 두 개이며, '내가 가장 좋아하는'이라는 의미를 완성하기에는 B가 가장 적합하다는 것을 알 수 있다. 정답은 B이다. 最 zuì는 보통 我最喜欢… wǒ zuì xǐhuan…, 我最爱… wǒ zuì ài…의 형식으로 많이 쓰인다.

43.

Tā　de Zhōngguó péngyou zhèngzài　bāngzhù
他 的 中国 朋友 正在 （ **帮助** ）
tā xuéxí Hànyǔ.
他 学习 汉语。

그의 중국 친구는 지금 그의 중국어 학습을 (도와주고) 있다.

정답 F

단어 □ 正在 zhèngzài [부사] 지금 …하고 있다 | □ 帮助 bāngzhù [동사] 돕다, 도와주다 | □ 学习 xuéxí [동사] 학습하다, 공부하다, 배우다

해설 正在 zhèngzài는 '지금 …을 하고 있다'는 뜻으로 동작의 현재 진행을 나타내는 부사로서, 뒤에는 반드시 동사가 와야 한다. 동사는 'F 帮助 bāngzhù' 하나 뿐이며, 의미상 적합한지를 확인해 보자. '지금 그가 중국어 공부하는 것을 도와주고 있다.'고 해석할 수 있다. 정답은 'F 도와주다'가 가장 잘 어울린다.

44.

| Wǒ jiā lí xuéxiào bú tài yuǎn.
我 家（离）学校 不 太 远。 | 우리집은 학교(에서) 그다지 멀지 않다. |

정답 A

단어 □ 离 lí 개사 …에서, …로부터, …까지 ｜ □ 不太 bú tài 별로, 그다지 ｜ □ 远 yuǎn 형용사 (공간적, 시간적으로) 멀다

해설 '…에서, …로부터 멀다/멀지 않다'는 표현은 '离…很远/不远 lí…hěn yuǎn/bù yuǎn'이다. 이런 표현 방식은 고정화된 형태이므로 외워서 활용하도록 하자. '학교에서, 학교로부터'라고 표현해야하므로 빈칸에는 전치사 离 lí가 들어가야 한다. 정답은 A이다.

45.

| Yùndòng duì shēntǐ hǎo.
运动（对）身体 好。 | 운동은 몸(에) 좋다. |

정답 C

단어 □ 运动 yùndòng 명사 운동 동사 운동하다 ｜ □ 身体 shēntǐ 명사 몸, 신체

해설 '…对身体很好 …duì shēntǐ hěn hǎo'는 '…몸에 좋다'의 의미이고, 반대로 '…对身体不好 …duì shēntǐ bù hǎo'는 '…몸에 좋지 않다'의 뜻이다. 만약 对 duì가 없이 '身体好 shēntǐ hǎo'만을 표현한다면, 단순히 '건강하다'는 상태를 표현하게 된다. 이 또한 고정화된 표현형태이므로 외워서 잘 활용하도록 하자. 정답은 C이다.

제3부분 (46-50)

예제

> Xiànzài shì 11 diǎn 30 fēn, tāmen yǐjīng
> 现在 是 11 点 30 分，他们 已经
> yóule 20 fēnzhōng le.
> 游了 20 分钟 了。
>
> Tāmen 11 diǎn 10 fēn kāishǐ yóuyǒng.
> ★ 他们 11 点 10 分 开始 游泳。

현재 11시 30분이며, 그들은 이미 20분째 수영을 하고 있다.

★ 그들은 11시 10분에 수영을 시작했다.

정답 ✓

단어
- 现在 xiànzài [명사] 지금, 현재 | 已经 yǐjīng [부사] 이미, 벌써 | 游 yóu [동사] 수영하다 |
- 了 le [조사] 동사 또는 형용사 뒤에 쓰여 동작의 완료를 나타냄 | 分钟 fēnzhōng [명사] (시간) 분

해설 游了20分钟了 yóule èrshí fēnzhōng le와 같이 한 문장에서 '了 le'가 두 번 쓰일 경우 그 해석에 주의해야 한다. 游了20分钟 yóule èrshí fēnzhōng은 즉, 과거 20분 동안 수영을 했으며, 지금 현재는 수영을 하고 있지 않다는 뜻을 포함하고 있다. 游了20分钟了 yóule èrshí fēnzhōng le는 수영을 하기 시작해서 지금까지 20분 동안 수영을 하고 있다는 뜻을 나타낸다.

> Wǒ huì tiàowǔ, dàn tiào de bù zěnmeyàng.
> 我 会 跳舞，但 跳 得 不 怎么样。
>
> Wǒ tiào de fēicháng hǎo.
> ★ 我 跳 得 非常 好。

나는 춤을 출 줄 알지만, 그다지 잘 추지는 못한다.

★ 나는 춤을 엄청 잘 춘다.

정답 ✗

단어
- 会 huì [동사] (배워서) …을/를 할 수 있다, …할 줄 알다 | 跳舞 tiàowǔ [동사] 춤을 추다 | 但 dàn [접속사] 그러나, 그렇지만, 하지만 | 得 de [조사] 동사나 형용사 뒤에 쓰여 결과나 정도를 나타내는 보어와 연결시킴 | 不怎么样 bù zěnmeyàng 그리 좋지 않다, 평범하다 | 非常 fēicháng [부사] 대단히, 매우, 아주

해설 동사의 상태와 결과의 정도를 보충 설명하는 성분을 정도보어라고 한다. 그리고 그런 동사와 정도보어의 사이를 得 de가 연결해 주어 「동사 + 得 de + 정도보어」의 형식을 만든다.

동사 + 得 de + 정도보어

> Chàng de hěn hǎo.
> 唱 得 很好。
> 부르는 정도가 매우 좋다. (잘 부른다.)

> Chàng de bù hǎo.
> 唱 得 不好。
> 부르는 정도가 좋지 않다. (잘 못 부른다.)

★목적어가 있는 경우

목적어 + 동사 + 得 de + 정도보어

Gē chàng de hěn hǎo.
歌 唱 得 很好。
노래를 부르는 정도가 좋다. (노래를 잘 부른다.)

Gē chàng de bù hǎo.
歌 唱 得 不好。
노래를 부르는 정도가 좋지 않다. (노래를 잘 못 부른다.)

46.

Jīntiān shì yuè hào, zuótiān shì wǒ de
今天 是 10 月 9 号, 昨天 是 我 的
shēngrì, wǒ yǐjīng suì le.
生日, 我 已经 21 岁 了。

★ Wǒ de shēngrì shì yuè hào.
我 的 生日 是 10 月 8 号。

오늘은 10월 9일이고, 어제는 내 생일이였다. 나는 이미 21살이 되었다.

★ 내 생일은 10월 8일이다.

정답 ✓

단어 □ 月 yuè 명사 월, 달 | □ 号 hào 명사 일 (날짜를 가리킴) | □ 生日 shēngrì 명사 생일 | □ 岁 suì 양사 살, 세 (나이를 세는 단위)

해설 날짜를 잘 확인해야 하는 문제이다. 오늘은 10월 9일이고, 어제가 내 생일이였다고 했으므로 내 생일은 10월 8일이 맞다. 정답은 ✓이다.

47.

Tāmen dōu zài kàn diànshì. Wǒ yě hěn
他们 都 在 看 电视。我 也 很
xiǎng kàn, dànshì xiànzài wǒ yào xuéxí,
想 看, 但是 现在 我 要 学习,
yīnwèi míngtiān yǒu kǎoshì.
因为 明天 有 考试。

★ Wǒ bù xiǎng kàn diànshì.
我 不 想 看 电视。

그들은 모두 텔레비전을 보고 있다. 나도 너무 보고 싶지만, 지금 나는 공부해야 한다. 왜냐하면, 내일 시험이 있기 때문이다.

★ 나는 텔레비전을 보고 싶지 않다.

정답 ✗

단어 □ 都 dōu 부사 모두, 다, 전부 | □ 在 zài 부사 지금 …하고 있다 | □ 电视 diànshì 명사 텔레비전 | □ 也 yě 부사 …도 | □ 想 xiǎng 조동사 …하고 싶다, …하려고 하다, …할 작정이다 | □ 但是 dànshì 접속사 그러나, 그렇지만, 하지만 | □ 要 yào 조동사 …해야 한다, …할 것이다, …하겠다 | □ 因为 yīnwèi 접속사 왜냐하면, …때문이다 | □ 考试 kǎoshì 동사 시험을 치다 명사 시험

해설 그들 모두가 텔레비전을 보고 있으며, 나도 너무 보고 싶다고 했다. 그러므로 제시된 '보고 싶지 않다'는 내용은 본 문장과 부합하지 않는다. 정답은 ✗이다.

48.

| Wǒ zài Zhōngguó xuéxí Hànyǔ, wǒ bàba māma hěn xiǎng wǒ, tāmen zhǔnbèi lái Zhōngguó kàn wǒ.
我 在 中国 学习 汉语，我 爸爸 妈妈 很 想 我，他们 准备 来 中国 看 我。

★ Wǒ de bàba māma xiànzài zài Zhōngguó.
★ 我 的 爸爸 妈妈 现在 在 中国。 | 나는 중국에서 중국어를 배우고 있는데 우리 아빠 엄마는 나를 매우 보고 싶어 하신다. 그들은 나를 보러 중국에 오시려고 한다.

★ 나의 아빠 엄마는 현재 중국에 계신다. |

정답 ✗

단어 □ 在 zài 개사 …에, …에서 동사 …에 있다 │ □ 想 xiǎng 동사 걱정하다, 그리워하다, 보고 싶어하다 │ □ 准备 zhǔnbèi 조동사 …하려고 하다, …할 작정(계획)이다

해설 현재 중국에 있는 사람은 '나'이며, 엄마 아빠는 나를 보러 중국에 오시려고 한다. 그러므로 부모님이 현재 중국에 계신다는 내용은 적합한 표현이 아니다. 정답은 ✗이다.

49.

| Wǒ de péngyou jiào wǒ qù xuéxiào pángbiān de fànguǎn chīfàn. Wǒ hěn gāoxìng, yīnwèi nà jiā fànguǎn de cài hěn hǎochī.
我 的 朋友 叫 我 去 学校 旁边 的 饭馆 吃饭。我 很 高兴，因为 那 家 饭馆 的 菜 很 好吃。

★ Wǒ yào hé péngyou yìqǐ qù fànguǎn chīfàn.
★ 我 要 和 朋友 一起 去 饭馆 吃饭。 | 내 친구는 나보고 학교 옆에 있는 식당에 가서 밥을 먹으라고 했다. 나는 매우 기뻤다. 왜냐하면 그 식당의 음식이 너무 맛있기 때문이다.

★ 나는 친구와 함께 식당에 가서 밥을 먹으려고 한다. |

정답 ✓

단어 □ 高兴 gāoxìng 형용사 기쁘다, 즐겁다 │ □ 因为 yīnwèi 접속사 왜냐하면 │ □ 菜 cài 명사 채소, 야채, 음식, 요리

해설 叫 jiào는 겸어문을 만드는 동사로 '누구에게 무엇을 하도록 시키다' 또는 '누구에게 무엇을 하게 하다'는 뜻을 나타낸다. '朋友叫我去。Péngyou jiào wǒ qù.'라고 하면, '친구가 나를 가도록 시켰다(가게 했다)'는 뜻으로 '나는 친구와 함께 식당에 갔다'라는 표현은 적합하다고 볼 수 있다. 정답은 ✓이다.

TIP! 叫 jiào는 '누구에게 무엇을 하도록 시키다' 또는 '누구에게 무엇을 하게 하다'는 뜻으로 어떤 대상으로 하여금 어떤 행동을 하게 하는 것을 말한다. 예를 들어 '朋友叫我去那家饭馆吃饭。Péngyou jiào wǒ qù nà jiā fànguǎn chīfàn. (친구가 나에게 그 식당에 가서 식사하도록 한다.)'에서 我 wǒ는 朋友叫我 péngyou jiào wǒ (친구가 나에게 시키다) 문장에서 목적어 역할을 하고, 我去那家饭馆吃饭 wǒ qù nà jiā fànguǎn chīfàn (나는 그 식당에 가서 식사한다) 문장에서는 주어의 역할을 겸하고 있다. 중국어에서 이러한 문장을 '겸어문'이라고 하며, 대표적인 동사로는 '让 ràng, 请 qǐng, 叫 jiào' 등이 있다.

- 他叫我去买一张火车票。Tā jiào wǒ qù mǎi yì zhāng huǒchē piào.
  그는 나에게 가서 기차표 한 장을 사라고 시켰다.
- 老师叫我去图书馆。Lǎoshī jiào wǒ qù túshūguǎn.
  선생님께서 나에게 도서관에 가라고 시키셨다.
- 我叫我妹妹打扫房间。Wǒ jiào wǒ mèimei dǎsǎo fángjiān.
  나는 내 여동생에게 방을 청소하라고 시켰다.

50.

Nǐmen jiā de chá zhēn hǎohē, wǒ tài xǐhuan le. Wǒ xiǎng zài hē yì bēi.
你们 家 的 茶 真 好喝，我 太 喜欢 了。我 想 再 喝 一 杯。

너네 집 차가 진짜 맛있어, 내가 너무 좋아해. 나는 한 잔 더 마시고 싶어.

Wǒ yǐjīng hēguo chá le.
★ 我 已经 喝过 茶 了。

★ 나는 이미 차를 마셨다.

정답 ✓

단어 □ 茶 chá 명사 차 | □ 好喝 hǎohē 형용사 (음료수 따위가) 맛있다, 마시기 좋다 | □ 想 xiǎng 조동사 …하고 싶다, …하려고 하다, …할 작정이다 | □ 再 zài 부사 재차, 또, 다시

해설 친구네 집에 놀러 가서 차를 마시고 있다. 차를 이미 마셨는데 맛이 너무 좋아서 한 잔 더 먹고 싶다고 말하고 있다. 그러므로 차를 이미 마셨다는 적합한 표현이다. 정답은 ✓이다.

제4부분 (51-60)

(51-55)

A Nǐ kěnéng shēngbìng le, qù yīyuàn kànkan ba.
   你 可能 生病 了，去 医院 看看 吧。
   너 아마도 몸이 아픈 것 같아, 병원 한번 가 봐.

B Wǒ zuì xǐhuan de lǎoshī shì Zhāng lǎoshī.
   我 最 喜欢 的 老师 是 张 老师。
   내가 가장 좋아하는 선생님은 장 선생님이에요.

C Wǒ hěn xǐhuan, dànshì tài guì le.
   我 很 喜欢，但是 太 贵 了。
   나는 아주 마음에 들어, 그런데 너무 비싸.

D Shéi shì Wáng Xiǎoyǔ? Wǒ bú rènshi tā.
   谁 是 王 小雨？我 不 认识 她。
   누가 왕샤오위인데? 나는 그녀를 몰라.

E Tā zài nǎr ne? Nǐ kànjiàn tā le ma?
   他 在 哪儿 呢？你 看见 他 了 吗？
   그는 어디에 있습니까? 당신은 그를 봤습니까?

F Qǐngwèn lí zhèr zuì jìn de shāngdiàn zěnme zǒu?
   请问 离 这儿 最 近 的 商店 怎么 走？
   말씀 좀 여쭙겠습니다. 여기서부터 가장 가까운 상점은 어떻게 갑니까?

예제

| Tā hái zài jiàoshì li xuéxí.
他 还 在 教室 里 学习。 | 그는 아직도 교실에서 공부하고 있어요. |

정답 E

단어 □ 还 hái [부사] 여전히, 아직도, 아직 | □ 在 zài [개사] …에, …에서 [동사] …에 있다 | □ 教室 jiàoshì [명사] 교실 | □ 里 li [명사] 안쪽, 내부 | □ 学习 xuéxí [동사] 학습하다, 공부하다, 배우다

해설 '그가 어디에 있다'라는 내용이다. 그렇다면 문맥상 가장 자연스러운 대화 내용은 '그가 어디에 있습니까?'를 묻는 내용으로 볼 수 있다.

51.

> Wǒ yě hěn xǐhuan tā, tā de kè hěn yǒu yìsi.
> 我 也 很 喜欢 她，她 的 课 很 有 意思。

나도 그녀를 매우 좋아해요, 그녀의 수업은 매우 재미있어요.

정답 **B**

단어   □ 课 kè 명사 수업, 강의 | □ 有意思 yǒu yìsi 재미있다, 흥미 있다 | □ 最 zuì 부사 가장, 제일, 아주, 매우

해설   나도 그녀를 매우 좋아한다고 했으므로 이 문장의 앞 대화를 찾아야 한다. 또한 그녀의 수업은 매우 재미있다고 했으므로 그녀는 '선생님'일 가능성이 크다. 보기 B의 내용이 대화를 구성하기에 안성맞춤이라고 할 수 있다. 정답은 B이다.

52.

> Nǐ wèi shénme bù mǎi nà jiàn yīfu?
> 你 为 什么 不 买 那 件 衣服?
> Bù xǐhuan ma?
> 不 喜欢 吗?

너는 왜 그 옷을 안 샀니? 마음에 안 드니?

정답 **C**

단어   □ 为什么 wèi shénme 대명사 왜, 무엇 때문에, 어째서 | □ 件 jiàn 양사 벌, 착 (외투, 셔츠 등 옷을 세는 단위) | □ 但是 dànshì 접속사 그러나, 그렇지만, 하지만 | □ 太…了 tài…le 너무 …하다 | □ 贵 guì 형용사 (가격이나 가치가) 높다, 비싸다

해설   옷을 사러 나갔다가 옷을 안 사고 들어온 모양이다. 왜 안 샀는지 그 이유를 묻고 있다. '마음에 안 드니?'라고 물었더니 '마음에 든다, 좋아한다, 그런데 가격이 너무 비싸다'는 대답이 보인다. 정답은 C이다.

53.

> Nǐ cóng zhèr xiàng qián zǒu, wǔ fēnzhōng hòu jiù kànjiàn le.
> 你 从 这儿 向 前 走，五 分钟 后 就 看见 了。

당신은 여기서 앞을 향해 걸어가세요. 5분 쯤 후에 보일 거예요.

정답 F

해설 어떻게 가는지를 설명해 주는 문장이다. 그렇다면 이 앞 문장은 어디를 어떻게 가는지 길을 묻는 문장일 가능성이 크다. 낯선 곳에서 모르는 사람에게 길을 물을 때에는 '실례합니다, 말씀 좀 여쭙겠습니다'는 뜻의 '请问 qǐngwèn'으로 상대방에게 말을 거는 것이 좋다. 대화를 가장 자연스럽게 연결해 주는 문장은 F가 된다. 정답은 F이다.

단어
- 从 cóng 〔개사〕 …에서, …부터, …을 기점으로 | 向 xiàng 〔개사〕 …(으)로, …에게, …을(를) 향하여 |
- 前 qián 〔명사〕 (공간에서의) 바로 앞, 정면 | 走 zǒu 〔동사〕 걷다 | 就 jiù 〔부사〕 곧, 즉시, 바로, 당장 |
- 看见 kànjiàn 〔동사〕 보다, 보이다 | 请问 qǐngwèn 〔동사〕 말씀 좀 여쭙겠습니다 | 离 lí 〔개사〕 …에서, …로부터, …까지 | 最 zuì 〔부사〕 가장, 제일, 아주, 매우 | 近 jìn 〔형용사〕 (공간적, 시간적으로) 가깝다 |
- 怎么 zěnme 〔대명사〕 어떻게, 어째서, 왜

TIP! 向 xiàng은 '…으로, …을 향하여'의 뜻을 나타내는 부사이다. '向 xiàng+방위 명사'는 동사 앞에 놓여 동작의 방향을 나타낸다.

- 向前看。Xiàng qián kàn. 앞으로 보다. (앞을 봐라.)
- 向左转。Xiàng zuǒ zhuǎn. 왼쪽으로 돌다. (좌회전해라.)

TIP! 后 hòu는 시간을 나타내는 명사구조 뒤에 위치하며, '…(한) 후에' 또는 '…지나서'로 해석한다.

- 5分钟后，请你给我打电话。Wǔ fēnzhōng hòu, qǐng nǐ gěi wǒ dǎ diànhuà.
  5분 후에, 저에게 전화해 주세요.
- 吃早饭后，我去学校。Chī zǎofàn hòu, wǒ qù xuéxiào.
  아침밥을 먹고 나서, 나는 학교에 간다.
- 几个月后，我要去中国。Jǐ ge yuè hòu, wǒ yào qù Zhōngguó.
  몇 달 후에, 나는 중국에 가야 한다.

54.

> Wǒ juéde hěn lèi, hái hěn lěng.
> 我 觉得 很 累，还 很 冷。
>
> 나는 너무 피곤하고, 게다가 너무 춥다.

정답 A

단어 □ 觉得 juéde 동사 …라고 여기다, …라고 생각하다 │ □ 累 lèi 형용사 지치다, 피곤하다 │ □ 冷 lěng 형용사 춥다 │ □ 可能 kěnéng 부사 아마도, 아마 (…일지도 모른다), 어쩌면 │ □ 生病 shēngbìng 동사 병이 나다, 병에 걸리다 │ □ 医院 yīyuàn 명사 병원

해설 나의 몸 상태를 설명하고 있다. 너무 피곤하고 춥다고 했더니, 친구가 아픈 것 같으니 병원에 가 보라고 권유하고 있다. 정답은 A이다.

TIP! 还 hái는 '또, 더, 게다가'라는 뜻의 부사로서 이미 지정된 범위 외에 수량이 더 증가되거나 범위가 확대됨을 나타낸다.

55.

> Nǐ zuótiān zài wǒ jiā jiànguo tā,
> 你 昨天 在 我 家 见过 她，
> tā chuānzhe báisè de yīfu.
> 她 穿着 白色 的 衣服。
>
> 너는 어제 우리 집에서 그녀를 본 적 있는데, 그녀는 흰색 옷을 입고 있었어.

정답 D

단어 □ 见 jiàn 동사 마주치다, 만나다 │ □ 白色 báisè 명사 흰색 │ □ 谁 shéi 대명사 누구

해설 그녀를 우리집에서 본 적이 있으며 흰색 옷을 입고 있었다고 설명해 주고 있다. 가장 잘 어울리는 대화 내용으로는 왕샤오위가 누구인지, 자기는 그녀를 모른다고 말하고 있는 D가 된다. 정답은 D이다.

TIP! 过 guo는 동사 뒤에 쓰여 '…적이 있다, …한 경험이 있다'는 뜻으로 어떠한 일에 대한 '경험'을 나타낸다.

· 我去过英国博物馆。Wǒ qùguo Yīngguó bówùguǎn. 나는 영국 박물관에 가 본 적이 있다.

· 我听过那个故事。Wǒ tīngguo nà ge gùshi. 나는 그 이야기를 들은 적이 있다.

과거의 경험을 부정할 때에는 '没有 méiyǒu'를 써서 '…한 적이 없다'로 표현한다.

· 看过。Kànguo. 본 적이 있다.　　没(有)看过。Méi(yǒu) kànguo. 본 적이 없다.
· 来过。Láiguo. 와 본 적이 있다.　　没(有)来过。Méi(yǒu) láiguo. 와 본 적이 없다.
· 去过。Qùguo. 가 본 적이 있다.　　没(有)去过。Méi(yǒu) qùguo. 가 본 적이 없다.
· 吃过。Chīguo. 먹어 본 적이 있다.　　没(有)吃过。Méi(yǒu) chīguo. 먹어 본 적이 없다.

TIP! 着 zhe는 동사 뒤에 쓰여 동작의 진행 또는 상태의 지속을 나타낸다.

1. 동작 혹은 상태의 지속: …한 채로 있다, …해 있다

· 门开着。Mén kāizhe. 문이 열려져 있다.

· 桌子上放着一本书。Zhuōzi shang fàngzhe yì běn shū. 책상 위에 책 한 권이 놓여져 있다.

2. 正 zhèng, 在 zài, 正在…呢 zhèngzài…ne 등과 함께 쓰여 동작의 진행을 강조: …하고 있다

- 外面正下着雨呢。 Wàimian zhèng xiàzhe yǔ ne.
  밖에 비가 내리고 있다.
- 他正看着电影呢。 Tā zhèng kànzhe diànyǐng ne.
  그는 영화를 보고 있다.

3. 동작의 방식: …하면서

- 我坐着看书。 Wǒ zuòzhe kàn shū. 나는 앉아서 책을 본다.
- 老师站着上课。 Lǎoshī zhànzhe shàngkè. 선생님은 서서 수업을 하신다.
- 我走着去学校。 Wǒ zǒuzhe qù xuéxiào. 나는 걸어서 학교에 간다.

TIP! '认识 rènshi'와 '知道 zhīdào' 동사를 살펴 보자. 이 두 동사 뒤에 목적어가 사람일 경우, 이 두 동사 모두 '이 사람을 안다'로 해석한다. 한국어로 같은 의미를 나타내는 이 두 동사는 과연 어떤 차이가 있을까? '认识 rènshi'는 이 사람의 얼굴을 안다는 뜻이다. 만난 적이 있어서 안면이 있다는 뜻을 나타낸다. '知道 zhīdào'는 이 사람에 대한 정보를 가지고 있어서 그 사람의 이름이나 직업 등을 알고 있다는 뜻을 나타낸다. 문맥에 맞게 잘 선택해서 사용하도록 하자.

(56-60)

A Lǐ xiānsheng yǒu háizi ma?
李 先生 有 孩子 吗?
미스터 리는 아이가 있습니까?

B Tā bú zài. Qǐngwèn nǐ zhǎo tā yǒu shénme shìqing?
他 不 在。请问 你 找 他 有 什么 事情?
그는 안 계시는데요. 죄송합니다만 무슨 일로 그를 찾으시는지요?

C Nǐ de shǒubiǎo zhēn piàoliang, zài nǎr mǎi de? Wǒ yě xiǎng mǎi yí ge.
你 的 手表 真 漂亮,在 哪儿 买 的? 我 也 想 买 一 个。
너 손목시계 정말 예쁘다. 어디에서 샀어? 나도 하나 사고 싶다.

D Xièxie. Nǐ zuò de cài hěn hǎochī, wǒ yǐjīng chīle hěn duō le.
谢谢。你 做 的 菜 很 好吃,我 已经 吃了 很 多 了。
감사합니다. 당신이 만든 요리 정말 맛있네요. 저는 이미 많이 먹었습니다.

E Méi guānxi. Nǐ yào duō xiūxi.
没 关系。你 要 多 休息。
괜찮아. 너 푹 쉬어야 해.

56.

Zhè shì zài xuéxiào pángbiān de shāngdiàn mǎi de.
这 是 在 学校 旁边 的 商店 买 的。

이것은 학교 옆에 있는 상점에서 산 것입니다.

정답 C

단어 □ 旁边 pángbiān [명사] 옆, 곁 | □ 商店 shāngdiàn [명사] 상점 | □ 手表 shǒubiǎo [명사] 손목시계 |
□ 想 xiǎng [조동사] …하고 싶다, …하려고 하다, …할 작정이다

해설 '학교 옆에 있는 상점에서 샀다' 즉, 물건을 산 장소를 알려 주고 있다. 보기 중에 '어디에서 샀니?'라고 명확하게 질문하는 문장이 보인다. 정답은 C이다.

TIP! '是…的 shì…de'는 주로 시간, 장소, 방법, 사람 등을 강조할 때 쓰는 표현이다. '是 shì + 강조하는 내용 + 的 de'의 형태로 말하는 이가 강조하고자 하는 내용을 사이에 넣어 표현한다.

西瓜是我最喜欢吃的。Xīguā shì wǒ zuì xǐhuan chī de.
수박은 내가 제일 좋아하는 먹거리(과일)이다.

我是坐飞机来的。Wǒ shì zuò fēijī lái de.
나는 비행기를 타고 왔다.

57.

> Māma, duìbuqǐ. Wǒ zhè jǐ tiān hěn máng, méiyǒu gěi nín dǎ diànhuà.
> 妈妈，对不起。我 这 几 天 很 忙，没 有 给 您 打 电话。
>
> 엄마, 죄송해요. 제가 요 며칠 많이 바빠서 전화를 못 드렸어요.

정답 E

단어
- 这几天 zhè jǐ tiān `대명사` 요즘, 요 며칠 | □ 忙 máng `형용사` 바쁘다, 틈이 없다 | □ 给 gěi `동사` 주다 |
- 打电话 dǎ diànhuà 전화를 걸다, 전화하다 | □ 没关系 méi guānxi 괜찮다, 상관 없다, 문제 없다 |
- 休息 xiūxi `동사` 휴식하다, 쉬다

해설 对不起 duìbuqǐ와 함께 한 쌍을 이루는 단어는 没关系 méi guānxi가 된다. '对不起 duìbuqǐ-没关系 méi guānxi'와 '谢谢 xièxie-不客气 búkèqi'는 늘 한 쌍으로 묶어서 대화를 완성해나가자. 정답은 没关系 méi guānxi가 보이는 E가 된다.

TIP! 没 méi는 '…하지 않다, …하지 않았다'는 뜻의 부정부사이다. 주로 동사를 부정하며, 과거의 경험, 행위, 사실 등을 부정할 때 사용한다.

昨天下午我没上课。Zuótiān xiàwǔ wǒ méi shàngkè.
어제 오후에 나는 수업을 하지 않았다.

昨天我没去游泳。Zuótiān wǒ méi qù yóuyǒng.
어제 나는 수영하러 가지 않았다.

昨天我没看书。Zuótiān wǒ méi kàn shū.
어제 나는 책을 보지 않았다.

昨天我没吃苹果。Zuótiān wǒ méi chī píngguǒ.
어제 나는 사과를 먹지 않았다

TIP! '多 duō+동사'로 쓰이면 '많이 …하다'

多吃水果。Duō chī shuǐguǒ. 과일을 많이 먹어.

多喝水。Duō hē shuǐ. 물을 많이 마셔.

多穿衣服。Duō chuān yīfu. 옷을 많이 입어.

58.

> Tā yǒu yí ge nǚ'ér, yí ge érzi.
> 他 有 一 个 女儿, 一 个 儿子。
>
> 그는 딸 하나, 아들 하나 있어요.

정답 A

단어 □ 女儿 nǚ'ér 명사 딸 | □ 儿子 érzi 명사 아들 | □ 孩子 háizi 명사 애, 어린이, (어린)아이

해설 가족 관계 중에서도 자녀의 수를 이야기하고 있다. 아이가 있는지, 자녀가 몇 명인지를 묻는 말에 대한 대답이다. A가 대화를 가장 자연스럽게 만들어준다. 정답은 A이다.

59.

> Zài chī yìdiǎnr ba.
> 再 吃 一点儿 吧。
>
> 좀 더 드세요.

정답 D

단어 □ 再 zài 부사 재차, 또, 다시 | □ 一点儿 yìdiǎnr 양사 조금, 약간 | □ 做 zuò 동사 하다, 만들다 | □ 菜 cài 명사 채소, 야채, 음식, 요리 | □ 已经…了 yǐjīng…le 이미 …하다

해설 '좀 더 드세요'라는 권유에 고맙다는 인사말과 '해 주신 음식이 아주 맛있어서 이미 많이 먹었다'라고 말하는 D가 대화를 완벽하게 구성해 준다. 정답은 D이다.

60.

> Nǐ hǎo. Wáng lǎoshī zài jiā ma?
> 你 好。王 老师 在 家 吗?
>
> 안녕하세요. 왕 선생님 집에 계신가요?

정답 B

단어 □ 在 zài 개사 …에, …에서 동사 …에 있다 | □ 老师 lǎoshī 명사 선생님 | □ 请问 qǐngwèn 동사 말씀 좀 여쭙겠습니다 | □ 找 zhǎo 동사 찾다, 구하다 | □ 事情 shìqing 명사 일, 사건

해설 '他在家吗? Tā zài jiā ma?'는 '그는 집에 계십니까?'라고 묻는 말이다. 이에 대한 대답으로 '他在 Tā zài(계십니다)' 또는 '他不在 Tā bú zài(안 계십니다)'로 할 수 있다. 대화를 완성하기에 적합한 문장은 B이다. 정답은 B가 된다.

착!붙는 新HSK 실전 모의고사 3회 정답

一、听 力

第一部分　1. ✗　　2. ✓　　3. ✓　　4. ✗　　5. ✗
　　　　　6. ✗　　7. ✗　　8. ✓　　9. ✗　　10. ✗

第二部分　11. E　　12. A　　13. B　　14. C　　15. F
　　　　　16. C　　17. B　　18. A　　19. D　　20. E

第三部分　21. C　　22. A　　23. A　　24. A　　25. C
　　　　　26. A　　27. B　　28. C　　29. A　　30. A

第四部分　31. C　　32. A　　33. C　　34. A　　35. A

二、阅 读

第一部分　36. B　　37. C　　38. F　　39. A　　40. E

第二部分　41. C　　42. A　　43. D　　44. F　　45. B

第三部分　46. ✗　　47. ✓　　48. ✓　　49. ✗　　50. ✗

第四部分　51. C　　52. D　　53. A　　54. B　　55. F
　　　　　56. B　　57. D　　58. E　　59. A　　60. C

1. 듣기

제1부분 (1-10)

예제

Wǒmen jiā yǒu sān ge rén.
我们 家 有 三 个 人。

우리집은 세 식구이다.

정답 ✓

단어 □我们 wǒmen 대명사 우리 │ □家 jiā 명사 집 │ □个 ge 양사 명, 개 (개개의 사람이나 물건에 쓰임)

해설 三个人 sān ge rén은 '세 명'이라는 뜻으로 사진과 일치한다.

Wǒ měi tiān zuò gōnggòngqìchē qù shàngbān.
我 每 天 坐 公共汽车 去 上班。

나는 매일 버스를 타고 출근한다.

정답 ✗

단어 □坐 zuò 동사 앉다, (교통수단을) 타다 │ □公共汽车 gōnggòngqìchē 명사 버스 │ □上班 shàngbān 동사 출근하다

해설 公共汽车 gōnggòngqìchē는 '버스'라는 뜻인데, 보기 사진은 자전거이다. 녹음 내용과 사진이 일치하지 않는다.

1.

Xiàwǔ wǒ yào qù jīchǎng sòng péngyou.
下午 我 要 去 机场 送 朋友。

오후에 나는 공항에 가서 친구를 배웅해야 한다.

정답 ✗

단어 □ **下午** xiàwǔ 명사 오후 | □ **机场** jīchǎng 명사 공항 | □ **送** sòng 동사 배웅하다, 데려다 주다

해설 제시된 사진은 '버스'이다. 나는 오후에 공항에 간다고 했으므로 비행기나 공항의 사진이 내용에 적합한 사진이 된다. 정답은 ✗이다. 만약 문장의 내용이 '나는 오후에 버스를 타고 공항에 간다'라고 한다면, 제시된 사진에 적합한 내용이 된다.

TIP! 要 yào는 조동사로 동사 앞에 놓여 '…해야 한다, …할 것이다, …하려 한다'는 '의지'를 나타낸다.
· 我要学游泳。Wǒ yào xué yóuyǒng. 나는 수영을 배우려고 한다.
· 我要去美国学英语。Wǒ yào qù Měiguó xué Yīngyǔ.
  나는 미국에 영어 공부하러 갈 것이다.

TIP! 중국어에서 한 문장 안에 동사가 두 개 이상 연달아 나오는 문장을 '연동문'이라고 한다. 어순은 먼저 발생하는 동작의 순서대로 나열한다.
· 我去机场接朋友。Wǒ qù jīchǎng jiē péngyou. 나는 공항에 가서 친구를 마중한다.
· 我坐火车去上海。Wǒ zuò huǒchē qù Shànghǎi. 나는 기차를 타고 상하이에 간다.
· 我去中国学汉语。Wǒ qù Zhōngguó xué Hànyǔ. 나는 중국에 가서 중국어를 배운다.

2.

Shuìjiào qián tāmen huì kàn yíhuìr shū.
睡觉 前 他们 会 看 一会儿 书。

잠들기 전에 그들은 책을 잠깐 볼 것이다.

정답 ✓

단어 □ **睡觉** shuìjiào 동사 잠을 자다 | □ **前** qián 명사 (방위, 순서, 시간의) 앞, 전에, …하기 전에 | □ **看书** kànshū 동사 책을 보다(읽다), 독서하다, 공부하다

해설 부부가 침대 위에서 나란히 책을 보고 있는 모습이다. 잠들기 전에 책을 잠깐 본다는 내용과 일치한다. 정답은 ✓이다.

TIP! 一会儿 yíhuìr은 '잠시, 잠깐 동안'의 의미로 주로 동사 뒤에 놓여 짧은 시간에 이뤄지는 동작을 표현한다.
· 大家休息一会儿。Dàjiā xiūxi yíhuìr. 다들 잠깐 쉬어요.
· 你在这儿坐一会儿吧。Nǐ zài zhèr zuò yíhuìr ba. 너 여기에 잠깐 앉아 있어.
· 等一会儿就回来了。Děng yíhuìr jiù huílai le. 조금만 기다리고 있으면 곧 돌아올 거야.

3.

Tā měi tiān dōu yào qù yóuyǒng.
他 每 天 都 要 去 游泳。

그는 날마다 수영하러 간다.

정답 ✓

단어 □ 每天 měi tiān [부사] 매일, 날마다 | □ 要 yào [조동사] …해야 한다, …할 것이다, …하겠다 | □ 游泳 yóuyǒng [동사] 수영하다 [명사] 수영

해설 그는 매일 수영을 하러 간다는 내용과 수영하고 있는 사진과 일치한다. 정답은 ✓이다.

TIP! 여러 가지 운동 종목

· 足球 zúqiú 축구   · 游泳 yóuyǒng 수영
· 滑雪 huáxuě 스키   · 滑冰 huábīng 스케이팅
· 排球 páiqiú 배구   · 篮球 lánqiú 농구
· 棒球 bàngqiú 야구   · 网球 wǎngqiú 테니스
· 羽毛球 yǔmáoqiú 배드민턴 · 高尔夫球 gāo'ěrfūqiú 골프
· 乒乓球 pīngpāngqiú 탁구 · 保龄球 bǎolíngqiú 볼링

4.

Wǒ zài huí jiā de lù shang mǎile yì zhāng bàozhǐ.
我 在 回 家的 路 上 买了 一 张 报纸。

나는 집에 가는 길에 신문을 하나 샀다.

정답 ✗

단어 □ 在 zài [개사] …에(서), …에 있어서 | □ 回家 huí jiā [동사] 집으로 돌아가다, 귀가하다 | □ 路上 lù shang [명사] 길 가는 중, 도중 | □ 报纸 bàozhǐ [명사] 신문

해설 내가 산 물건은 '신문'이다. 제시된 사진은 두꺼운 '사전'이라고 볼 수 있으므로 내용이 부합하지 않는다. 정답은 ✗이다.

TIP! 张 zhāng은 종이, 사진, 탁자, 침대 등 평평하고 넓적한 물건을 세는 양사이다.

· 一张纸 yì zhāng zhǐ 종이 한 장
· 一张照片 yì zhāng zhàopiàn 사진 한 장
· 一张电影票 yì zhāng diànyǐng piào 영화표 한 장
· 一张床 yì zhāng chuáng 침대 한 개
· 一张桌子 yì zhāng zhuōzi 탁자 한 개
· 一张地图 yì zhāng dìtú 지도 한 장

5.

Māma qù zhǎo tā de shíhou, tā zhèngzài jiàoshì shàngkè.
妈妈 去 找 他 的 时候，他 正在 教室 上课。

엄마가 그를 찾으러 갔을 때, 그는 교실에서 수업을 하고 있었다.

정답 ✗

단어 □ 找 zhǎo 동사 찾다, 구하다 ｜ □ 教室 jiàoshì 명사 교실 ｜ □ 上课 shàngkè 동사 수업을 하다

해설 교실이라는 장소는 맞는 것 같으나 지금 현재 진행 중인 동작을 잘 확인해야 한다. 문장에서는 '수업'을 하고 있다고 했으나, 제시된 사진은 '식사'를 하고 있으므로 서로 부합하지 않는 내용이다. 정답은 ✗이다.

TIP! …的时候 …de shíhou는 '…일 때, …할 때'의 표현이다.

· 去找他的时候 qù zhǎo tā de shíhou 그를 찾아갔을 때
· 休息的时候 xiūxi de shíhou 쉴 때
· 睡觉的时候 shuìjiào de shíhou 잘 때
· 回家的时候 huí jiā de shíhou 집에 갈 때
· 买东西的时候 mǎi dōngxi de shíhou 물건을 살 때

6.

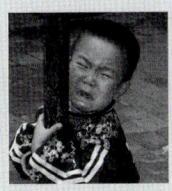

Nàge xiǎo nánháir zài chànggē.
那个 小 男孩儿 在 唱歌。

그 어린 남자 아이는 노래를 부르고 있다.

정답 ✗

단어 □ 小 xiǎo 형용사 (형제 자매의 순서에서) 맨 끝의, 가장 어린, 막내의 ｜ □ 男孩儿 nánháir 명사 남자 아이 ｜
□ 唱歌 chànggē 동사 노래를 부르다

해설 사진 속의 남자 아이는 울고 있는 표정이다. 그러므로 '노래를 부르고 있다'는 내용과는 어울리지 않는다. 정답은 ✗이다.

TIP! 在 zài는 '지금 …하고 있다'는 뜻의 부사로서 '在 zài + 동사 + 呢 ne' 구조로 현재진행형을 나타낸다. 원래 문형은 '正在 zhèngzài + 동사 + 呢 ne'로 표현되나, 문장에서 '正 zhèng'이나 '在 zài' 하나만 써도 같은 의미를 나타내며 문장 끝에 呢 ne는 생략이 가능하다.

· 他在听音乐呢。 Tā zài tīng yīnyuè ne. 그는 (지금) 음악을 듣고 있다.
· 妈妈在休息呢。 Māma zài xiūxi ne. 엄마는 (지금) 쉬고 계신다.

7.

Wǒ xiǎng sòng gěi gēge yí ge lánqiú.
我 想 送 给 哥哥 一 个 篮球。

나는 형에게 농구공을 선물하고 싶다.

정답 ✗

단어 □ 篮球 lánqiú [명사] 농구공

해설 내가 형에게 선물하고 싶은 것은 '농구공'이다. 제시된 사진은 농구공이 아닌 배드민턴채와 셔틀콕이므로 서로 어울리지 않는 내용이 된다. 정답은 ✗이다.

TIP! 想 xiǎng은 동사 앞에 놓여 '…하고 싶다' 또는 '…하려고 한다'는 뜻을 나타내는 조동사이다. 送给 sòng gěi는 '선물하다'로 목적어를 두 개 가져올 수 있다. 누구에게 주는지를 말하고, 무엇을 주는지는 그 다음에 말한다.

· 我想送给姐姐一张电影票。Wǒ xiǎng sòng gěi jiějie yì zhāng diànyǐng piào.
나는 언니에게 영화표 한 장을 주고 싶다.

· 我想送给弟弟一双鞋子。Wǒ xiǎng sòng gěi dìdi yì shuāng xiézi.
나는 남동생에게 신발 한 켤레를 선물해 주고 싶다.

8.

Zuótiān wǒ qù mǎi yīfu le.
昨天 我 去 买 衣服 了。

어제 우리는 옷을 사러 갔었다.

정답 ✓

단어 □ 买 mǎi [동사] 사다, 매입하다, 구매하다

해설 사진 속의 두 사람은 즐거운 쇼핑을 하고 있으며, 옷 매장에서 옷을 고르는 모습이다. 그러므로 어제 우리는 옷을 사러 갔었다는 내용과 부합한다고 볼 수 있다. 정답은 ✓이다.

TIP! 그저께 - 어제 - 오늘 - 내일 - 모레
前天 qiántiān - 昨天 zuótiān - 今天 jīntiān - 明天 míngtiān - 后天 hòutiān

TIP! 了 le의 기본용법으로 동사 뒤에 놓여 동작의 완료를 나타내며, '…을 했다'로 해석된다.

· 我们去买电影票了。Wǒmen qù mǎi diànyǐng piào le. 우리는 영화표를 사러 갔다.
· 我去买篮球了。Wǒ qù mǎi lánqiú le. 나는 농구공을 사러 갔다.
· 他去吃饭了。Tā qù chīfàn le. 그는 식사하러 갔다.

9.

Yǐjīng shí diǎn le, wǒ yào zǒu le.
已经 十 点 了, 我 要 走 了。

벌써 10시네, 나는 가야겠다.

정답 ✗

해설 시간을 잘 확인해야 하는 문제이다. 집에 가야겠다면서 말한 시간은 '10시'이나 제시된 사진에서 가리키고 있는 시간은 '12시'이므로 서로 맞지 않는 내용이다. 정답은 ✗이다.

TIP! 已经…了 yǐjīng…le는 '이미(벌써) …하였다'는 뜻을 나타낸다. 已经 yǐjīng은 '이미, 벌써'라는 뜻으로 이미 발생한 상황을 나타낼 때 사용한다.

· 已经十一点了，我要回家了。Yǐjīng shíyī diǎn le, wǒ yào huí jiā le.
  벌써 11시네, 나는 집에 가야겠다.

· 电影已经开始了。Diànyǐng yǐjīng kāishǐ le. 영화가 벌써 시작했다.

· 比赛已经结束了。Bǐsài yǐjīng jiéshù le. 경기는 이미 끝났다.

TIP! 走 zǒu와 去 qù는 모두 '가다'의 뜻이 있지만, 去 qù는 주로 목적지를 말할 때 쓰고, 어떤 장소에서 떠날 때는 주로 走 zǒu가 쓰인다.

· 我去学校上课。Wǒ qù xuéxiào shàngkè. 나는 수업하러 학교에 간다.

· 他已经走了。Tā yǐjīng zǒu le. 그는 이미 갔다. (그는 이미 떠났다.)

10.

Wǒ de shēngrì shì qī yuè liù hào.
我 的 生 日 是 七 月 六 号。

내 생일은 7월 6일이다.

정답 ✗

단어 □ 生日 shēngrì 명사 생일 | □ 月 yuè 명사 월, 달 | □ 号 hào 명사 일

해설 내 생일은 7월 6일이라고 했으나 제시된 사진 속의 날짜는 7월 16일을 가리키고 있다. 일치하지 않는 내용이므로 정답은 ✗이다. 긴장하거나 급한 마음에 이런 문제를 틀리지 않도록 주의한다.

TIP! 7월 16일의 표현방법은 두 가지가 있다.

· 7月16日 qī yuè shíliù rì (서면어)

· 7月16号 qī yuè shíliù hào (구어)

号 hào는 날짜를 가리키며, 주로 구어에 사용된다.

제2부분 (11-20)

(11-15)

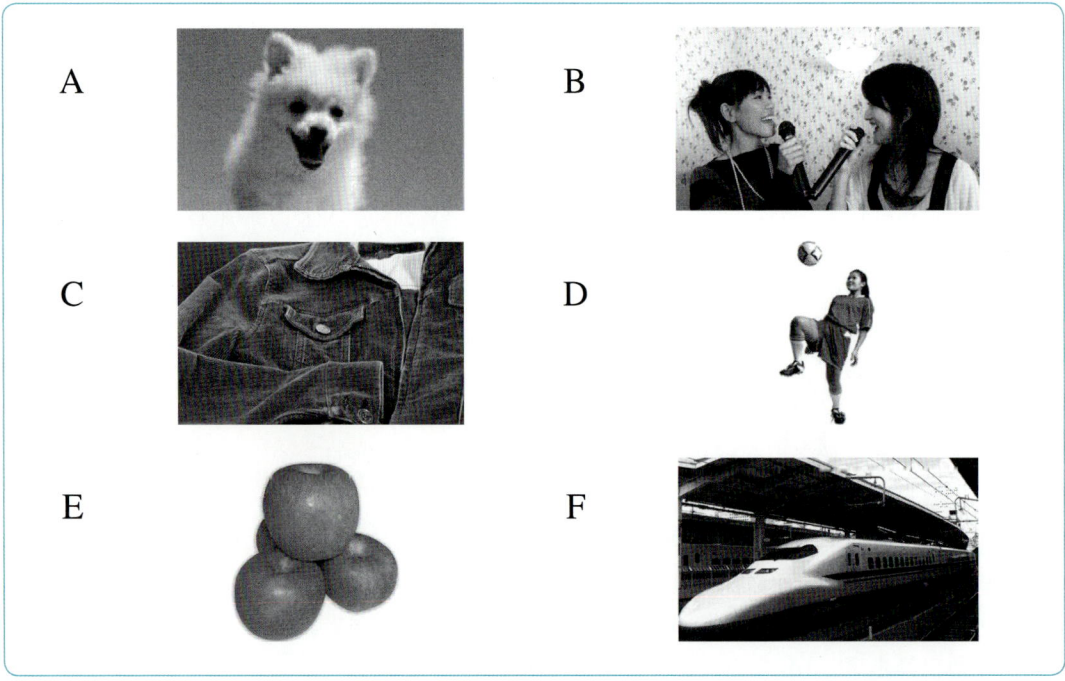

예제

男： Nǐ xǐhuan shénme yùndòng? 你 喜欢 什么 运动？	남: 당신은 어떤 운동을 좋아합니까?
女： Wǒ zuì xǐhuan tī zúqiú. 我 最 喜欢 踢 足球。	여: 저는 축구를 제일 좋아합니다.

정답 D

단어 □喜欢 xǐhuan 동사 좋아하다, 호감을 가지다 | □什么 shénme 대명사 무엇, 무슨 | □运动 yùndòng 명사 운동 동사 운동하다 | □最 zuì 부사 가장, 제일, 아주, 매우 | □踢 tī 동사 (발로) 차다 | □足球 zúqiú 명사 축구

해설 足球 zúqiú는 '축구'라는 뜻이므로 보기 여섯 개의 사진 중 가장 부합한 것은 D이다.

11.

女: Wǒ hěn xiǎng chī píngguǒ, dànshì jiā li méiyǒu le.
我 很 想 吃 苹果，但是 家 里 没有 了。

男: Wǒ qù mǎi yìxiē ba.
我 去 买 一些 吧。

여: 나는 사과가 너무 먹고 싶은데, 집에 없어요.

남: 내가 가서 좀 사올게.

정답 E

단어 □ 家里 jiā li 집에, 집안에

해설 여자는 사과가 너무 먹고 싶은데 집에 없다고 말했다. 사과를 쌓아놓은 사진 E가 이 대화에 가장 잘 표현해 주고 있다. 정답은 E이다.

TIP! 有…了 yǒu…le (…이/가 생겼다) / 没有…了 méiyǒu…le (…이/가 없게 되었다)

· 我有钱了。Wǒ yǒu qián le. 나는 돈이 생겼다.
· 我没钱了。Wǒ méi qián le. 나는 돈이 다 떨어졌다.
· 我有男朋友了。Wǒ yǒu nán péngyǒu le. 나는 남자 친구가 생겼다.
· 我的手机没电了。Wǒ de shǒujī méi diàn le. 내 휴대전화 배터리가 떨어졌다.
· 没有白饭了，要出去吃饭吧。Méiyǒu báifàn le, yào chūqu chīfàn ba.
  밥이 떨어졌네, 나가서 먹어야겠다.
· 没有火车票了，今年不能回家了。Méiyǒu huǒchē piào le, jīnnián bù néng huí jiā le.
  기차표가 없네, 올해는 집에 못 갈 것 같다.

TIP! 一些 yìxiē는 일부 형용사, 동사 혹은 동사구 뒤에 쓰여 '약간, 조금'의 의미를 나타낸다.

· 你吃一些吧。Nǐ chī yìxiē ba. 좀 먹어. (좀 드세요.)
· 我去买一些吧。Wǒ qù mǎi yìxiē ba. 내가 가서 좀 사올게.

12.

男: Zhè shì nǐ jiā de xiǎogǒu ma? Zhēn piàoliang.
这 是 你 家 的 小狗 吗？真 漂亮。

女: Bú shì, shì wǒ gēge jiā de.
不 是，是 我 哥哥 家 的。

남: 이거 너네 집 강아지야? 진짜 예쁘다.

여: 아니, 우리 오빠네 거야.

정답 A

단어 □ 小狗 xiǎogǒu **명사** 강아지 | □ 真 zhēn **부사** 정말, 진정으로 | □ 漂亮 piàoliang **형용사** 예쁘다

해설 남자는 강아지를 보고 예쁘다고 말하고 있다. 강아지는 여자가 키우는 게 아니라 여자의 오빠가 키우는 애완동물이다. 이 대화의 주제는 강아지이므로 사진 A가 정답이 된다.

13.

女: Míngtiān bú shàngbān, wǒmen qù chànggē ba?
明天 不 上班, 我们 去 唱歌 吧?

男: Hǎo, jǐ diǎn qù?
好, 几 点 去?

여: 내일 출근 안 하는데 우리 노래 부르러 갈래?

남: 좋아, 몇 시에 갈까?

정답 B

단어 □ 上班 shàngbān 〔동사〕 출근하다 | □ 唱歌 chànggē 〔동사〕 노래를 부르다 | □ 吧 ba …하자, …합시다 | □ 点 diǎn 〔양사〕 (시간) 시

해설 여자는 내일 회사에 가지 않는 날이라면서 노래 부르러 가자고 제안하고 있다. 남자는 흔쾌히 좋다고 대답하고 있다. 즐겁게 노래 부르고 있는 사진 B가 대화를 잘 표현해주고 있다. 정답은 B이다.

14.

男: Xiǎo Lǐ kuài guò shēngrì le, nǐ gěi tā mǎi dōngxi le ma?
小李 快 过 生日 了, 你 给 她 买 东西 了 吗?

女: Mǎile yí jiàn yīfu, dànshì bù zhīdào tā xǐ bu xǐhuan.
买了 一 件 衣服, 但是 不 知道 她 喜 不 喜欢。

남: 샤오리 곧 생일이던데, 너는 그녀에게 선물 사줬니?

여: 옷 한 벌 샀어. 그런데 그녀 마음에 들지 안 들지 모르겠어.

정답 C

단어 □ 过生日 guò shēngrì 생일 파티를 하다, 생일을 지내다 | □ 给 gěi 〔동사〕 주다 | □ 知道 zhīdào 〔동사〕 알다, 이해하다 | □ 喜欢 xǐhuan 〔동사〕 좋아하다, 호감을 가지다

해설 남자는 곧 샤오리의 생일인데 생일 선물을 사줬는지 물어보고 있다. 여자는 샤오리 마음에 들지 안 들지 잘 모르겠지만, 일단 옷을 한 벌 샀다고 말하고 있다. 생일 선물로 옷을 샀다는 내용이므로 자켓 사진 C가 가장 잘 어울린다. 정답은 C이다.

TIP! '快…了 kuài…le'는 '곧 …하려 한다'는 뜻으로 어떤 동작이나 상황이 곧 발생함을 나타낸다.

TIP! 过 guo는 조사로서 동사 바로 뒤에 쓰여 '…한 적이 있다'는 뜻으로 어떤 것을 해 본 적이 있는 경험 또는 동작의 완료를 표현하며, 이때는 경성으로 읽는다. 그러나 동사 '건너다, (지점을) 통과하다, (시점을) 지나다, 경과하다'의 뜻으로 쓰일 때는 성조가 4성 guò로 표현됨에 주의한다.

· 我看过那部电影。Wǒ kànguo nà bù diànyǐng. 나는 그 영화를 본 적이 있다. (경성)

· 我好像来过这儿。Wǒ hǎoxiàng láiguo zhèr. 나는 여기에 와 본 적이 있는 것 같다. (경성)

· 过春节。Guò Chūnjié. 설을 보내다. (4성)

· 过生日。Guò shēngrì. 생일을 지내다. (4성)

15.

> 女： Nǐ zěnme qù Běijīng?
> 你 怎么 去 北京？
>
> 男： Wǒ zuò huǒchē qù, piào wǒ dōu mǎi hǎo le.
> 我 坐 火车 去， 票 我 都 买 好 了。

여: 당신은 베이징에 어떻게 갈 거예요?

남: 나는 기차를 타고 갈 거예요. 표는 내가 이미 사 뒀어요.

정답 **F**

단어 □去 qù 동사 가다 | □火车 huǒchē 명사 기차 | □票 piào 명사 표, 티켓

해설 남자는 베이징에 가야 한다. 여자는 무엇을 타고 가는지 궁금해서 물어봤더니 남자는 표는 이미 사뒀다고 하면서 '기차'를 타고 간다고 했다. 정답은 F이다.

TIP! 怎么 zěnme는 의문대명사로서 방법을 물을 때에는 '어떻게'로 해석되며, 원인이나 이유를 물을 때에는 '어째서, 왜'의 뜻으로 '为什么 wèi shénme'와 같은 뜻이 된다.

· 我们怎么回家？ Wǒmen zěnme huíjiā? 우리는 어떻게 집에 갑니까? (방법)

· 你怎么去中国？ Nǐ zěnme qù Zhōngguó? 당신은 어떻게 중국에 갑니까? (방법)

· 你怎么不吃？ Nǐ zěnme bù chī? 당신은 왜 안 먹죠? (이유)

 (=你为什么不吃？ Nǐ wèi shénme bù chī?)

· 你怎么还不来？ Nǐ zěnme hái bù lái? 당신은 왜 아직 안 오나요? (이유)

 (=你为什么还不来？ Nǐ wèi shénme hái bù lái?)

TIP! 都…了 dōu…le의 형태로 '이미/벌써 …하다'의 뜻을 나타낸다.

· 他叫什么名字，我都忘了。 Tā jiào shénme míngzi, wǒ dōu wàng le.
 그의 이름이 뭐더라, 나는 벌써 잊어버렸다.

· 都9点了，你怎么还在睡觉？ Dōu jiǔ diǎn le, nǐ zěnme hái zài shuìjiào?
 벌써 9시인데, 너 어째서 아직까지 자고 있니?

· 都10点了，你怎么还没吃饭呢？ Dōu shí diǎn le, nǐ zěnme hái méi chīfàn ne?
 벌써 10시인데, 당신은 어째서 아직까지 식사를 안 했어요?

TIP! 好 hǎo는 '훌륭하다, 좋다, 만족하다'는 뜻의 형용사이면서 동시에 동사 뒤에 놓여 동작의 변화 또는 결과를 보충 설명하는 '결과보어'도 될 수 있다. 이 문장에서 好 hǎo는 동사 买 mǎi 뒤에 쓰여 동작이 완성되었거나 잘 마무리되어 그 결과가 만족스러움을 표현하는 결과보어의 형태로 사용되었다.

· 你晚饭做好了吗？ Nǐ wǎnfàn zuò hǎo le ma? 당신은 저녁밥을 다 했나요?

· 我把功课做好了。 Wǒ bǎ gōngkè zuò hǎo le. 나는 숙제를 다 마쳤다.

· 我把飞机票买好了。 Wǒ bǎ fēijī piào mǎi hǎo le. 나는 비행기표를 샀다.

(16-20)

A	B
C	D
E	

16.

男： Jīntiān wǒ xiūxi, wǒ kāichē sòng nǐ
　　今天 我 休息， 我 开车 送 你
　　qù shàngxué ba?
　　去 上学 吧？

女： Nà tài hǎo le, xièxie.
　　那 太 好 了， 谢谢。

남: 오늘 나 쉬니까, 내가 운전해서 너 학교에 데려다 줄게?

여: 그거 너무 잘 됐네요. 감사합니다.

정답 C

단어 □ 休息 xiūxi 동사 휴식하다, 쉬다 | □ 开车 kāichē 동사 차를 몰다, 운전하다 | □ 送 sòng 동사 배웅하다, 전송하다, 데려다 주다 | □ 上学 shàngxué 동사 등교하다, 학교에 가다

해설 남자는 오늘 쉬는 날이니 여자를 학교까지 데려다 주겠다고 말하고 있다. 어떤 방법으로 데려다 줄 것인지 대화에서 잘 찾아보자. 남자는 운전해서(차를 몰고서) 데려다 주겠다고 했으므로 자동차를 떠올릴 수 있다. 정답은 자동차 사진의 C이다.

17.

女: Kuài diǎnr qǐchuáng, chī zǎofàn le.
　　快 点儿 起床, 吃 早饭 了。

男: Zhè jǐ tiān hěn lèi, ràng wǒ zài shuì jǐ fēnzhōng ba.
　　这 几 天 很 累, 让 我 再 睡 几 分钟 吧。

여: 빨리 일어나요. 아침 먹어야지요.

남: 요 며칠 너무 피곤했어. 나 몇 분만 더 자게 해 줘.

정답 B

단어 □ 起床 qǐchuáng 동사 (잠자리에서) 일어나다 │ □ 早饭 zǎofàn 명사 아침밥, 조식 │ □ 这几天 zhè jǐ tiān 대명사 요즘, 요 며칠 │ □ 累 lèi 형용사 지치다, 피곤하다 │ □ 分钟 fēnzhōng 명사 (시간) 분

해설 빨리 일어나라고 재촉하는 여자에게 요 며칠 너무 피곤하다면서 조금 더 자게 해달라고 부탁하는 남자의 모습이 그려지는 대화이다. 그러므로 침대에서 자고 있는 사진 B가 현재 남자의 모습과 아주 잘 어울린다. 정답은 B이다.

TIP! 부사 再 zài는 '다시, 또'의 의미 외에 '더'라는 뜻도 있다.

· 再睡十分钟。Zài shuì shí fēnzhōng. 10분 더 잘게.

· 再玩儿五分钟。Zài wánr wǔ fēnzhōng. 5분 더 놀게.

18.

男: Nǐ kàn, zhè jiù shì wǒ de xīn jiā.
　　你 看, 这 就 是 我 的 新 家。

女: Nǐ jiā zhēn piàoliang.
　　你 家 真 漂亮。

남: 봐봐, 이게 바로 나의 새 집이야.

여: 너네 집 진짜 예쁘다.

정답 A

해설 남자는 새집으로 이사를 갔다. 여자를 초대해서 집을 보여 주고 있다. 아주 예쁘게 꾸며진 거실 사진이 있는 A가 이 대화의 주제와 가장 잘 부합한다. 정답은 A이다.

TIP! 就是 jiù shì는 '바로 …이다'라는 뜻으로 단호하고 확실함을 강조한다.

· 这就是我的新手机。Zhè jiù shì wǒ de xīn shǒujī.
이게 바로 나의 새 휴대전화야.

19.

女: Nǐ gěi nǐ māma dǎ diànhuà le ma?
你 给 你 妈妈 打 电话 了 吗?

男: Hái méiyǒu, wǒ xiǎng děng yíhuìr zài dǎ.
还 没有, 我 想 等 一会儿 再 打。

여: 당신 어머님께 전화 드렸어요?

남: 아직 안 했어요. 내가 조금 있다가 전화 드릴 거예요.

정답 D

단어 □ 给 gěi 동사 주다 | □ 打电话 dǎ diànhuà 전화를 걸다, 전화하다 | □ 想 xiǎng 조동사 …하고 싶다, …하려고 하다, …할 작정이다 | □ 等 děng 동사 기다리다 | □ 一会儿 yíhuìr 부사 잠시, 잠깐 동안

해설 여자는 어머님께 전화를 드렸는지 남자에게 확인하고 있다. 남자는 아직 안 했다고 대답하며, 좀 있다가 전화드릴 생각이라고 말했다. 이들 대화의 주제는 '전화'이므로 D가 정답이다.

TIP! 还没 hái méi는 '아직 …하지 않았다'의 뜻으로 주로 문장 끝에 조사 '呢 ne'를 동반하여 '还没…呢 hái méi…ne'로 자주 등장한다. 이 문장에서 '还没有打电话. Hái méiyǒu dǎ diànhuà.(아직 전화를 걸지 않았다)' 혹은 '还没有打. Hái méiyǒu dǎ.(아직 걸지 않았다)' 등의 구체적인 동사가 올 수도 있고 그 동사를 생략하고 '还没有. Hái méiyǒu.(아직 안 했어)'라고 표현할 수도 있다.

TIP! 再 zài는 '…하고 나서, …한 뒤에, …한 후에'라는 뜻의 부사로서 어떤 동작이 끝나고 난 후에 다른 동작이 발생함을 나타낸다.

· 我们吃了饭再走。 Wǒmen chī le fàn zài zǒu. 우리는 밥을 먹고 나서 가자.
· 我们等一会儿再走。 Wǒmen děng yíhuìr zài zǒu. 우리는 잠시 기다렸다가 가자.
· 我们休息一会儿再上课。 Wǒmen xiūxi yíhuìr zài shàngkè. 우리는 잠깐 쉬었다가 수업하자.

20.

男: Jīntiān bǐ zuótiān lěng.
今天 比 昨天 冷。

女: Duì, wǒ yào duō chuān diǎnr yīfu.
对, 我 要 多 穿 点儿 衣服。

남: 오늘이 어제보다 춥다.

여: 맞아. 나는 옷을 좀 더 입어야겠다.

정답 E

단어 □ 冷 lěng 형용사 춥다, 차다, 시리다 | □ 对 duì 형용사 맞다, 옳다, 정확하다 | □ 多 duō 형용사 (수량이) 많다 | □ 一点儿 yìdiǎnr 양사 조금, 약간

해설 날씨에 대해 이야기를 나누고 있다. 오늘이 어제보다 추우니 옷을 좀 더 입어야겠다고 표현하고 있다. 겨울 옷을 입고 있는 사진 E가 이 대화를 잘 표현해 주고 있다. 정답은 E이다.

TIP! 比 bǐ는 개사로서 '…보다, …에 비해'의 뜻을 나타내며, 모양이나 정도의 차이를 비교하는 비교문의 핵심 성분이다. 주의할 점은 문장에서 형용사 앞에는 更 gèng, 还 hái만이 올 수 있으며, 정도부사(很 hěn, 非常 fēicháng, 最 zuì, 太 tài, 真 zhēn…)은 쓸 수 없다.

1. A + 比 bǐ + B + 형용사
   · 我比你高。 Wǒ bǐ nǐ gāo. 나는 너보다 키가 크다.
   · 我跑步比你快。 Wǒ pǎobù bǐ nǐ kuài. 나는 너보다 빨리 달린다.
2. A + 比 bǐ + B + 还 hái/更 gèng + 형용사
   · 今天比昨天更冷。 Jīntiān bǐ zuótiān gèng lěng. 오늘이 어제보다 더 춥다.
   · 你的手表比我的还贵。 Nǐ de shǒubiǎo bǐ wǒ de hái guì. 너의 손목시계가 내 것보다 더 비싸다.
3. 부정형: A + 不比 bù bǐ + B + 형용사
   · 我不比你高。 Wǒ bù bǐ nǐ gāo. 나는 너보다 키가 크지 않다.
   · 我不比你胖。 Wǒ bù bǐ nǐ pàng. 나는 너보다 뚱뚱하지 않다.

TIP! '多 duō+동사'로 쓰이면 '많이 …하다'
   · 多吃(点儿)水果。 Duō chī (diǎnr) shuǐguǒ. 과일을 많이 먹어.
   · 多放(点儿)糖。 Duō fàng (diǎnr) táng. 설탕을 많이 넣어.

제3부분 (21-30)

예제

男： Xiǎo Wáng, zhèli yǒu jǐ ge bēizi, 　　小 王, 这里 有 几 个 杯子, 　　nǎge shì nǐ de? 　　哪个 是 你 的?	남: 샤오왕, 여기에 컵이 몇 개 있는데 어느 것이 네 것이니?
女： Zuǒbian nàge hóngsè de shì wǒ de. 　　左边 那个 红色 的 是 我 的。	여: 왼쪽에 저 빨간 것이 내 거야.
问： Xiǎo Wáng de bēizi shì shénme yánsè de? 　　小 王 的 杯子 是 什么 颜色 的?	질문: 샤오왕의 컵은 무슨 색깔입니까?
A　hóngsè 　　红色	A 빨간색
B　hēisè 　　黑色	B 검은색
C　báisè 　　白色	C 흰색

정답 A

단어 □ 几 jǐ 수사 몇 (10이하의 수를 나타냄) | □ 个 ge 양사 명, 개 (개개의 사람이나 물건에 쓰임) | □ 杯子 bēizi 명사 잔, 컵 | □ 左边 zuǒbian 명사 왼쪽, 좌측 | □ 红色 hóngsè 명사 빨간색 | □ 颜色 yánsè 명사 색깔

해설 색깔을 묻는 문제로 색과 관련해서 나오는 단어는 红色 hóngsè(빨간색) 하나이다.

21.

女： Jīntiān wǎnshang qù kàn diànyǐng ba? 今天 晚上 去 看 电影 吧？	여: 오늘 저녁에 영화 보러 갈래?
男： Bú qù le, wǒ míngtiān yǒu kǎoshì. 不 去 了，我 明天 有 考试。	남: 안 갈래. 나 내일 시험이 있어.
问： Nán de wèi shénme bú qù kàn diànyǐng? 男 的 为 什 么 不 去 看 电影？	질문: 남자는 왜 영화를 보러 가지 않습니까?
A bù xǐhuan 不 喜欢	A 좋아하지 않는다
B kànguo le 看过 了	B 이미 봤다
C yǒu kǎoshì 有 考试	C 시험이 있다

정답 C

[단어] □ 电影 diànyǐng [명사] 영화 | □ 考试 kǎoshì [동사] 시험을 치다 [명사] 시험 | □ 为什么 wèi shénme [대명사] 왜, 무엇 때문에, 어째서

[해설] 여자가 남자에게 영화를 보러 가자고 제안하고 있으나, 남자는 내일 시험이 있는 관계로 가지 않겠다고 대답했다. 남자가 가지 않는 이유는 시험이 있기 때문이다. 정답은 C이다.

22.

Nǐ yǒu zìxíngchē ma? 男：你 有 自行车 吗？	남: 너는 자전거 있니?
Wǒ méiyǒu, Xiǎo Lǐ yǒu. 女：我 没有，小 李 有。	여: 나는 없고, 샤오리가 있어.
Shéi yǒu zìxíngchē? 问：谁 有 自行车？	질문: 누가 자전거를 가지고 있습니까?

Xiǎo Lǐ A 小 李	A 샤오리
nán de B 男 的	B 남자
nǚ de C 女 的	C 여자

정답 **A**

단어 □ 自行车 zìxíngchē 명사 자전거 | □ 谁 shéi 대명사 누구

해설 남자는 자전거가 있는 사람을 찾고 있다. 여자는 자기는 없지만, 샤오리가 있다고 정보를 알려 주고 있다. 자전거는 샤오리가 가지고 있다. 정답은 A이다.

TIP! 有 yǒu는 '있다, 가지고 있다'는 뜻으로 부정형은 '没有 méiyǒu'를 쓴다.

· 我有两件大衣。 Wǒ yǒu liǎng jiàn dàyī. 나는 외투 두 벌을 가지고 있다.
· 我有三本汉语书。 Wǒ yǒu sān běn Hànyǔ shū. 나는 중국어 책 세 권이 있다.
· 我没有汉语书。 Wǒ méiyǒu Hànyǔ shū. 나는 중국어 책이 없다.
· 我没有冬天的衣服。 Wǒ méiyǒu dōngtiān de yīfu. 나는 겨울 옷이 없다.

23.

女：<ruby>这个<rt>Zhège</rt></ruby> <ruby>商店<rt>shāngdiàn</rt></ruby> <ruby>里<rt>li</rt></ruby> <ruby>的<rt>de</rt></ruby> <ruby>东西<rt>dōngxi</rt></ruby> <ruby>贵<rt>guì</rt></ruby> <ruby>吗？<rt>ma?</rt></ruby>	여: 이 상점의 물건은 비쌉니까?
男：<ruby>不 便宜，<rt>Bù piányi,</rt></ruby> <ruby>比<rt>bǐ</rt></ruby> <ruby>学校<rt>xuéxiào</rt></ruby> <ruby>里<rt>li</rt></ruby> <ruby>的<rt>de</rt></ruby> <ruby>商店<rt>shāngdiàn</rt></ruby> <ruby>贵 多 了。<rt>guì duō le.</rt></ruby>	남: 싸지는 않아요. 학교 안에 있는 상점보다 많이 비싸요.
问：<ruby>男 的<rt>Nán de</rt></ruby> <ruby>觉得<rt>juéde</rt></ruby> <ruby>这个<rt>zhège</rt></ruby> <ruby>商店<rt>shāngdiàn</rt></ruby> <ruby>的<rt>de</rt></ruby> <ruby>东西<rt>dōngxi</rt></ruby> <ruby>怎么样？<rt>zěnmeyàng?</rt></ruby>	질문: 남자는 이 상점의 물건이 어떻다고 생각합니까?
A 很贵 (hěn guì)	A 매우 비싸다
B 很好 (hěn hǎo)	B 매우 좋다
C 便宜 (piányi)	C 싸다

정답 A

단어 □商店 shāngdiàn 명사 상점 | □贵 guì 형용사 (가격이나 가치가) 높다, 비싸다, 귀하다 | □便宜 piányi 형용사 (값이) 싸다 | □比 bǐ 개사 …에 비해, …보다 | □多 duō 형용사 많이, 훨씬

해설 남자는 이 상점의 물건이 싸지는 않다고 표현했으며, 좀더 구체적으로 학교 안의 상점보다도 많이 비싸다고 설명해 주고 있다. 그러므로, 남자는 이 상점의 물건이 비싸다고 생각한다. 정답은 A이다.

24.

男: Zhèli yǒu liǎng ge shǒujī, nǎ yí ge shì nǐ de?
这里 有 两 个 手机, 哪 一 个 是 你 的?

女: Hóngsè de shì wǒ de, hēisè de shì Xiǎo Lǐ de.
红色 的 是 我 的, 黑色 的 是 小 李 的。

问: Xiǎo Lǐ de shǒujī shì shénme yánsè de?
小 李 的 手机 是 什么 颜色 的?

A 黑色 的 hēisè de

B 红色 的 hóngsè de

C 白色 的 báisè de

남: 여기에 휴대전화가 두 개 있는데, 어느 것이 당신 것입니까?

여: 빨간 것이 제 것이고, 검은 것이 샤오리 것입니다.

질문: 샤오리의 휴대전화는 무슨 색깔입니까?

A 검은색

B 빨간색

C 흰색

정답 A

단어 □ 手机 shǒujī 명사 휴대전화 | □ 哪 nǎ 대명사 어느, 어느 것 | □ 红色 hóngsè 명사 빨간색 |
□ 黑色 hēisè 명사 검은색 | □ 颜色 yánsè 명사 색, 색깔

해설 어떤 물건이 누구의 것인지를 묻거나 색깔, 크기 등을 비교하는 문제 또한 빈번하게 출제되는 유형이다. 항상 집중해서 질문을 잘 읽어본 다음, 해당하는 내용을 정확하게 파악하도록 하자. 휴대전화가 두 개 있는데 하나는 빨간색이고, 하나는 검은색이다. 샤오리 휴대전화 색깔을 물었으므로 정답은 A가 된다.

TIP! 的 de는 '…的 …de'의 형태로 문장에서 '…의 것'으로 명사화 할 수 있다.

· 我有两个小孩，大的8岁，小的4岁。
  Wǒ yǒu liǎng ge xiǎohái, dà de bā suì, xiǎo de sì suì.
  나는 아이가 둘 있는데, 큰 아이가 8살이고, 작은 아이가 4살이다.

· 红色的是我的，黄色的是他的。
  Hóngsè de shì wǒ de, huángsè de shì tā de.
  빨간 것이 내 것이고, 노란 것이 그의 것이다.

25.

女：Nǐ xiǎng zuò nǎr?
你 想 坐 哪儿？

男：Wǒ yǎnjing bù hǎo, yào zuò zài qiánmiàn.
我 眼睛 不 好，要 坐 在 前面。

问：Nán de yào zuò zài nǎli?
男 的 要 坐 在 哪里？

A 外面 wàimiàn

B 后面 hòumiàn

C 前面 qiánmiàn

여: 너는 어디에 앉고 싶니?

남: 나는 눈이 좋지 않아요. 앞에 앉아야 해요.

질문: 남자는 어디에 앉아야 합니까?

A 밖에

B 뒤에

C 앞에

정답 **C**

단어 □ **想** xiǎng 조동사 …하고 싶다, …하려고 하다, …할 작정이다 │ □ **坐** zuò 동사 앉다, (교통수단을) 타다 │ □ **哪儿** nǎr 대명사 어디, 어느 곳 │ □ **眼睛** yǎnjing 명사 눈 │ □ **要** yào 조동사 …해야 한다, …할 것이다, …하겠다 │ □ **前面** qiánmiàn 명사 (공간, 위치 상의) 앞

해설 여자는 남자에게 앉고 싶은 자리를 물었다. 남자는 눈이 나빠서 앞에 앉아야 된다고 했다. 정답은 C이다.

26.

男： Jīntiān wǒ mā lái diànhuà le, tā shuō zhège xīngqīliù lái kàn wǒmen. 今天 我 妈 来 电话 了，她 说 这个 星期六 来 看 我们。	남: 오늘 우리 엄마한테서 전화가 왔는데, 이번 주 토요일에 우리를 보러 오신다고 하셨어.
女： Tài hǎo le, wǒ míngtiān zhǔnbèi yíxià. 太 好 了，我 明天 准备 一下。	여: 잘됐다. 내가 내일 준비 좀 할게.
问： Shéi yào lái kàn tāmen? 谁 要 来 看 他们？	질문: 누가 그들을 보러 옵니까?
A nán de māma 男 的 妈妈	A 남자의 어머니
B nán de jiějie 男 的 姐姐	B 남자의 누나
C nán de bàba 男 的 爸爸	C 남자의 아버지

정답 A

단어 □ 电话 diànhuà 명사 전화 | □ 说 shuō 동사 말하다, 이야기하다 | □ 星期六 xīngqīliù 명사 토요일 | □ 准备 zhǔnbèi 동사 준비하다

해설 등장인물의 관계, 대화가 진행되는 장소 등을 묻는 질문은 거의 빠지지 않고 출제된다. 이런 유형에 잘 나오는 단어와 문장의 패턴에 익숙해지도록 열심히 반복해서 연습하도록 하자. 남자는 엄마한테서 전화가 왔었다고 말하면서, 엄마의 말씀을 여자에게 전해 주고 있다. 이번 주 토요일에 그들을 보러 오는 사람은 남자의 어머니가 된다. 정답은 A이다.

TIP! 一下 yíxià는 동사 뒤에 쓰여 '시험삼아 해 보다' 또는 '(잠시, 잠깐동안) 좀 …하다'의 뜻을 나타낸다.

· 等一下。 Děng yíxià. 좀 기다리세요.

· 看一下。 Kàn yíxià. 좀 보세요.

· 做一下。 Zuò yíxià. 한번 해 보세요.

· 介绍一下。 Jièshào yíxià. 소개 한번 해 보세요.

27.

女: Wǒ yào qù Běijīng gōngzuò le, dànshì 我 要 去 北京 工作 了，但是 wǒ de Hànyǔ shuō de bù hǎo. 我 的 汉语 说 得 不 好。	여: 나는 베이징에 일하러 가야 해, 그런데 나는 중국어를 잘 못해.
男: Wǒ de péngyou zài Běijīng, kěyǐ 我 的 朋友 在 北京，可以 ràng tā bāng nǐ. 让 他 帮 你。	남: 내 친구가 베이징에 있는데, 내가 그에게 너를 도와주라고 할게.
问: Nǚ de Hànyǔ shuō de zěnmeyàng? 女 的 汉语 说 得 怎么样？	질문: 여자의 중국어는 어떻습니까?

A hěn hǎo
A 很 好

A 매우 좋다

B bù hǎo
B 不 好

B 좋지 않다

C hái kěyǐ
C 还 可以

C 그저 그렇다

정답 B

단어 □ 工作 gōngzuò 명사 일, 직업, 일자리 │ □ 但是 dànshì 접속사 그러나, 그렇지만, 하지만 │ □ 帮 bāng 동사 돕다, 거들다

해설 여자는 일을 하러 베이징에 가야 한다고 소식을 전하면서 자신이 중국어를 잘 못한다고 걱정하고 있다. 중국어를 잘 못한다는 말은 중국어 실력이 좋지 않다는 뜻으로 받아들여도 무방하다. 그러므로, 여자의 중국어 실력은 '좋지 않다'. 정답은 B이다.

TIP! 문장에서 술어의 상태와 결과의 정도를 보충 설명하는 성분을 '정도보어'라고 한다. 일반적으로 '得 de'가 들어간 정도보어의 형식은 '술어 + 得 de + 정도보어'로 '(술어)한 정도가 (정도보어)하다'로 해석할 수 있다. 예를 들어 '说 shuō + 得 de + 不好 bù hǎo'는 '말하는 정도가 좋지 않다'라는 뜻으로 '말을 잘 못한다'로 해석할 수 있다.

★ 「술어 + 得 de + 정도보어」

Shuō de hěn hǎo.
说 得 很好。 말하는 정도가 매우 좋다. (잘한다.)

Shuō de bù hǎo.
说 得 不好。 말하는 정도가 좋지 않다. (잘 못한다.)

Chàng de hěn hǎo.
唱 得 很好。 노래하는 정도가 매우 좋다. (잘 부른다.)

Chàng de bù hǎo.
唱 得 不好。 노래하는 정도가 좋지 않다. (잘 못 부른다.)

★说汉语 shuō Hànyǔ와 같이 목적어가 있는 경우
「목적어 + 술어 + 得 de + 정도보어」

Hànyǔ shuō de hěn hǎo.
汉语 说 得 很好。중국어를 말하는 정도가 매우 좋다. (중국어를 매우 잘한다.)

Hànyǔ shuō de bù hǎo.
汉语 说 得 不好。중국어를 말하는 정도가 좋지 않다. (중국어를 잘 못한다.)

TIP! 可以 kěyǐ는 '무엇을 할 수 있다' 또는 '어떤 일이 가능하다'는 가능, 능력의 뜻과 '…해도 된다, …해도 좋다'는 허가, 허락의 뜻을 가지고 있다.

TIP! 让 ràng은 겸어문을 만드는 동사로서 '…로 하여금 …을 하게 하다, …하도록 시키다'의 뜻으로 어떤 대상으로 하여금 어떤 행동을 하게 하는 것을 나타낸다.

· 我让他帮你。Wǒ ràng tā bāng nǐ. 나는 그에게 너를 도우라고 시켰다.

· 公司让我去北京工作。Gōngsī ràng wǒ qù Běijīng gōngzuò.
  회사는 나를 베이징에 가서 일하도록 했다.

· 妈妈每天让我喝牛奶。Māma měi tiān ràng wǒ hē niúnǎi.
  엄마는 매일 나에게 우유를 마시게 하신다.

· 我让她等一个小时了。Wǒ ràng tā děng yí ge xiǎoshí le.
  나는 그녀를 한 시간 동안 기다리게 했다.

28.

男: Nǐ bú shì hěn xǐhuan yùndòng ma? 你 不 是 很 喜欢 运动 吗? Xiàwǔ wǒmen qù dǎ lánqiú ba. 下午 我们 去 打 篮球 吧。 女: Míngtiān ba, xiàwǔ kěnéng yào xià yǔ. 明天 吧, 下午 可能 要 下 雨。 问: Nǚ de wèi shénme bú qù dǎ lánqiú? 女 的 为 什么 不 去 打 篮球?	남: 너는 운동을 좋아하지 않았어? 오후에 우리 농구하러 가자. 여: 내일하자. 오후에 아마도 비가 올 것 같아. 질문: 여자는 왜 농구하러 가지 않습니까?
A bù xǐhuan 不 喜欢	A 좋아하지 않는다
B yào xuéxí 要 学习	B 공부해야 한다
C tiānqì bù hǎo 天气 不 好	C 날씨가 좋지 않다

정답 C

단어 □ 运动 yùndòng 명사 운동 동사 운동하다 | □ 打篮球 dǎ lánqiú 농구를 하다 | □ 吧 ba 조사 …하자, …합시다 | □ 下雨 xiàyǔ 동사 비가 내리다

해설 문제의 함정이라 할 수 있는 '不是…吗? bú shì…ma?'의 반어적 표현이 나왔다. 부정부사 不 bù가 쓰였다고 모든 문장이 다 부정의 뜻을 나타내는 것은 아니다. 항상 전체 문맥과 대화의 어감을 잘 짚어서 반어적 표현법의 요지를 정확하게 파악하도록 한다. 남자는 여자에게 농구하러 갈 것을 제안했으나, 여자는 내일하자고 했다. 왜냐하면, 오후에 비가 올 것 같기 때문이다. 정답은 C가 된다. 남자가 '너는 운동을 좋아하지 않았어?'라고 물었다고 'A 不喜欢 bù xǐhuan'을 정답으로 체크해서는 안 된다. 이는 반어적인 표현법으로 '너는 운동을 좋아한다'는 뜻을 나타낸다.

TIP! '不是…吗? bú shì…ma?'는 '…인 것 아니야?, …인 것 아니었어?'의 뜻으로, 반문을 나타내는 형식이다. 문장에서 '不是…吗?'를 제외하면, 정작 하고 싶은 말의 의미 '你很喜欢运动。Nǐ hěn xǐhuan yùndòng.(너는 운동을 매우 좋아한다)'를 알 수 있다.

· 你不是很喜欢旅游吗? Nǐ bú shì hěn xǐhuan lǚyóu ma?
  너는 여행을 좋아한 거 아니였어?

· 你不是很喜欢喝咖啡吗? Nǐ bú shì hěn xǐhuan hē kāfēi ma?
  너는 커피 마시는 거 좋아한 거 아니였어?

TIP! 可能 kěnéng은 '아마도, 어쩌면, 아마'의 뜻을 가진 부사로서 '추측, 예측'을 나타낸다.

· 他可能不会来了。Tā kěnéng bú huì lái le. 그는 아마 오지 않을 것이다.

· 他可能知道这件事情。Tā kěnéng zhīdào zhè jiàn shìqing.
  그는 어쩌면 이 일을 알고 있다.

29.

Nǐ shēntǐ hǎo diǎnr le ma? 女：你 身体 好 点儿 了 吗？ Hǎo duō le, yīshēng shuō míngtiān jiù 男：好 多 了，医生 说 明天 就 kěyǐ qù shàngxué le. 可以 去 上学 了。 Nán de zěnme le? 问：男 的 怎么 了？	여: 너는 몸이 좀 좋아졌니? 남: 많이 좋아졌어요. 의사선생님께서 내일 학교에 가도 된다고 하셨어요. 질문: 남자는 어떻게 된 일입니까?
shēngbìng le A 生病 了 bù xiǎng shàngxué B 不 想 上学 zhǎo dào gōngzuò le C 找 到 工作 了	A 몸이 아프다 B 학교에 가고 싶지 않다 C 일자리를 찾았다

정답 A

단어 □ 身体 shēntǐ 명사 몸, 신체 │ □ 好 hǎo 형용사 (몸이) 건강하다, (병이) 완쾌되다, 다 낫다, 좋아지다 │
□ 一点儿 yìdiǎnr 양사 조금, 약간 │ □ 医生 yīshēng 명사 의사

해설 남자에게 무슨 일이 있었는지 상황 또는 남자의 상태를 묻는 질문이다. 여자의 첫 마디에 '몸이 좋아졌니?'라고 물었고, 남자의 대답에 의사선생님이 등장했으므로 남자는 근래에 몸이 아팠다는 상황을 짐작할 수 있다. 정답은 A가 된다.

TIP! 好多了 hǎo duō le는 '(건강 상태가) 많이 좋아졌다, 호전되었다'는 뜻을 나타낸다. '형용사+多 duō+了 le' 문형은 주로 비교에 사용되며, 그 차이의 정도가 크다는 뜻을 나타낸다.

· 他的病好多了。Tā de bìng hǎo duō le. 그의 병은 많이 호전됐다.

· 我的感冒好多了。Wǒ de gǎnmào hǎo duō le. 내 감기는 많이 좋아졌다.

· 事情简单多了。Shìqing jiǎndān duō le. 일이 훨씬 간단해졌다.

30.

男： Jīntiān wǎnshang wǒ de péngyou yào lái jiā li chīfàn. 今天 晚上 我 的 朋友 要 来 家 里 吃饭。	남: 오늘 저녁에 내 친구가 집에 와서 밥을 먹으려고 해.
女： Hǎo de, wǒ xiàbān hòu jiù huí jiā zhǔnbèi. 好的，我 下班 后 就 回 家 准备。	여: 알았어요. 내가 퇴근하고 나서 바로 집에 가서 준비할게요.
问： Jīntiān wǎnshang tāmen huì zài nǎli chīfàn? 今天 晚上 他们 会 在 哪里 吃饭？	질문: 오늘 저녁에 그들은 어디에서 식사를 합니까?
A jiā li 家 里	A 집에서
B fànguǎn 饭馆	B 식당에서
C péngyou jiā 朋友 家	C 친구 집에서

정답 A

단어 □ 要 yào 조동사 …해야 한다, …할 것이다, …하겠다 │ □ 好的 hǎo de 감탄사 좋아, 됐어 │ □ 下班 xiàbān 동사 퇴근하다 │ □ 就 jiù 부사 곧, 즉시, 바로, 당장 │ □ 回家 huí jiā 동사 집으로 돌아가다, 귀가하다 │ □ 准备 zhǔnbèi 동사 준비하다

해설 남자는 오늘 저녁에 친구와 식사를 하려고 한다. 그는 친구가 '집'으로 온다고 했으며, 여자 또한 퇴근 후에 '집'에 가서 식사 준비를 한다고 했다. 그러므로 남자가 친구를 초대한 장소는 '집'이 된다. 정답은 A 이다.

TIP! 后 hòu는 시간을 나타내는 명사구조 뒤에 위치하며, '…(한) 후에' 또는 '…지나서'로 해석한다.

· 下课后，我去运动。Xiàkè hòu, wǒ qù yùndòng.
하교한 후, 나는 운동하러 간다.

· 几个月后，我要去中国。Jǐ ge yuè hòu, wǒ yào qù Zhōngguó.
몇 달 후에, 나는 중국에 가야 한다.

TIP! 要 yào는 동사 앞에 놓여 '…해야 한다' 또는 '…할 것이다, …하려 한다'는 '의지'를 나타내는 조동사이다.

· 我要学游泳。Wǒ yào xué yóuyǒng. 나는 수영을 배워야겠다.

· 我要去美国学英语。Wǒ yào qù Měiguó xué Yīngyǔ. 나는 미국에 영어 공부하러 갈 것이다.

제4부분 (31-35)

예제

女：<ruby>请<rt>Qǐng</rt></ruby> <ruby>在<rt>zài</rt></ruby> <ruby>这儿<rt>zhèr</rt></ruby> <ruby>写<rt>xiě</rt></ruby> <ruby>您<rt>nín</rt></ruby> <ruby>的<rt>de</rt></ruby> <ruby>名字<rt>míngzi</rt></ruby>。	여: 여기에 당신의 이름을 적어 주세요.
男：<ruby>是<rt>Shì</rt></ruby> <ruby>这儿<rt>zhèr</rt></ruby> <ruby>吗<rt>ma</rt></ruby>？	남: 여기요?
女：<ruby>不是<rt>Bú shì</rt></ruby>，<ruby>是<rt>shì</rt></ruby> <ruby>这儿<rt>zhèr</rt></ruby>。	여: 아니요, 여기요.
男：<ruby>好<rt>Hǎo</rt></ruby>，<ruby>谢谢<rt>xièxie</rt></ruby>。	남: 네, 감사합니다.
问：<ruby>男<rt>Nán</rt></ruby> <ruby>的<rt>de</rt></ruby> <ruby>要<rt>yào</rt></ruby> <ruby>写<rt>xiě</rt></ruby> <ruby>什么<rt>shénme</rt></ruby>？	질문: 남자는 무엇을 써야 합니까?
A 名字 (míngzi)	A 이름
B 时间 (shíjiān)	B 시간
C 房间号 (fángjiān hào)	C 방 번호

정답 A

단어 □ 请 qǐng 〔동사〕 (상대가 어떤 일을 하기 바라는 의미로) …하세요 | □ 写 xiě 〔동사〕 (글씨를) 쓰다 | □ 名字 míngzi 〔명사〕 이름 | □ 要 yào 〔조동사〕 …해야 한다, …할 것이다, …하겠다

해설 이 문제의 핵심어는 名字 míngzi이다. 여자는 남자에게 이름을 쓰라고 요구하고 있으므로 남자가 써야 할 것은 'A 이름'이 정답이다.

31.

Xià ge xīngqī wǒ jiù yào huí guó le. 男：下 个 星 期 我 就 要 回 国 了。	남: 다음 주에 나 곧 귀국할 거야.
Nǎ tiān de fēijī? 女：哪 天 的 飞机？	여: 언제 비행기인데?
Xīngqīsì xiàwǔ de. 男：星期四 下午 的。	남: 목요일 오후.
Nà tiān wǒ yǒu shíjiān, wǒ qù jīchǎng 女：那 天 我 有 时间，我 去 机场 sòngsong nǐ ba. 送送 你 吧。	여: 그날 나 시간되니까, 내가 공항까지 배웅해 줄게.
Nán de shénme shíhou de fēijī? 问：男 的 什么 时候 的 飞机？	질문: 남자는 언제 비행기입니까?

xīngqīyī A 星期一	A 월요일
xīngqīsān B 星期三	B 수요일
xīngqīsì C 星期四	C 목요일

정답 **C**

단어 □ 下个星期 xià ge xīngqī 다음 주 | □ 就要…了 jiùyào…le 부사 곧 …하다 (상황이 곧 발생함) |
□ 回国 huí guó 동사 귀국하다 | □ 哪天 nǎ tiān 언제, 며칠 날짜로 | □ 时间 shíjiān 명사 시간 |
□ 机场 jīchǎng 명사 공항 | □ 送 sòng 동사 배웅하다, 전송하다, 데려다 주다

해설 시간, 날짜, 일정을 묻는 질문은 꼭! 꼭! 꼭! 나온다. 누가 언제 무엇을 타고 어디로 가는지에 대한 질문 공세는 수시로 우리를 괴롭힐 수 있으므로 당황하지 말고 침착하게 질문에 잘 대응해서 정답에 접근하도록 하자. 남자는 곧 귀국한다. 여자는 언제 비행기를 타는지 물으며 그날 시간이 되니까 공항까지 배웅하겠다고 했다. 남자는 목요일 오후 비행기를 탄다고 대답했으므로 정답은 C가 된다.

TIP! 한국어로 해석했을 경우 그 의미가 비슷한 단어들이지만, 용법이 각기 다름에 주의한다.
① 时间 shíjiān은 '시간'이란 뜻이다.
　· 你有时间吗? Nǐ yǒu shíjiān ma? 당신은 시간이 있습니까?
② 小时 xiǎoshí는 '시간(동안)'으로 시간의 양을 나타낸다.
　· 游几个小时? Yóu jǐ ge xiǎoshí? 몇 시간 동안 수영을 하니?
③ 点 diǎn은 '시'이다.
　· 已经8点了。Yǐjīng bā diǎn le. 벌써 8시가 되었어요.

TIP! '我去机场送你吧。Wǒ qù jīchǎng sòng nǐ ba.'는 단순히 '내가 너를 공항까지 데려다 줄게'라는 뜻을 나타낸다. 여기서 동사를 반복하여 사용하면, 말투를 부드럽게 해주면서 '(그냥) 좀 …하다'의 뜻으로 어감을 가볍게 만들어준다. '送送你吧。Sòngsong nǐ ba.'는 '送一送你吧。Sòng yi sòng nǐ ba.'의 형태에서 '一 yī'가 생략된 것으로, 동사중첩에서의 '一 yī'는 자주 생략된다.

32.

女：请问，这是李老师家吗？ 　　Qǐngwèn, zhè shì Lǐ lǎoshī jiā ma? 男：是，你是谁？ 　　Shì, nǐ shì shéi? 女：我是她的学生。 　　Wǒ shì tā de xuésheng. 男：我妈妈出去了，下午回来。 　　Wǒ māma chūqu le, xiàwǔ huílai. 问：男的是谁？ 　　Nán de shì shéi?	여: 말씀 좀 여쭙겠습니다. 여기가 이 선생님 댁인가요? 남: 네. 누구시죠? 여: 저는 선생님의 학생인데요. 남: 저희 엄마가 외출하셨어요. 오후에 돌아오세요. 질문: 남자는 누구입니까?
A 李老师的儿子 　　Lǐ lǎoshī de érzi	A 이 선생님의 아들
B 李老师的丈夫 　　Lǐ lǎoshī de zhàngfu	B 이 선생님의 남편
C 李老师的弟弟 　　Lǐ lǎoshī de dìdi	C 이 선생님의 남동생

정답 A

단어 □ 请问 qǐngwèn 〔동사〕 말씀 좀 여쭙겠습니다 | □ 谁 shéi 〔대명사〕 누구 | □ 学生 xuésheng 〔명사〕 학생 | □ 出去 chūqu 〔동사〕 나가다, 외출하다 | □ 了 le 〔조사〕 동사 뒤에 쓰여 동작의 완료를 나타냄 | □ 回来 huílai 〔동사〕 (화자가 있는 곳으로) 되돌아오다 | □ 儿子 érzi 〔명사〕 아들 | □ 丈夫 zhàngfu 〔명사〕 남편

해설 대화 속 등장인물의 관계를 묻는 질문이다. 여자는 이 선생님의 제자이며, 이 선생님 댁을 방문했다. 그런데 이 선생님은 집에 안 계시고 남자아이가 나와서 '엄마가 외출하셨다'고 말하고 있다. 그러므로 남자아이는 이 선생님의 아들이 된다. 정답은 A이다.

33.

男： Míngtiān wǒ xiǎng qù yóuyǒng, nǐ qùbuqù? 　　明天 我 想 去 游泳，你 去不去？	남: 내일 나는 수영하러 가고 싶어요, 당신은 갈래요?
女： Bú qù, wǒ bù xǐhuan yóuyǒng. 　　不 去，我 不 喜欢 游泳。	여: 안 갈래요. 나는 수영을 싫어하거든요.
男： Nà nǐ míngtiān xiǎng zuò shénme? 　　那 你 明天 想 做 什么？	남: 그럼 당신은 내일 뭐 하고 싶은데요?
女： Wǒ xiǎng zài jiā kàn diànshì. 　　我 想 在 家 看 电视。	여: 나는 집에서 텔레비전을 보고 싶어요.
问： Míngtiān nǚ de zuì kěnéng huì zuò shénme? 　　明天 女 的 最 可能 会 做 什么？	질문: 내일 여자는 무엇을 할 것 같습니까?
A xuéxí 　 学习	A 공부한다
B yóuyǒng 　 游泳	B 수영한다
C kàn diànshì 　 看 电视	C 텔레비전을 본다

정답 C

단어 □ 想 xiǎng [조동사] …하고 싶다, …하려고 하다, …할 작정이다 │ □ 游泳 yóuyǒng [동사] 수영하다 [명사] 수영 │
□ 在 zài [개사] …에, …에서 [동사] …에 있다 │ □ 电视 diànshì [명사] 텔레비전

해설 남자와 여자는 내일 하고 싶은 활동이 각각 다르다. 남자는 수영을 하러 가고 싶은데 여자는 수영을 싫어하기 때문에 그냥 집에서 텔레비전을 보고 싶다고 말했다. 내일 여자는 집에서 텔레비전을 볼 가능성이 크다. 정답은 C이다.

TIP! 去不去 qùbuqù는 '정반의문문'을 나타내는 형태이다. 정반의문문은 술어의 긍정형과 부정형을 나열하여 의문문을 만드는 형태로서 일반의문문 '…吗? …ma?'와 같은 뜻을 나타낸다. 그러나, 의문조사 '吗 ma'와는 함께 쓰이지 않는다.

· 你饿吗? Nǐ è ma? → 你饿不饿? Nǐ èbuè? 너는 배고프니?

· 你吃苹果吗? Nǐ chī píngguǒ ma?
　→ 你吃不吃苹果? Nǐ chībuchī píngguǒ? 너는 사과 먹을거니?

· 你有零钱吗? Nǐ yǒu língqián ma?
　→ 你有没有零钱? Nǐ yǒu méiyǒu língqián? 너는 잔돈이 있니?

TIP! '那 nà'는 '그러면, 그렇다면'의 의미이고, '那么 nàme'의 줄임말이다.

34.

女：你 汉语 说 得 真 不 错！ 　　Nǐ Hànyǔ shuō de zhēn bú cuò! 　　你 在 哪儿 学 的 汉语？ 　　Nǐ zài nǎr xué de Hànyǔ? 男：在 北京。 　　Zài Běijīng. 女：你 学 汉语 多 长 时间 了？ 　　Nǐ xué Hànyǔ duō cháng shíjiān le? 男：两 年 了。 　　Liǎng nián le. 问：男 的 学 汉语 多 长 时间 了？ 　　Nán de xué Hànyǔ duō cháng shíjiān le?	여: 당신 중국어 진짜 잘 하시네요! 당신은 어디에서 배웠어요? 남: 베이징에서요. 여: 당신은 중국어를 얼마 동안 배웠나요? 남: 2년이요. 질문: 남자는 중국어를 얼마 동안 배웠나요?
A 2 年　nián B 3 年　nián C 12 年　nián	A 2년 B 3년 C 12년

정답 A

단어 □ 不错 búcuò 형용사 좋다, 괜찮다, 잘하다 ｜ □ 在 zài 개사 …에, …에서 동사 …에 있다 ｜ □ 多长时间 duō cháng shíjiān 얼마나, 얼마 동안 ｜ □ 两 liǎng 수사 2, 둘

해설 여자가 남자의 유창한 중국어를 듣고 어디에서, 얼마 동안 배웠는지를 묻고 있다. 남자는 베이징에서 2년 동안 배웠다고 대답했다. 그러므로 남자가 중국어를 배운 기간은 'A 2년'이 된다. 정답은 A이다.

TIP! 多 duō는 형용사로 '많다'는 뜻 외에도 부사로서 '多 duō+형용사'의 형태로 의문문에 쓰여 무엇을 한 정도가 '얼마나' 되는지 물을 때 사용한다.

35.

男: Yángròu duōshao qián yì gōngjīn?
　　羊肉 多少 钱 一 公斤？

女: Sānshí kuài, nǐ yào jǐ gōngjīn?
　　三十 块，你 要 几 公斤？

男: Yì gōngjīn ba.
　　一 公斤 吧。

女: Hǎo de, zhè shì nín de yángròu.
　　好 的，这 是 您 的 羊肉。

问: Nán de mǎile jǐ gōngjīn yángròu?
　　男 的 买了 几 公斤 羊肉？

A 1 gōngjīn 公斤

B 3 gōngjīn 公斤

C 30 gōngjīn 公斤

남: 양고기 1킬로그램에 얼마예요?

여: 30위안이요. 몇 킬로그램 필요하세요?

남: 1킬로그램 주세요.

여: 알겠습니다. 이것은 손님의 양고기입니다.

질문: 남자는 양고기를 몇 킬로그램 샀습니까?

A 1킬로그램

B 3킬로그램

C 30킬로그램

정답 A

단어 □ 羊肉 yángròu 〔명사〕 양고기 │ □ 多少钱 duōshao qián 얼마예요? │ □ 公斤 gōngjīn 〔양사〕 킬로그램(kg) │ □ 钱 qián 〔명사〕 돈 │ □ 要 yào 〔동사〕 원하다, 필요하다

해설 물건을 사는 대화이다. 이런 대화는 무엇을 사려고 하는지, 가격이 얼마인지, 얼마만큼 사려고 하는지 등 여러 방면으로 질문이 가능한 유형이다. 최종 질문이 무엇을 향한 것인지 잘 확인해서 문제를 풀도록 하자. 남자가 사려고 하는 것은 '양고기'이며, 가격은 1킬로그램에 '30위안'이다. 남자는 '1킬로그램'의 양고기를 샀다. 정답은 A이다.

TIP! 중국에서는 고기나 야채류와 상관 없이 한 근이 500g이기 때문에 1kg(1公斤 yī gōngjīn)과 두 근(两斤 liǎng jīn)은 같다.

2. 독해

제1부분 (36-40)

A	[컵 이미지]	B	[자전거들 이미지]
C	[남자 이미지]	D	[농구하는 사람 이미지]
E	[여자 이미지]	F	[책 이미지]

예제

Měi ge xīngqīliù, wǒ dōu qù dǎ lánqiú.
每 个 星期六, 我 都 去 打 篮球。

매주 토요일마다 나는 농구를 하러 간다.

정답 D

단어 □ 每 měi 대명사 매, 각, …마다, 매번, 모두 | □ 星期六 xīngqīliù 명사 토요일 | □ 都 dōu 부사 모두, 다, 전부 | □ 打篮球 dǎ lánqiú 농구를 하다

해설 이 문제의 포인트는 打篮球 dǎ lánqiú라는 단어, 즉 '농구를 한다'는 단어를 알고 있어야 정답을 찾을 수 있다. 동사 打 dǎ는 손을 써서 하는 운동 종목과 함께 등장하는 동사이다. 예를 들면, 打棒球 dǎ bàngqiú(야구를 하다), 打乒乓球 dǎ pīngpāngqiú(탁구를 하다), 打网球 dǎ wǎngqiú(테니스를 치다), 打排球 dǎ páiqiú(배구를 하다) 등에 사용한다.

36.

> Lí xuéxiào bù yuǎn jiù yǒu mài zìxíngchē de.
> 离 学校 不 远 就 有 卖 自行车 的。

> 학교에서 멀지 않은 곳에 바로 자전거 파는 곳이 있다.

정답 B

단어 □ 离 lí `개사` …에서, …로부터, …까지 | □ 远 yuǎn `형용사` (공간적, 시간적으로) 멀다 | □ 就 jiù `부사` 바로 | □ 卖 mài `동사` 팔다, 판매하다 | □ 自行车 zìxíngchē `명사` 자전거

해설 학교 부근에 자전거 파는 곳이 있다. 많은 자전거들이 나란히 진열되어 있는 사진 B가 정답이다.

TIP! '离 lí'는 정해진 두 지점의 거리를 가리킨다.
  · 日本离韩国很近。Rìběn lí Hánguó hěn jìn. 일본은 한국에서 매우 가깝다.
  · 我家离这儿很远。Wǒ jiā lí zhèr hěn yuǎn. 우리 집은 여기에서 아주 멀다.

37.

> Wǒ zhè jǐ tiān xuéxí tài lèi le,
> 我 这 几 天 学习 太 累 了,
> shēntǐ yě bú tài hǎo.
> 身体 也 不 太 好。

> 나는 요 며칠 공부하느라 너무 피곤했다. 몸 상태도 그다지 좋지 않다.

정답 C

단어 □ 太…了 tài…le 너무 …하다 | □ 累 lèi `형용사` 지치다, 피곤하다 | □ 身体 shēntǐ `명사` 몸, 신체 | □ 也 yě `부사` …도 | □ 不太 bú tài 별로, 그다지

해설 공부를 너무 열심히 했더니 너무 지치고, 몸 상태도 별로 좋지 않다고 한다. 책을 한가득 쌓아놓고 공부하면서 머리의 열을 식히고 있는 사진 C가 문장 내용을 아주 잘 표현해 주고 있다. 정답은 C이다.

38.

> Wǒ kànguo zhè běn shū, dànshì méi kàn dǒng.
> 我 看过 这 本 书, 但是 没 看 懂。

> 나는 이 책을 본 적이 있지만 이해하지는 못했다.

정답 F

단어 □ 看过 kànguo 본 적 있다, 봤다 | □ 看懂 kàn dǒng `동사` 보고 알다, 이해하다, 알아보다

해설 이 책을 예전에 본 적이 있는데 봐도 이해하지 못했다는 내용이다. 양장본의 두꺼운 책 한 권의 사진 F가 보인다. 정답은 F이다.

39.

> Māma ràng wǒ shuìjiào qián hē bēi niúnǎi.
> 妈妈 让 我 睡觉 前 喝 杯 牛奶。

엄마는 내가 잠자기 전에 우유 한 잔을 마시게 한다.

정답 A

단어 □ 让 ràng 동사 …하게 하다, …하도록 시키다 | □ 睡觉 shuìjiào 동사 잠을 자다 | □ 牛奶 niúnǎi 명사 우유

해설 잠자기 전에 엄마는 나에게 우유를 마시도록 한다. 예쁜 컵에 우유 한 잔이 들어있는 사진 A가 이 문장에 잘 어울린다. 정답은 A이다.

TIP! 杯 bēi는 컵이나 잔을 셀 때 사용하는 양사이다.
- 一杯水 yì bēi shuǐ 물 한 잔
- 一杯咖啡 yì bēi kāfēi 커피 한 잔
- 一杯茶 yì bēi chá 차 한 잔
- 一杯啤酒 yì bēi píjiǔ 맥주 한 잔

40.

> Zuótiān wǒ rènshi le yí ge piàoliang nǚhái'r.
> 昨天 我 认识 了 一 个 漂亮 女孩儿。

어제 나는 예쁜 여자 아이를 알게 되었다.

정답 E

단어 □ 认识 rènshi 동사 알다, 인식하다 | □ 漂亮 piàoliang 형용사 예쁘다 | □ 女孩儿 nǚhái'r 여자 아이

해설 패션 모델처럼 예쁘장하게 생긴 여자가 있는 사진은 E이다. 정답은 E가 된다.

TIP! '认识 rènshi'와 '知道 zhīdào' 동사를 살펴 보자. 이 두 동사 뒤에 목적어가 사람일 경우, 이 두 동사 모두 '이 사람을 안다'로 해석한다. 한국어로 같은 의미를 나타내는 이 두 동사는 과연 어떤 차이가 있을까? '认识 rènshi'는 이 사람의 '얼굴을 안다'는 뜻이다. 만난 적이 있어서 안면이 있다는 뜻을 나타낸다. '知道 zhīdào'는 이 사람에 대한 정보를 가지고 있어서 그 사람의 '이름이나 직업 등을 알고 있다'는 뜻을 나타낸다. 문맥에 맞게 잘 선택해서 사용하도록 하자.

제2부분 (41-45)

A 离 lí …로부터	B 考试 kǎoshì 시험	C 懂 dǒng 이해하다	D 希望 xīwàng 희망하다	E 贵 guì 비싸다	F 完 wán 다 소모하다

예제

Zhèr de yángròu hěn hǎochī, dànshì yě hěn guì.
这儿 的 羊肉 很 好吃, 但是 也 很 (贵)。

여기의 양고기는 매우 맛있지만 매우 (비싸 기)도 하다.

정답 E

단어 □ 羊肉 yángròu 명사 양고기 | □ 但是 dànshì 접속사 그러나, 그렇지만, 하지만 | □ 也 yě 부사 …도

해설 이 문장에서는 但是 dànshì에 주목을 해야 한다. 但是 dànshì는 '그러나'의 뜻으로 앞에서 말한 내용과 대립되는 상황이 오기 때문에 '맛있지만 비싸다'의 표현이 어울린다. 또 정도부사 (很 hěn, 非常 fēicháng, 真 zhēn, 太 tài…)와 어울릴 수 있는 단어는 보기에 제시된 단어 중 'E 贵 guì' 뿐이다.

41.

Lǎoshī, wǒ méi tīng dǒng, nín shuō de
老师, 我 没 听 (懂), 您 说 得
tài kuài le, qǐng nín shuō màn diǎnr.
太 快 了, 请 您 说 慢 点儿。

선생님, 제가 못 (알아들었어요), 선생님께서 말씀을 너무 빨리 하셔서요. 천천히 말씀해 주세요.

정답 C

단어 □ 快 kuài 형용사 빠르다 | □ 慢 màn 형용사 느리다 | □ 一点儿 yìdiǎnr 양사 조금, 약간

해설 41번부터 45번까지의 문제는 문법적인 분석과 의미상의 해석 두 가지 방법으로 문제를 해결해야 한다. 의미상의 해석으로 정답을 바로 찾았다 하더라도, 문법적인 분석으로 다시 한번 확인하는 습관을 기르자. 문장이 길다고 긴장하지 말고, 필요한 부분을 떼어내서 간단하게 생각해보자. '我没听( )。Wǒ méi tīng( ).'은 我 wǒ의 주어 부분과 '没听( )。Méi tīng( ).'의 술어 부분으로 나눌 수 있다. 술어의 중심부는 동사 听 tīng이 되며, 동사 뒤가 비어 있다. 동사 뒤에는 동사를 보충, 설명해 주는 역할의 보어가 올 수 있으며, 보어가 될 수 있는 품사는 동사나 형용사가 있다. 제시된 보기 중에 동사 또는 형용사는 C, D, E, F 이렇게 네 개가 있으며, 의미상 해석해 보면 '들었는데 …않는다/…못했다'는 뜻이므로 가장 적합한 의미를 형성할 수 있는 단어는 'C 懂 dǒng'이 된다. 听懂 tīng dǒng은 '듣고나서 이해하다'는 뜻으로 부정형은 '没听懂 méi tīng dǒng(듣고나서 이해하지 못하다)'이다. 정답은 C이다.

TIP! 동사 뒤에 위치하여, 동작이나 행위의 결과를 보충 설명해 주는 역할을 하는 것을 '결과보어'라고 한다. 예를 들면, 看见 kàn jiàn(보이다), 做好 zuò hǎo(다 하다), 洗干净 xǐ gānjìng(깨끗이 씻다), 看错 kàn cuò(잘못 보다), 听清楚 tīng qīngchu(분명하게 듣다) 등이 있다. 부정형은 '没(有) méi(yǒu)'를 사용한다. '听懂 tīng dǒng'은 듣고서 알다, 이해하다는 뜻을 나타내며, 부정형은 '没听懂 méi tīng dǒng'으로 듣고서도 이해를 하지 못했다는 뜻을 나타낸다. '看懂 kàn dǒng'은 보고서 알다, 이해하다는 뜻으로 부정형은 '没看懂 méi kàn dǒng'이다.

42.

Bàba de gōngsī (lí) wǒmen jiā hěn jìn.
爸爸 的 公司 (离) 我们 家 很 近。

아빠의 회사는 우리 집(에서) 매우 가깝다.

정답 A

단어 □ 公司 gōngsī 명사 회사, 직장 | □ 离 lí 개사 …에서, …로부터, 까지 | □ 近 jìn 형용사 (공간적, 시간적으로) 가깝다, 짧다

해설 '아빠의 회사'와 '우리 집'이라는 두 지점이 주어졌고, 술어는 '매우 가깝다'는 공간상의 거리를 표현하고 있다. 이렇게 정해진 두 지점의 거리를 가리킬 때 쓰이는 전치사는 离 lí로 '…에서, …로 부터'의 뜻을 나타낸다. 또한 '가깝다', '멀다'라는 단어가 보이면 먼저 离 lí를 떠올리면 된다. 정답은 A이다.

43.

Wǒ (xīwàng) māma de bìng kuài diǎnr hǎo.
我 (希望) 妈妈 的 病 快 点儿 好。

나는 엄마의 몸이 빨리 좋아지기를 (바란다).

정답 D

단어 □ 希望 xīwàng 동사 (생각하는 것이 실현되기를) 희망하다, 바라다 | □ 身体 shēntǐ 명사 몸, 신체 | □ 快点儿 kuài diǎnr 부사 좀 빨리 | □ 好 hǎo 형용사 (몸이) 건강하다, 안녕하다, (병이) 완쾌되다, 좋아지다

해설 중국어 문장의 기본 어순은 '주어 + 술어 + 목적어'이다. 중국어에서 술어 역할을 담당하는 일부 동사(知道 zhīdào, 认为 rènwei, 觉得 juéde, 希望 xīwàng…)은 동사구나 문장 전체를 목적어로 가져올 수 있으며, 이 문장이 그런 형태를 갖추고 있다. 의미상으로 보면 '나는 …하기를 바란다'로 해석할 수 있으므로 가장 적합한 동사는 'D 希望 xīwàng'이 된다. 정답은 D이다.

44.

> Xīngqī'èr de diànyǐng piào yǐjīng mài
> 星期二 的 电影 票 已经 卖
>   wán   le.
> (完) 了。

화요일의 영화표는 이미 (매진)입니다.

정답 F

단어
- 电影 diànyǐng 명사 영화 | 票 piào 명사 표, 티켓 | 已经…了 yǐjīng…le 이미 …하였다 |
- 卖 mài 동사 팔다, 판매하다

해설 동사 卖 mài의 뒤가 빈칸으로 주어졌으며, 보어가 온다는 것을 알 수 있다. 술어의 중심어인 동사 뒤에 놓여 동작의 결과를 보충 설명해 주는 보어를 '결과보어'라고 한다. 어떤 상품이나 티켓 등이 '다 팔렸다, 매진되었다'라고 할 때, 결과보어 完 wán을 써서 '卖完了。Mài wán le.'라고 표현한다. 정답은 F가 된다.

45.

> Míngtiān de   kǎoshì   wǒ hái méiyǒu
> 明天 的 (考试) 我 还 没有
> zhǔnbèi hǎo.
> 准备 好。

내일의 (시험을) 나는 아직 준비하지 못했다.

정답 B

단어
- 考试 kǎoshì 동사 시험을 치다 명사 시험 | 还没…呢 hái méi…ne 아직 …하지 않았다, 아직 …하지 못했다

해설 '내일의'라는 관형어의 수식을 받고 있으므로 빈칸은 명사성 성분이 와야 한다. 제시된 보기 중에 동사도 되고, 명사도 되는 단어는 B와 D가 있다. 의미상으로 살펴 보면, 'B 시험'이 문장을 가장 자연스럽게 만들어준다. 정답은 B이다.

제3부분 (46-50)

예제

> Xiànzài shì 11 diǎn 30 fēn, tāmen yǐjīng yóule 20 fēnzhōng le.
> 现在 是 11 点 30 分, 他们 已经 游了 20 分钟 了。
>
> ★ Tāmen 11 diǎn 10 fēn kāishǐ yóuyǒng.
> ★ 他们 11 点 10 分 开始 游泳。

현재 11시 30분이며, 그들은 이미 20분째 수영을 하고 있다.

★ 그들은 11시 10분에 수영을 시작했다.

정답 ✓

단어
- 现在 xiànzài [명사] 지금, 현재 | 已经 yǐjīng [부사] 이미, 벌써 | 游 yóu [동사] 수영하다 | 了 le [조사] 동사 또는 형용사 뒤에 쓰여 동작의 완료를 나타냄 | 分钟 fēnzhōng [명사] (시간) 분

해설 游了20分钟了 yóule èrshí fēnzhōng le와 같이 한 문장에서 '了 le'가 두 번 쓰일 경우 그 해석에 주의해야 한다. 游了20分钟 yóule èrshí fēnzhōng은 즉, 과거 20분 동안 수영을 했으며, 지금 현재는 수영을 하고 있지 않다는 뜻을 포함하고 있다. 游了20分钟了 yóule èrshí fēnzhōng le는 수영을 하기 시작해서 지금까지 20분 동안 수영을 하고 있다는 뜻을 나타낸다.

> Wǒ huì tiàowǔ, dàn tiào de bù zěnmeyàng.
> 我 会 跳舞, 但 跳 得 不 怎么样。
>
> ★ Wǒ tiào de fēicháng hǎo.
> ★ 我 跳 得 非常 好。

나는 춤을 출 줄 안다. 하지만 그다지 잘 추지는 못한다.

★ 나는 춤을 엄청 잘 춘다.

정답 ✗

단어
- 会 huì [동사] (배워서) …을/를 할 수 있다, …할 줄 알다 | 跳舞 tiàowǔ [동사] 춤을 추다 | 但 dàn [접속사] 그러나, 그렇지만, 하지만 | 得 de [조사] 동사나 형용사 뒤에 쓰여 결과나 정도를 나타내는 보어와 연결시킴 | 不怎么样 bù zěnmeyàng 그리 좋지 않다, 보통이다, 평범하다 | 非常 fēicháng [부사] 대단히, 매우, 심히, 아주

해설 동사의 상태와 결과의 정도를 보충 설명하는 성분을 정도보어라고 해요. 그리고 그런 동사와 정도보어의 사이를 得 de가 연결해 주어 「동사 + 得 de + 정도보어」의 형식을 만들어요.

동사 + 得 de + 정도보어

Chàng de hěn hǎo.
唱 得 很好。
부르는 정도가 매우 좋다. (잘 부른다.)

Chàng de bù hǎo.
唱 得 不好。
부르는 정도가 좋지 않다. (잘 못 부른다.)

★목적어가 있는 경우

목적어 + 동사 + 得 de + 정도보어

 Gē chàng de hěn hǎo.
 歌 唱 得 很好。
 노래를 부르는 정도가 좋다. (노래를 잘 부른다.)

 Gē chàng de bù hǎo.
 歌 唱 得 不好。
 노래를 부르는 정도가 좋지 않다. (노래를 잘 못 부른다.)

46.

Lǐ Píng jīntiān wǎnshang xiǎng hé tā tóngxué
李苹 今天 晚上 想 和 她 同学
yìqǐ qù xuéxiào pángbiān de xiǎo fànguǎn chīfàn.
一起 去 学校 旁边 的 小 饭馆 吃饭。

★ Lǐ Píng jīntiān wǎnshang bú qù xiǎo fànguǎn
李苹 今天 晚上 不 去 小 饭馆
chīfàn.
吃饭。

리핑은 오늘 저녁에 그녀의 학교 친구와 함께 학교 옆에 있는 작은 식당에 가서 식사를 하려고 한다.

★ 리핑은 오늘 저녁에 작은 식당에 식사하러 가지 않는다.

정답 ✗

단어 □ 想 xiǎng [조동사] …하고 싶다, …하려고 하다, …할 작정이다 | □ 和 hé [개사] …와/과 | □ 同学 tóngxué [명사] 학우, 학교 친구 | □ 一起 yìqǐ [부사] 같이, 함께 | □ 旁边 pángbiān [명사] 옆, 곁 | □ 饭馆 fànguǎn [명사] 식당

해설 문장의 수식 성분을 다양하게 구성해서 문장을 길게 만들어 놓았다. 문장이 길다고 긴장할 필요는 없다. 핵심이 되는 술어부를 잘 파악하자. 조동사 想 xiǎng과 본동사 去 qù 사이에 전치사구(和她同学一起 hé tā tóngxué yìqǐ)를 놓아서 이 둘을 멀리 떨어뜨려 놓았다. 전치사구(和她同学一起 hé tā tóngxué yìqǐ)를 제외하면 '리핑은 오늘 저녁에 학교 옆에 있는 작은 식당에 가서 식사를 하려고 한다'고 해석할 수 있으므로 '不去 bú qù'라는 표현은 맞지 않는다. 정답은 ✗이다.

47.

> Shàng ge xīngqī wǒ qù Běijīng lǚyóu le.
> 上 个 星期 我 去 北京 旅游 了。
> Běijīng de tiānqì hěn hǎo, bù lěng bú rè.
> 北京 的 天气 很 好，不 冷 不 热。
> Wǒ wánr de hěn gāoxìng.
> 我 玩儿 得 很 高兴。
> Wǒ zài Běijīng wánr de hěn gāoxìng.
> ★ 我 在 北京 玩儿 得 很 高兴。

지난주에 나는 베이징으로 여행을 갔었다. 베이징의 날씨는 매우 좋아서, 춥지도 덥지도 않았다. 나는 매우 즐겁게 놀았다.

★ 나는 베이징에서 매우 즐겁게 놀았다.

정답 ✓

단어 ☐ 上个星期 shàng ge xīngqī 지난주 | ☐ 旅游 lǚyóu 동사 여행하다, 관광하다 | ☐ 天气 tiānqì 명사 날씨 | ☐ 冷 lěng 형용사 춥다 | ☐ 热 rè 형용사 덥다, 뜨겁다 | ☐ 不…不… bù…bù… …도 아니고 …도 아니다, 딱 알맞다 | ☐ 玩儿 wánr 동사 놀다, 즐기다 | ☐ 高兴 gāoxìng 형용사 기쁘다, 즐겁다

해설 베이징에 여행을 갔으며 그곳의 날씨 또한 아주 좋았다고 했다. 마지막으로 여행의 전반적인 평가를 내리며 아주 즐겁게 놀았다고 했다. 본 문장과 제시된 문장의 내용이 일치한다. 정답은 ✓이다.

TIP! 날씨와 관련된 표현들

· 天阴了。 Tiān yīn le. 날이 흐려졌다.
· 天晴了。 Tiān qíng le. 날씨가 맑아졌다.
· 下雨了。 Xiàyǔ le. 비가 내린다.
· 下雪了。 Xiàxuě le. 눈이 내린다.
· 天气太热了。 Tiānqì tài rè le. 날씨가 너무 덥다.
· 天气很冷。 Tiānqì hěn lěng. 날씨가 매우 춥다.
· 天气很暖和。 Tiānqì hěn nuǎnhuo. 날씨가 매우 따뜻하다.
· 天气很凉快。 Tiānqì hěn liángkuai. 날씨가 매우 선선하다.

TIP! '不 bù + 형용사 + 不 bù + 형용사'의 형태로 의미가 상반되는 단어 앞에 쓰여 '정도가 딱 좋다, 알맞다, 적절하다'는 의미를 나타낸다. 주로 단음절 형용사가 사용된다.

· 不多不少。 Bù duō bù shǎo. 많지도 않고 적지도 않다.
· 不大不小。 Bú dà bù xiǎo. 크지도 작지도 않다.
· 不胖不瘦。 Bú pàng bú shòu. 뚱뚱하지도 마르지도 않다.
· 不高不矮。 Bù gāo bù ǎi. (키가) 크지도 작지도 않다, (높이가) 높지도 낮지도 않다.

48.

shàng ge yuè, wǒ zhǎole yí ge xīn gōngzuò.
上 个 月, 我 找了 一 个 新 工作。
Xīn gōngzuò lí wǒ jiā hěn yuǎn, shàngbān yào
新 工作 离 我 家 很 远, 上班 要
hěn cháng shíjiān.
很 长 时间。

　　Wǒ yǒule yí ge xīn gōngzuò.
★ 我 有了 一 个 新 工作。

지난달에 나는 새로운 일자리를 찾았다. 새로운 일자리는 우리 집에서 매우 멀어서 출근하는 데 오랜 시간이 걸린다.

★ 나는 새로운 일자리가 생겼다.

정답 ✓

단어 □ 上个月 shàng ge yuè 지난달 | □ 找 zhǎo 동사 찾다, 구하다 | □ 新 xīn 형용사 새롭다, 새 것의 | □ 离 lí 개사 …에서, …로부터, …까지 | □ 远 yuǎn 형용사 (공간적, 시간적으로) 멀다 | □ 上班 shàngbān 동사 출근하다 | □ 要 yào 동사 필요로 하다, (시간이) 걸리다 | □ 长 cháng 형용사 (시간이) 길다, 오래다 | □ 时间 shíjiān 명사 시간

해설 나는 새로운 일자리를 찾았다는 표현과 새로운 일자리가 생겼다는 같은 뜻으로 볼 수 있다. 정답은 ✓이다.

49.

Wǒ bàba shì yīshēng, māma shì lǎoshī,
我 爸爸 是 医生, 妈妈 是 老师,
wǒ hé dìdi dōu shì xuésheng.
我 和 弟弟 都 是 学生。

　　Wǒ māma shì yīshēng.
★ 我 妈妈 是 医生。

우리 아버지는 의사이시고, 엄마는 선생님이시고, 나와 남동생은 모두 학생이다.

★ 우리 엄마는 의사이시다.

정답 ✗

단어 □ 医生 yīshēng 명사 의사 | □ 和 hé 개사 …와/과 | □ 都 dōu 부사 모두, 다, 전부

해설 가족의 직업을 설명하고 있다. 의사는 아버지의 직업이고, 엄마는 선생님이시다. 엄마의 직업을 잘못 설명하고 있다. 정답은 ✗이다.

50.

Wǒ xǐhuan yùndòng, měi tiān xiàwǔ wǒ dōu qù
我 喜欢 运动，每 天 下午 我 都 去
tī zúqiú. Wǒ mèimei bù xǐhuan yùndòng,
踢 足球。我 妹妹 不 喜欢 运动，
tā xǐhuan kàn diànshì hé diànyǐng.
她 喜欢 看 电视 和 电影。

★ Wǒ hé mèimei měi tiān xiàwǔ dōu qù tī
我 和 妹妹 每 天 下午 都 去 踢
zúqiú.
足球。

나는 운동을 좋아해서 매일 오후마다 나는 축구하러 간다. 내 여동생은 운동을 싫어하는데, 그녀는 텔레비전과 영화 보는 것을 좋아한다.

★ 나와 여동생은 매일 오후마다 축구하러 간다.

정답 ✗

단어 □ **运动** yùndòng 명사 운동 동사 운동하다 | □ **都** dōu 부사 모두, 다, 전부 | □ **踢足球** tī zúqiú 축구를 하다 | □ **电视** diànshì 명사 텔레비전 | □ **电影** diànyǐng 명사 영화

해설 나와 내 여동생은 취미가 다르다. 나는 운동을 좋아해서 매일 오후마다 축구하러 가지만, 여동생은 운동을 싫어한다고 했다. 그러므로, 나와 여동생이 함께 운동하러 간다는 내용은 서로 어울리지 않는다. 정답은 ✗이다.

제4부분 (51-60)

(51-55)

A Wǒ zhè jǐ tiān zài zhǔnbèi Hànyǔ kǎoshì.
我 这 几 天 在 准备 汉语 考试。
나는 요 며칠 중국어 시험을 준비하고 있다.

B Nàli zài xià yǔ, yí xià yǔ jiù huì xià hǎo jǐ ge xīngqī.
那里 在 下 雨, 一 下 雨 就 会 下 好 几 个 星期。
그곳은 비가 내리고 있다. 비가 내리기만 하면 몇 주 동안 내린다.

C Wǒ hé bàba gěi māma zuòle hěn duō hǎochī de.
我 和 爸爸 给 妈妈 做了 很 多 好吃 的。
나와 아빠는 엄마에게 맛있는 것을 많이 만들어 드렸다.

D Wǒ xiǎng mǎi yí jiàn xīn yīfu, qù nǎli mǎi ne?
我 想 买 一 件 新 衣服, 去 哪里 买 呢?
나는 새 옷을 한 벌 사고 싶은데, 어디 가서 사지?

E Tā zài nǎr ne? Nǐ kànjiàn tā le ma?
他 在 哪儿 呢? 你 看见 他 了 吗?
그는 어디에 있나요? 당신은 그를 봤습니까?

F Mǎi de yǒu diǎnr guì le, 　 duō.
买 得 有 点儿 贵 了, 5000 多。
좀 비싸게 샀어. 5000 남짓.

예제

Tā hái zài jiàoshì li xuéxí.
他 还 在 教室 里 学习。

그는 아직도 교실에서 공부하고 있다.

정답 **E**

단어 □ 还 hái 부사 여전히, 아직도, 아직 | □ 在 zài 개사 …에, …에서 동사 …에 있다 | □ **教室** jiàoshì 명사 교실 | □ 里 lǐ 명사 안쪽, 내부 | □ 学习 xuéxí 동사 학습하다, 공부하다, 배우다

해설 '그가 어디에 있다'라는 내용이다. 그렇다면, 문맥상 가장 자연스러운 대화 내용은 '그가 어디에 있습니까?'를 묻는 내용으로 볼 수 있다.

51.

> Jīntiān shì māma de shēngrì.
> 今天 是 妈妈 的 生日。
>
> 오늘은 엄마 생신이다.

정답 C

단어 □ 生日 shēngrì `명사` 생일 │ □ 和 hé `개사` …와/과 │ □ 给 gěi `동사` 주다 │ □ 做 zuò `동사` 하다, 만들다

해설 51번부터 55번까지의 문제는 앞뒤 문장이 동일한 주제를 가지고 있거나 내용의 연관성이 가장 자연스럽도록 문장을 완성해야 한다. 오늘은 엄마 생신임을 알려 주고 있다. 그래서 나와 아빠는 엄마를 위해 맛있는 음식을 많이 만들었다고 하는 C가 앞뒤 문장의 연결을 가장 자연스럽게 표현이다. 정답은 C가 된다.

52.

> Nǐ xiǎng mǎi guì de háishi piányi yìdiǎnr de?
> 你 想 买 贵 的 还是 便宜 一点儿 的?
>
> 당신은 비싼 것을 사고 싶은가요, 아니면 좀 싼 것을 사고 싶은가요?

정답 D

단어 □ 想 xiǎng `조동사` …하고 싶다, …하려고 하다, …할 작정이다 │ □ 便宜 piányi `형용사` (값이) 싸다 │ □ 一点儿 yìdiǎnr `양사` 조금, 약간 │ □ 新 xīn `형용사` 새롭다, 새 것의 │ □ 哪里 nǎli `대명사` 어디, 어느 곳 │ □ 呢 ne `조사` 의문문 끝에 쓰여 강조를 나타냄

해설 '사다, 구매하다'라는 뜻의 동사 买 mǎi에 중점을 두자. 비싼 것을 사고 싶은지, 싼 것을 사고 싶은지를 묻고 있다. 대화는 물건을 사는 동작과 관련이 있다. 보기 중에 D와 F에 '买 mǎi' 동사가 모두 등장했다. F는 '좀 비싸게 주고 샀다'고 했으므로 시제가 '想买 xiǎng mǎi'와는 맞지 않는다. 정답은 앞뒤 문장 모두 '想买 xiǎng mǎi'가 등장하도록 구성할 수 있는 D이다. 정답은 D이다.

TIP! 还是 háishì는 접속사로서 '또는, 아니면'의 뜻을 나타내며, 주로 [(是 shì) A 还是 háishì B?]의 형태로 선택의문문을 만든다.

· 你(是)喝咖啡还是喝茶? Nǐ (shì) hē kāfēi háishi hē chá?
  당신은 커피 마실래요 아니면 차 마실래요?

· 今天去还是明天去? Jīntiān qù háishi míngtiān qù?
  오늘 갈 거니 아니면 내일 갈 거니?

· 你(是)坐飞机去还是坐火车去? Nǐ (shì) zuò fēijī qù háishi zuò huǒchē qù?
  비행기 타고 갈 거니 아니면 기차 타고 갈 거니?

TIP! 有点儿 yǒu diǎnr과 一点儿 yìdiǎnr의 비교

有点儿 yǒu diǎnr과 一点儿 yìdiǎnr은 모두 '약간, 좀'의 뜻을 나타내지만 위치가 다른 것에 주의해야 한다. '有点儿 yǒu diǎnr'은 형용사나 동사 앞에 쓰여 다소 불만족스럽거나 부정적인 감정을 표현하며, '一点儿 yìdiǎnr'은 형용사 뒤에 위치하여 경미한 정도를 표현한다. 회화에서는 '一 yī'가 자주 생략된다.

- 有点儿小。 Yǒu diǎnr xiǎo. 조금 작다.
- 大一点儿。 Dà yìdiǎnr. 조금 크다.
- 有点儿贵。 Yǒu diǎnr guì. 조금 비싸다.
- 便宜一点儿。 Piányi yìdiǎnr. 조금 싸다.
- 有点儿累。 Yǒu diǎnr lèi. 조금 피곤하다.
- 长一点儿。 Cháng yìdiǎnr. 조금 길다.

53.

| Nǐ hǎo! Nǐ zhè jǐ tiān máng shénme ne? 你 好! 你 这 几 天 忙 什 么 呢? | 안녕하세요! 당신은 요 며칠 뭐가 그리 바쁘세요? |

정답 A

단어 □ 这几天 zhè jǐ tiān [대명사] 요즘, 요 며칠 | □ 忙 máng [형용사] 바쁘다 | □ 呢 ne [조사] 의문문 끝에 쓰여 강조를 나타냄 | □ 准备 zhǔnbèi [동사] 준비하다 | □ 汉语 Hànyǔ [명사] 중국어, 한어 | □ 考试 kǎoshì [동사] 시험을 치다 [명사] 시험

해설 '这几天 zhè jǐ tiān' 즉, 요즘의 근황을 묻고 있다. '요즘 뭐가 그리 바쁘세요?' → '요즘 중국어 시험을 준비하고 있어요'. 대화의 주제가 '요즘'이라는 시점에 맞춰져 있다. 정답은 A이다.

54.

| Nà nǐ xiànzài zuì hǎo bú yào qù nàr lǚyóu le. 那 你 现在 最 好 不 要 去 那儿 旅游 了。 | 그럼 당신은 지금 그곳으로 여행 가지 않는 것이 제일 좋을 것 같네요. |

정답 B

단어 □ 那 nà [접속사] 그러면, 그렇다면 | □ 最好 zuìhǎo [부사] 가장 바람직한 것은, 제일 좋기는 | □ 不要 bú yào [동사] …하지 마라, …해서는 안 된다 | □ 那儿 nàr [대명사] 그곳, 저곳, 거기, 저기 | □ 旅游 lǚyóu [동사] 여행하다, 관광하다 | □ 在 zài [부사] 지금 …하고 있다 | □ 下雨 xiàyǔ [동사] 비가 내리다

해설 여행은 상상만 해도 즐거운 활동인데, 지금 그곳으로는 여행 가지 않는 것이 좋겠다고 말하고 있다. 그곳의 날씨나 여건이 그다지 좋지 않음을 알 수 있다. 여행을 갔는데 계속 비가 내린다면 여러모로 불편한 상황이 계속 발생하게 된다. 그러므로, 비가 내린다는 날씨의 상황과 여행에 대한 이야기는 자연스러운 연관성을 띤다. 정답은 B가 된다.

TIP! '一…就… yī…jiù…'는 '…하자마자 …하다' 또는 '…하기만 하면 …하다'는 뜻으로 두 가지 일이나 상황

이 아주 긴밀하게 연결되어 곧바로 이어져서 발생함을 나타낸다.
- 我一喝酒，脸就红。 Wǒ yì hē jiǔ, liǎn jiù hóng. 나는 술만 마시면 얼굴이 빨개진다.
- 我一出门就下雨了。 Wǒ yì chū mén jiù xiàyǔ le. 내가 밖에 나가자마자 비가 내렸다.

TIP! '好 hǎo + 수량사' 형태로 수량이 많음을 강조한다.
- 在公园里有好多人。 Zài gōngyuán li yǒu hǎo duō rén. 공원에 꽤 많은 사람들이 있다.
- 好几个星期没看到他。 Hǎo jǐ ge xīngqī méi kàn dào tā. 몇 주 동안 그를 보지 못했다.

55.

> Zhège shǒujī zhēn piàoliang, duōshao qián mǎi de?
> 这个 手机 真 漂亮, 多少 钱 买 的?
>
> 이 휴대전화 진짜 예쁘다. 얼마 주고 샀니?

정답 F

단어 ㄴ **多少钱** duōshao qián 얼마예요

해설 휴대전화 가격을 묻고 있다. 일반적으로 '비싸게 주고 샀다' 또는 '싸게 주고 샀다'는 표현이나 숫자(가격)가 나올 수 있다. 정답은 F이다.

(56-60)

A
Xiǎo Lǐ qù nǎr le?
小 李 去 哪儿 了？
샤오리 어디 갔니?

B
Nǐ xiǎng zhǎo shénme yàng de gōngzuò?
你 想 找 什么 样 的 工作？
당신은 어떤 일을 찾으려고 합니까?

C
Nǐmen xuéxiào de Hànyǔ lǎoshī zěnmeyàng?
你们 学校 的 汉语 老师 怎么样？
너네 학교의 중국어 선생님은 어때?

D
Píngguǒ duōshao qián yì jīn?
苹果 多少 钱 一 斤？
사과 한 근에 얼마예요?

E
Zhè běn shū zhēn hǎo.
这 本 书 真 好。
이 책은 정말 좋다.

56.

Wǒ xǐhuan de ba.
我 喜欢 的 吧。 | 내가 좋아하는 걸로요.

정답 B

단어 □ 喜欢 xǐhuan 동사 좋아하다, 호감을 가지다 | □ 吧 ba 조사 문장 끝에 쓰여 추측을 나타냄 | □ 什么 样 shénme yàng 대명사 어떠한, 어떤 모양 | □ 工作 gōngzuò 명사 일, 직업, 일자리

해설 '我喜欢的吧。Wǒ xǐhuan de ba.'는 '내가 좋아하는 걸로요' 또는 '내가 마음에 드는 걸로요' 등으로 해석할 수 있다. 가장 자연스럽게 대화를 구성할 수 있는 문장은 어떤 일을 찾고 싶냐고 묻고 있는 B가 된다. 정답은 B이다.

TIP! 직업을 나타내는 단어들

- 老师 lǎoshī 선생님
- 学生 xuésheng 학생
- 医生 yīshēng 의사
- 服务员 fúwùyuán 종업원
- 工程师 gōngchéngshī 엔지니어
- 作家 zuòjiā 작가
- 教授 jiàoshòu 교수
- 警察 jǐngchá 경찰
- 护士 hùshi 간호사
- 售货员 shòuhuòyuán 판매원, 점원
- 设计师 shèjìshī 디자이너
- 家庭主妇 jiātíngzhǔfù 가정주부
- 司机 sījī 기사
- 律师 lǜshī 변호사
- 记者 jìzhě 기자

57.

Nín mǎi diǎnr shénme?
您 买 点儿 什么?

당신은 무엇을 좀 사시려고요?

정답 D

단어 □ 买 mǎi 동사 사다, 구매하다 | □ 多少钱 duōshao qián 얼마예요 | □ 斤 jīn 양사 근 (무게의 단위)

해설 什么 shénme에 해당하는 물건이 무엇인지 찾아보자. 사과 한 근의 가격을 묻고 있는 D의 문장과 대화를 완성해보자. '손님 뭐 좀 사시려고요?' → '사과 한 근에 얼마예요?' 대화의 연결이 우리가 시장에서 흔히 볼 수 있는 광경을 연상하도록 한다. 정답은 D이다.

58.

Wǒ dúguo zhè běn shū.
我 读过 这 本 书。

나는 이 책을 읽어봤다.

정답 E

단어 □ 读过 dúguo 읽어봤다 | □ 本 běn 양사 권 (책, 공책을 세는 단위) | □ 真 zhēn 부사 정말, 진정으로

해설 문장의 주제는 '이 책'에 있으며, 제시된 보기 중에 '이 책은 정말 좋다'라고 책에 대한 평가를 내린 문장이 보인다. 정답은 공통된 주제를 이야기하고 있는 E이다.

59.

Tā kěnéng hái zài jiā shuìjiào.
他 可能 还 在 家 睡觉。

그는 어쩌면 아직까지 집에서 자고 있을 거예요.

정답 A

단어 □ 可能 kěnéng 부사 아마도, 아마 (…일지도 모른다), 어쩌면 | □ 在 zài 부사 지금 …하고 있다 | □ 睡觉 shuìjiào 동사 잠을 자다 | □ 哪儿 nǎr 대명사 어디, 어느 곳

해설 그는 어쩌면 아직까지 집에 있을 거라고 그의 행방에 대해 이야기하고 있다. 누군가가 그를 찾는 상황을 예상할 수 있다. '샤오리는 어디 갔니?'라고 묻고 있는 문장 A가 대화를 완벽하게 구성해 준다. 정답은 A이다.

TIP! 还 hái는 '여전히, 아직도'의 뜻을 나타내는 부사로서 어떤 동작이나 상태가 그대로 유지되어 지속됨을 나타낸다.

· 他还没回来。 Tā hái méi huílai. 그는 아직 돌아오지 않았다.
· 我还在学校。 Wǒ hái zài xuéxiào. 나는 아직까지 학교에 있다.

60.

Wǒ xiǎng qù nǐmen xuéxiào xué Hànyǔ.
我 想 去 你们 学校 学 汉语。

나는 너네 학교에 가서 중국어를 배우고 싶다.

정답 C

단어 □ 学校 xuéxiào 명사 학교 | □ 学 xué 동사 배우다, 학습하다 | □ 汉语 Hànyǔ 명사 중국어, 한어 |
□ 老师 lǎoshī 명사 선생님

해설 문장을 떼어놓았다고 해서 반드시 두 사람이 만드는 대화라고 볼 수는 없다. 때로는 한 사람이 말하는 긴 문장을 나눠서 제시하는 경우도 있다. 이번 문제는 두 사람의 대화가 아닌 한 사람이 말하는 긴 문장으로 볼 수 있으며, 그의 관심은 '중국어'에 쏠려 있다. 친구네 학교의 중국어 선생님이 어떤지 물어보고, 그들의 학교에 가서 중국어를 배우고 싶다고 하고 있다. 정답은 C이다.